Treaty Series

Treaties and international agreements registered or filed and recorded with the Secretariat of the United Nations

VOLUME 3198

Recueil des Traités

Traités et accords internationaux enregistrés ou classés et inscrits au répertoire au Secrétariat de l'Organisation des Nations Unies

United Nations • Nations Unies
New York, 2025

Print ISBN: 978-92-1-003299-5
e-ISBN: 978-92-1-106843-6
ISSN: 0379-8267
e-ISSN: 2412-1495

TABLE OF CONTENTS

I

Treaties and international agreements
registered in August 2017
Nos. 54606 to 54619

TABLE DES MATIÈRES

I

Traités et accords internationaux
enregistrés en août 2017
Nos 54606 à 54619

NOTE BY THE SECRETARIAT

Under Article 102 of the Charter of the United Nations, every treaty and every international agreement entered into by any Member of the United Nations after the coming into force of the Charter shall, as soon as possible, be registered with the Secretariat and published by it. Furthermore, no party to a treaty or international agreement subject to registration which has not been registered may invoke that treaty or agreement before any organ of the United Nations. The General Assembly, by resolution 97 (I), established regulations to give effect to Article 102 of the Charter (see text of the regulations, vol. 859, p. VIII; https://treaties.un.org/Pages/Resource.aspx?path=Publication/Regulation/Page1_en.xml).

The terms "treaty" and "international agreement" have not been defined either in the Charter or in the regulations, and the Secretariat follows the principle that it acts in accordance with the position of the Member State submitting an instrument for registration that, so far as that party is concerned, the instrument is a treaty or an international agreement within the meaning of Article 102. Registration of an instrument submitted by a Member State, therefore, does not imply a judgement by the Secretariat on the nature of the instrument, the status of a party or any similar question. It is the understanding of the Secretariat that its acceptance for registration of an instrument does not confer on the instrument the status of a treaty or an international agreement if it does not already have that status, and does not confer upon a party a status which it would not otherwise have.

*

*   *

Disclaimer: All authentic texts in the present Series are published as submitted for registration by a party to the instrument. Unless otherwise indicated, the translations of these texts have been made by the Secretariat of the United Nations, for information.

NOTE DU SECRÉTARIAT

Aux termes de l'Article 102 de la Charte des Nations Unies, tout traité ou accord international conclu par un Membre des Nations Unies après l'entrée en vigueur de la Charte sera, le plus tôt possible, enregistré au Secrétariat et publié par lui. De plus, aucune partie à un traité ou accord international qui aurait dû être enregistré mais ne l'a pas été ne pourra invoquer ledit traité ou accord devant un organe de l'Organisation des Nations Unies. Par sa résolution 97 (I), l'Assemblée générale a adopté un règlement destiné à mettre en application l'Article 102 de la Charte (voir texte du règlement, vol. 859, p. IX; https://treaties.un.org/Pages/Resource.aspx?path=Publication/Regulation/Page1_fr.xml).

Les termes « traité » et « accord international » n'ont été définis ni dans la Charte ni dans le règlement, et le Secrétariat a pris comme principe de s'en tenir à la position adoptée à cet égard par l'État Membre qui a présenté l'instrument à l'enregistrement, à savoir que, en ce qui concerne cette partie, l'instrument constitue un traité ou un accord international au sens de l'Article 102. Il s'ensuit que l'enregistrement d'un instrument présenté par un État Membre n'implique, de la part du Secrétariat, aucun jugement sur la nature de l'instrument, le statut d'une partie ou toute autre question similaire. Le Secrétariat considère donc que son acceptation pour enregistrement d'un instrument ne confère pas audit instrument la qualité de traité ou d'accord international si ce dernier ne l'a pas déjà, et qu'il ne confère pas à une partie un statut que, par ailleurs, elle ne posséderait pas.

*

*   *

Déni de responsabilité : Tous les textes authentiques du présent Recueil sont publiés tels qu'ils ont été soumis pour enregistrement par l'une des parties à l'instrument. Sauf indication contraire, les traductions de ces textes ont été établies par le Secrétariat de l'Organisation des Nations Unies, à titre d'information.

I

Treaties and international agreements registered in August 2017 Nos. 54606 to 54619

Traités et accords internationaux enregistrés en août 2017 N°s 54606 à 54619

No. 54606

Argentina and Saint Kitts and Nevis

Agreement on technical cooperation between Saint Kitts and Nevis and the Argentine Republic. Basseterre, 18 June 2013

Entry into force: *16 April 2017, in accordance with article XI*

Authentic texts: *English and Spanish*

Registration with the Secretariat of the United Nations: *Argentina, 11 August 2017*

Not published in print, in accordance with article 12(2) of the General Assembly regulations to give effect to Article 102 of the Charter of the United Nations, as amended, and the publication practice of the Secretariat.

Argentine et Saint-Kitts-et-Nevis

Accord de coopération technique entre Saint-Kitts-et-Nevis et la République argentine. Basseterre, 18 juin 2013

Entrée en vigueur : *16 avril 2017, conformément à l'article XI*

Textes authentiques : *anglais et espagnol*

Enregistrement au Secrétariat de l'Organisation des Nations Unies : *Argentine, 11 août 2017*

Non disponible en version imprimée, conformément au paragraphe 2 de l'article 12 du règlement de l'Assemblée générale destiné à mettre en application l'Article 102 de la Charte des Nations Unies, tel qu'amendé, et à la pratique du Secrétariat en matière de publication.

No. 54607

Argentina
and
Montenegro

Exchange of notes constituting a visa waiver agreement between Montenegro and the Argentine Republic for holders of diplomatic and official passports. Podgorica, 27 September 2016, and Buenos Aires, 10 March 2017

Entry into force: *10 March 2017 by the exchange of the said notes, in accordance with their provisions*

Authentic texts: *English and Spanish*

Registration with the Secretariat of the United Nations: *Argentina, 11 August 2017*

Not published in print, in accordance with article 12(2) of the General Assembly regulations to give effect to Article 102 of the Charter of the United Nations, as amended, and the publication practice of the Secretariat.

Argentine
et
Monténégro

Échange de notes constituant un accord d'exemption de visas entre le Monténégro et la République argentine pour les titulaires de passeports diplomatiques et officiels. Podgorica, 27 septembre 2016, et Buenos Aires, 10 mars 2017

Entrée en vigueur : *10 mars 2017 par l'échange desdites notes, conformément à leurs dispositions*

Textes authentiques : *anglais et espagnol*

Enregistrement au Secrétariat de l'Organisation des Nations Unies : *Argentine, 11 août 2017*

Non disponible en version imprimée, conformément au paragraphe 2 de l'article 12 du règlement de l'Assemblée générale destiné à mettre en application l'Article 102 de la Charte des Nations Unies, tel qu'amendé, et à la pratique du Secrétariat en matière de publication.

No. 54608

Argentina
and
United Arab Emirates

Memorandum of Understanding between the Argentine Republic and the United Arab Emirates on the gainful employment of dependents of diplomatic and consular staff. Buenos Aires, 17 March 2017

Entry into force: *17 March 2017 by signature, in accordance with section 6*

Authentic texts: *Arabic, English and Spanish*

Registration with the Secretariat of the United Nations: *Argentina, 11 August 2017*

Not published in print, in accordance with article 12(2) of the General Assembly regulations to give effect to Article 102 of the Charter of the United Nations, as amended, and the publication practice of the Secretariat.

Argentine
et
Émirats arabes unis

Mémorandum d'accord entre la République argentine et les Émirats arabes unis relatif à l'exercice d'activités rémunérées par des personnes à charge du personnel diplomatique et consulaire. Buenos Aires, 17 mars 2017

Entrée en vigueur : *17 mars 2017 par signature, conformément à la section 6*

Textes authentiques : *arabe, anglais et espagnol*

Enregistrement au Secrétariat de l'Organisation des Nations Unies : *Argentine, 11 août 2017*

Non disponible en version imprimée, conformément au paragraphe 2 de l'article 12 du règlement de l'Assemblée générale destiné à mettre en application l'Article 102 de la Charte des Nations Unies, tel qu'amendé, et à la pratique du Secrétariat en matière de publication.

No. 54609

Argentina and Algeria

Agreement on cooperation in the fields of public health and medical science between the Government of the Argentine Republic and the Government of the People's Democratic Republic of Algeria. Algiers, 17 November 2008

Entry into force: *26 February 2017 by the exchange of the instruments of ratification, in accordance with article 4*

Authentic texts: *Arabic, French and Spanish*

Registration with the Secretariat of the United Nations: *Argentina, 11 August 2017*

Argentine et Algérie

Accord de coopération dans les domaines de la santé publique et des sciences médicales entre le Gouvernement de la République argentine et le Gouvernement de la République algérienne démocratique et populaire. Alger, 17 novembre 2008

Entrée en vigueur : *26 février 2017 par l'échange des instruments de ratification, conformément à l'article 4*

Textes authentiques : *arabe, français et espagnol*

Enregistrement au Secrétariat de l'Organisation des Nations Unies : *Argentine, 11 août 2017*

حرّر بــالجزائر في 17 نوفمبر 2008 من نسختين أصليتين باللغات الاسبانية و العربية و الفرنسية، و للنصوص الثلاثة نفس الحجيّة.

عن حكومة جمهورية الأرجنتين	عن حكومة الجمهورية الجزائرية الديمقراطية الشعبية
جورج أنريكي تايانا وزير العلاقات الخارجية و التجارة الدولية والأوقاف	مراد مدلسي وزير الشؤون الخارجية

8)- ترقية تنظيم التظاهرات العلمية و المؤتمرات و الملتقيات و الندوات في كلا البلدين و تسهيل المشاركة في مثل هذه التظاهرات.

المادة 2

يلتزم الطرفان بدعم النشاطات المذكورة سابقا، و ذلك قدر المستطاع.

المادة 3

في إطار هذا الاتفاق، تتحمّل الدولة المرسلة تكاليف السفر ذهابا و إيابا بين البلدين، و تتحمّل الدولة المضيفة تكاليف السفر داخل هذه الدولة و الإسكان و الإعاشة ذات الصلة.

المادة 4

يدخل هذا الاتفاق حيز التنفيذ بالتاريخ الذي يتبادل فيه الطرفان وثائق التصديق الخاصة بهما.

و يبقى هذا الاتفاق ساريا لمدة غير محدّدة.

يمكن لكل من الطرفين إنهاء العمل بهذا الاتفاق في أي وقت، وذلك بإبلاغ الطرف الآخر، بواسطة إشعار مسبق مدته ستة أشهر، يرسل عن الطريق الدبلوماسي إلى الطرف الآخر.

1) – تبادل الخبراء قصد الاطلاع على التقدم المحقق في مجال الأدوية و تسيير الهياكل الصحية و التقنيات الاستشفائية و التربية الصحية و الرعاية المقدمة للأشخاص المسنّين؛

2) – ترقية انجاز مشاريع مشتركة في مجالات الصحة العمومية و البحث، خاصة فيما يخص السرطان و العلاج بالأشعة و كذا في مجالات مكافحة الأمراض المتنقلة، لا سيما تلك المتنقلة بين الإنسان و الحيوان؛

3) –إقامة علاقات ما بين المؤسسات الصحية للبلدين، لا سيما في مجالات الاختصاصات المتطوّرة جدا؛

4) –تبادل المعلومات حول الوضعية الوبائية في البلدين و كذا تبادل المنشورات العلمية و الطبية؛

5) –تبادل الخبرات في مجالات صحة الأم و الطفل؛

6) –التعاون في مجالات تسجيل الأدوية:

- استيراد الأدوية الأرجنتينية إلى الجزائر و تصدير الأدوية الجزائرية نحو الأرجنتين وفقا لتشريع الصيدلة و التجارة للبلدين؛
- اهتمام الجزائر باتفاقات الشراكة في مجالات الصناعة الصيدلانية و الشراء المحتمل للمواد الأولية، في إطار احترام المعايير التقنية السارية.

7) –إرساء تعاون بين البلدين بغية تأمين نوعية العلاج الطبي، لا سيما مراقبة الممارسة المهنية و تأهيل الهياكل الصحية و إعداد بروتوكولات خاصة بالعلاج؛

[TEXT IN ARABIC – TEXTE EN ARABE]

اتفاق تعاون في مجالات الصحة العمومية و العلوم الطبية بين حكومة جمهورية الأرجنتين و حكومة الجمهورية الجزائرية الديمقراطية الشعبية

إنّ حكومة جمهورية الأرجنتين من جهة، و حكومة الجمهورية الجزائرية الديمقراطية الشعبية من جهة أخرى، المشار إليهما فيما يلي بـ " الطرفين"؛

إذ تحذوهما الرغبة في إرساء تعاون مثمر ذي منفعة متبادلة في مجالات الصحة العمومية و العلوم الطبية، و المساهمة أيضا في ترقية التفاهم المتبادل و علاقات الصداقة بين الشعبين الجزائري و الأرجنتيني؛

اتفقتا على ما يلي:

المادة 1

يلتزم الطرفان بالتعاون في مجالات الصحة العمومية و العلوم الطبية، خاصة فيما يلي :

[TEXT IN FRENCH – TEXTE EN FRANÇAIS]

ACCORD DE COOPÉRATION DANS LES DOMAINES DE LA SANTÉ PUBLIQUE ET DES SCIENCES MÉDICALES ENTRE LE GOUVERNEMENT DE LA RÉPUBLIQUE ARGENTINE ET LE GOUVERNEMENT DE LA RÉPUBLIQUE ALGÉRIENNE DÉMOCRATIQUE ET POPULAIRE

Le Gouvernement de la République Argentine, d'une part, et le Gouvernement de la République Algérienne Démocratique et Populaire, d'autre part, ci-après dénommées «les Parties».

Animées par le désir d' instaurer une coopération utile et mutuellement fructueuse dans le domaine de la santé publique et des sciences médicales et de contribuer ainsi à la promotion de la compréhension réciproque et des relations amicales entre le peuple Argentin et le peuple Algérien.

Sont convenus de ce qui suit:

ARTICLE 1

Les Parties s'engagent à coopérer dans les domaines de la Santé Publique et des Sciences Médicales, notamment á travers:

1) L'échange d'experts en vue de s' informer des progrès réalisés en matière de médicament, de la gestion des infrastructures sanitaires, des techniques hospitalières, d'éducation sanitaire et des soins aux personnes âgées;
2) La promotion de la réalisation de projets communs dans les domaines de la santé publique et de la recherche, en particulier en cancérologie,

radiothérapie et en matiere de lutte contre les maladies transmissibles, notamment, les anthropozoonis;

3) L'établissement de rapports entre les institutions hospitalières et sanitaires des deux pays, notamment, dans les spécialités de pointe;

4) L'échange d' informations sur la situation épidémiologique dans les deux pays, ainsi que l' échange de publications scientifiques et médicales;

5) L'échange d'expériences dans le domaine de la santé maternelle et infantile;

6) La coopération en matière d'enregistrement des médicaments:

- Importation des médicaments argentins en Algérie et exportation des médicaments algériens vers l'Argentine conformément aux législations pharmaceutiques et commerciales des deux pays;
- Intérêt de l'Algérie pour des accords de partenariat en matière d' industrie pharmaceutique et l'achat éventuel de matières premières conformément aux critères techniques en vigueur.

7) L'instauration d'une coopération entre les deux pays pour assurer la qualité des soins médicaux, notamment, le contrôle de l'exercice professionnel, l'habilitation des structures de santé, et l'élaboration de protocoles thérapeutiques;

8) La promotion de l'organisation d'expositions, de congrés, de colloques et de séminaires dans les deux pays et la facilitation de la participation à de telles manifestations.

ARTICLE 2

Les Parties s' engagent à appuyer, dans toute la mesure du possible, les actions décrites antérieurement.

ARTICLE 3

Dans le cadre de cet accord, les frais de voyage aller-retour entre les deux pays sont a la charge du pays d'envoi. Les frais de séjour et de déplacement al'intérieur du pays sont a la charge du pays d'accueil.

ARTICLE 4

Le présent accord entrera en vigueur à la date à laquelle les Parties s´échangent leurs instruments de ratification respectifs.

Le pésent Accord demeurera en vigueur pour une période indéterminée.

Chacune des Parties pourra dénoncer le présent Accord à tout moment, moyennant un préavis de six mois adressé, par voie diplomatique, à l´autre Partie.

Fait à Alger, le 17 novembre, 2008, en deux exemplaires originaux, en langues, espagnole, arabe et française. Les trois textes faisant également foi.

Pour la República Argentine

Jorge Enrique Taiana

Ministre des Relations Exterieures, du Commerce International et du Culte

Pour la République Algérienne Démocratique et Populaire

Mourad Medelci

Ministre des Affaires Etrangères

[TEXT IN SPANISH – TEXTE EN ESPAGNOL]

ACUERDO DE COOPERACIÓN EN EL ÁMBITO DE LA SALUD PÚBLICA Y LAS CIENCIAS MÉDICAS ENTRE EL GOBIERNO DE LA REPÚBLICA ARGENTINA Y EL GOBIERNO DE LA REPÚBLICA ARGELINA DEMOCRÁTICA Y POPULAR

El Gobierno de la República Argentina, por una parte y el Gobierno de la República Argelina Democrática y Popular por la otra, en adelante ambas denominadas "las Partes";

Guiados por el deseo de establecer una cooperación útil y mutuamente provechosa en el ámbito de la salud pública y las ciencias médicas y de contribuir también a promover la comprensión recíproca y los vínculos amistosos entre el pueblo argentino y el pueblo argelino;

Han acordado lo siguiente:

ARTÍCULO 1

Las Partes se comprometen a cooperar en los ámbitos de la Salud Pública y de las Ciencias Médicas, especialmente en las siguientes materias:

1) El intercambio recíproco de expertos con el fin de informarse sobre los progresos realizados en medicamentos, gestión de infraestructuras sanitarias, técnicas hospitalarias, educación sanitaria y el cuidado de las personas de edad.

2) Promover la realización de proyectos comunes en salud pública e investigación, en particular con respecto al cáncer, la radioterapia y la lucha contra las enfermedades transmisibles y especialmente las antropozoonosis.

3) Establecer contactos concertados entre las instituciones hospitalarias y sanitarias de los dos países y especialmente en las especialidades de avanzada.

4) El intercambio de información sobre la situación epidemiológica de los dos países, así como el intercambio de publicaciones científicas y médicas.

5) El intercambio de experiencias en el ámbito de la salud maternal e infantil.

6) La cooperación en materia de registro de medicamentos:
- Importación de medicamentos argentinos en Argelia y exportación de medicamentos argelinos a la Argentina de conformidad con las legislaciones farmacéuticas y comerciales de los dos países.
- Interés de Argelia en los acuerdos de asociación en materia de industria farmacéutica y la compra eventual de materias primas; con arreglo a los criterios técnicos en vigor.

7) Establecer la cooperación entre los dos países para asegurar la calidad de la atención médica y especialmente el control del ejercicio profesional, la habilitación de estructuras de la salud y la elaboración de protocolos terapéuticos.

8) Promover la organización de exposiciones científicas, de congresos, de coloquios y seminarios en los dos países y facilitar la participación en dichos eventos.

ARTÍCULO 2

Las Partes se comprometen a apoyar en todo lo posible las actividades descriptas precedentemente.

ARTÍCULO 3

En el marco del presente Acuerdo, el Estado que envía tomará a su cargo los gastos de viaje hasta el primer lugar de destino; el Estado receptor tomará a su cargo los eventuales gastos de viajes en el interior de dicho Estado, de alojamiento y manutención, según corresponda.

ARTÍCULO 4

El presente Acuerdo entrará en vigor en la fecha en que las Partes se intercambien los respectivos instrumentos de ratificación.

El presente Acuerdo se celebra por un plazo indeterminado.

Cualquiera de las Partes podrá denunciar el presente Acuerdo en todo momento, comunicándolo a la otra por vía diplomática con seis meses de anticipación.

Hecho en la ciudad de Argel, a los diecisiete días del mes de noviembre del año 2008, en dos originales igualmente auténticos, en los idiomas español, árabe y francés, siendo los tres textos igualmente válidos.

Por la República Argentina	Por la República Argelina Democrática y Popular
Jorge Enrique Taiana	Mourad Medelci
Ministro de Relaciones Exteriores, Comercio Internacional y Culto	Ministro de Asuntos Extranjeros

[TRANSLATION IN ENGLISH – TRADUCTION EN ANGLAIS]

AGREEMENT ON COOPERATION IN THE FIELDS OF PUBLIC HEALTH AND MEDICAL SCIENCE BETWEEN THE GOVERNMENT OF THE ARGENTINE REPUBLIC AND THE GOVERNMENT OF THE PEOPLE'S DEMOCRATIC REPUBLIC OF ALGERIA

The Government of the Argentine Republic, on one side, and the Government of the People's Democratic Republic of Algeria, on the other side, hereinafter referred to as "the Parties",

Guided by the desire to establish useful and mutually beneficial cooperation in the fields of public health and medical science and also to contribute to the promotion of mutual understanding and friendly relations between the Argentine people and the Algerian people,

Have agreed as follows:

Article 1

The Parties undertake to cooperate in the fields of public health and medical science, especially through the following:

(1) Mutual exchanges of experts with a view to sharing information on progress made with regard to medicines, the management of health infrastructure, hospital techniques, health education and the care of older persons;

(2) Promoting the implementation of joint projects in the fields of public health and research, in particular with regard to oncology, radiotherapy and the fight against communicable diseases, especially anthropozoonoses;

(3) Establishing ties between hospitals and health facilities of the two countries, especially in advanced speciality fields;

(4) Exchanging information on the epidemiological situation in the two countries, and exchanges of scientific and medical publications;

(5) Exchanging experience in the field of maternal and child health;

(6) Cooperating with regard to the registration of medicines:

- Import of Argentine medicines into Algeria and export of Algerian medicines to Argentina in accordance with the pharmaceutical and commercial laws of both countries;
- The interest of Algeria in partnership agreements in the pharmaceutical industry and the possible purchase of raw materials in accordance with current technical criteria;

(7) Establishing cooperation between the two countries to ensure the quality of medical care, especially through the supervision of professional practice, the accreditation of health facilities and the development of therapeutic protocols;

(8) Promoting the organization of scientific exhibitions, congresses, colloquiums and seminars in both countries and facilitation of participation in such events.

Article 2

The Parties undertake to support, to the extent possible, the activities described above.

Article 3

Within the framework of this Agreement, the Sending State shall bear the cost of travel to and from the first place of destination; the Host State shall bear any costs arising from travel within that State and the costs of lodging and subsistence, as appropriate.

Article 4

This Agreement shall enter into force on the date on which the Parties exchange their respective instruments of ratification.

This Agreement is concluded for an indefinite period.

Either Party may terminate this Agreement at any time by giving at least six months of notice to the other through the diplomatic channel.

DONE at Algiers on 17 November 2008, in duplicate in the Spanish, Arabic, and French languages, the three texts being equally authentic.

For the Argentine Republic:
JORGE ENRIQUE TAIANA
Minister of Foreign Affairs, International Trade and Worship

For the People's Democratic Republic of Algeria:
MOURAD MEDELCI
Minister of Foreign Affairs

No. 54610

Argentina
and
World Trade Organization

11th Ministerial Conference of the World Trade Organization - Agreement between the Argentine Republic and the World Trade Organization. Buenos Aires, 2 February 2017, and Geneva, 6 February 2017

Entry into force: *6 February 2017 by notification, in accordance with article 9*

Authentic texts: *English and Spanish*

Registration with the Secretariat of the United Nations: *Argentina, 11 August 2017*

Not published in print, in accordance with article 12(2) of the General Assembly regulations to give effect to Article 102 of the Charter of the United Nations, as amended, and the publication practice of the Secretariat.

Argentine
et
Organisation mondiale du commerce

Onzième Conférence ministérielle de l'Organisation mondiale du commerce - Accord entre la République argentine et l'Organisation mondiale du commerce. Buenos Aires, 2 février 2017, et Genève, 6 février 2017

Entrée en vigueur : *6 février 2017 par notification, conformément à l'article 9*

Textes authentiques : *anglais et espagnol*

Enregistrement au Secrétariat de l'Organisation des Nations Unies : *Argentine, 11 août 2017*

Non disponible en version imprimée, conformément au paragraphe 2 de l'article 12 du règlement de l'Assemblée générale destiné à mettre en application l'Article 102 de la Charte des Nations Unies, tel qu'amendé, et à la pratique du Secrétariat en matière de publication.

No. 54611

Belgium and The former Yugoslav Republic of Macedonia

Agreement on police cooperation between the Belgian Government and the Macedonian Government. Brussels, 21 November 2013

Entry into force: *1 July 2017, in accordance with article 18*

Authentic texts: *Dutch, English, French and Macedonian*

Registration with the Secretariat of the United Nations: *Belgium, 4 August 2017*

Belgique et ex-République yougoslave de Macédoine

Convention entre le Gouvernement belge et le Gouvernement macédonien relative à la coopération policière. Bruxelles, 21 novembre 2013

Entrée en vigueur : *1er juillet 2017, conformément à l'article 18*

Textes authentiques : *néerlandais, anglais, français et macédonien*

Enregistrement au Secrétariat de l'Organisation des Nations Unies : *Belgique, 4 août 2017*

[TEXT IN DUTCH – TEXTE EN NÉERLANDAIS]

**OVEREENKOMST
TUSSEN
DE BELGISCHE REGERING
EN
DE MACEDONISCHE REGERING
BETREFFENDE DE POLITIESAMENWERKING**

DE BELGISCHE REGERING

EN

DE MACEDONISCHE REGERING

Hierna genoemd de Verdragsluitende Partijen,

Vanuit de wens vriendschappelijke betrekkingen te versterken en de samenwerking tussen de Verdragsluitende Partijen te bevorderen, en in het bijzonder de gemeenschappelijke wens in acht nemend om de onderlinge politiesamenwerking te versterken;

Vanuit de wens deze politiesamenwerking te versterken in het kader van de internationale overeenkomsten inzake het respect van de fundamentele rechten en vrijheden die onderschreven zijn door de Verdragsluitende Partijen, in het bijzonder het Verdrag van de Raad van Europa van 4 november 1950 tot bescherming van de Rechten van de Mens en Fundamentele Vrijheden, alsook het Verdrag nr. 108 van de Raad van Europa van 28 januari 1981 tot bescherming van personen inzake de geautomatiseerde verwerking van persoonsgegevens;

Overwegende dat de bestrijding van de aan terrorisme gelieerde misdrijven in de zin van het Europees Verdrag tot bestrijding van terrorisme van 1977 noodzakelijk is om de democratische waarden en instellingen te verdedigen;

Overwegende dat de internationale georganiseerde misdaad een ernstige bedreiging vormt voor de sociaal-economische ontwikkeling van de Verdragsluitende Partijen, en dat de recente ontwikkeling van de internationale georganiseerde misdaad hun institutionele werking in gevaar kan brengen;

Overwegende dat de strijd tegen de mensenhandel en de bestrijding van het illegaal verkeer van en naar het grondgebied van de Verdragsluitende Partijen en van de illegale migratie, alsook de eliminatie van de georganiseerde netwerken die bij dergelijke illegale handelingen betrokken zijn, een bekommernis zijn van de Verdragsluitende Partijen;

Overwegende dat de illegale productie van en handel in verdovende middelen en psychotrope stoffen een gevaar betekenen voor de gezondheid en de veiligheid van de burgers;

Overwegende dat het louter harmoniseren van de desbetreffende wetgevingen niet volstaat om het fenomeen van de illegale migratie efficiënt genoeg te bestrijden;

Overwegende dat de noodzaak om een reële en efficiënte internationale politiesamenwerking uit te bouwen op het vlak van de georganiseerde misdaad en illegale migratie, door middel van uitwisseling en verwerking van gegevens en goede praktijken essentieel is voor het bestrijden en voorkomen van criminele activiteiten;

Overwegende dat om dit te verwezenlijken een reeks adequate maatregelen en een nauwe samenwerking tussen de Verdragsluitende Partijen vereist is;

HEBBEN BESLOTEN dit Verdrag te sluiten.

Definities
Artikel 1

In onderhavig Overeenkomst verstaat men onder:

a) **"mensenhandel"** het rekruteren, vervoeren, overbrengen, onderdak bieden of ontvangen van personen, door middel van dreiging met of gebruik van geweld of andere dwangmiddelen, ontvoering, bedrog, misleiding, misbruik van macht of van een kwetsbare toestand of het geven of ontvangen van betalingen of voordelen met als doel het akkoord te bekomen van een persoon die het toezicht heeft over een andere persoon, met het oog op uitbuiting.

Uitbuiting zal op zijn minst inhouden: de uitbuiting van prostitutie van derden of andere vormen van seksuele uitbuiting, gedwongen arbeid of diensten, slavernij of andere praktijken gelijkaardig aan slavernij, lijfeigenschap of het verwijderen van organen.

b) **"seksuele uitbuiting van kinderen"** de strafrechtelijke inbreuken zoals beschreven in het Artikel 34 van het Verdrag van de Verenigde Naties van 20 november 1989 inzake de rechten van het kind, met inbegrip van de productie, de verkoop en het verdelen of alle andere vormen van handel in pornografisch materiaal waarbij kinderen betrokken zijn, en het bezit van dit materiaal voor persoonlijke doeleinden.

c) **"technische ondersteuning"** de logistieke hulp die aan de politie- en migratiediensten geboden wordt.

d) **"criminaliteit in verband met nucleair en radioactief materiaal"** de strafrechtelijke inbreuken opgesomd in Artikel 7, § 1 van het Verdrag van de Verenigde Naties van 3 maart 1980 inzake externe beveiliging van kernmateriaal, ondertekend te Wenen en te New York.

e) **"witwassen van geld"** de strafrechtelijke inbreuken zoals opgesomd in Artikel 6, §§ 1-3 van de Overeenkomst van de Raad van Europa van 8 november 1990 inzake het witwassen, de opsporing, de inbeslagneming en de confiscatie van de opbrengsten van misdrijven, ondertekend te Straatsburg.

f) **"georganiseerde misdaad"** elke inbreuk die valt onder transnationale georganiseerde misdaad zoals voorzien in Artikel 2 van het Verdrag van de Verenigde Naties van 12 december 2000 tegen transnationale georganiseerde misdaad, ondertekend te New York

g) **"persoonsgegevens"** iedere informatie betreffende een geïdentificeerde of identificeerbare natuurlijke persoon (betrokken persoon) ; als identificeerbaar wordt beschouwd een persoon die direct of indirect kan worden geïdentificeerd, met name aan de hand van een identificatienummer of van één of meer specifieke elementen die kenmerkend zijn voor zijn of haar fysieke, fysiologische, psychische, economische, culturele of sociale identiteit.

h) **"de verwerking van persoonsgegevens"** elke bewerking of geheel van bewerkingen met betrekking tot persoonsgegevens, al dan niet uigevoerd met behulp van geautomatiseerde procédés, zoals het verzamelen, vastleggen, ordenen, bewaren, bijwerken of wijzigen, opvragen, raadplegen, gebruiken, verstrekken door middel van doorzending, verspreiden of op enigerlei andere wijze ter beschikking stellen, samenbrengen, met elkaar in verband brengen, alsmede het afschermen, uitwissen of vernietigen van persoonsgegevens.

i) **"verdovende middelen"** alle substanties, zowel plantaardige als synthetische, die voorkomen in Tabel I en II van het Enkelvoudig Verdrag van de Verenigde Naties van 30 maart 1961 inzake verdovende middelen opgemaakt te New York, evenals elk navolgend Verdrag, van toepassing in de landen van de Verdragsluitende Partijen, waarbij de lijst van verdovende middelen wordt uitgebreid.

j) **"psychotrope stoffen"** alle substanties, zowel plantaardige als synthetische, en alle natuurlijke producten die voorkomen in Tabel I, II, III of IV van het Verdrag van de Verenigde Naties van 21 maart 1971 inzake psychotrope stoffen, ondertekend te Wenen, evenals elk navolgend Verdrag, van toepassing in de landen van de Verdragsluitende Partijen, waarbij de lijst met psychotrope stoffen wordt uitgebreid.

k) **"illegale handel in verdovende middelen of psychotrope stoffen"** de teelt en de vervaardiging van, of de handel in verdovende middelen of psychotrope stoffen op grond van de bepalingen van het Verdrag van 30 maart 1961 inzake verdovende middelen van het Verdrag van 21 februari 1971 inzake psychotrope stoffen of het Verdrag van de Verenigde Naties van 20 december 1988 tegen de sluikhandel in verdovende middelen en psychotrope stoffen.

l) **"cybercrime"** elke inbreuk die valt onder Cybercrime zoals beschreven in het Verdrag van de Raad van Europa van 23 november 2001 inzake Cybercrime, ondertekend te Boedapest.

m) **"dringend verzoek"** een verzoek dat geformuleerd wordt door een Verdragsluitende Partij in gevallen wanneer de inachtneming van de normale formele administratieve procedure via de nationale contactpunten die bevoegd zijn voor internationale samenwerking, het onderzoek dreigt te hinderen of te schaden.

Domeinen van samenwerking
Artikel 2

1. De Verdragsluitende Partijen verbinden er zich toe om, overeenkomstig het nationaal recht en de voorwaarden vastgelegd in deze Overeenkomst, aan de andere Partij de ruimst mogelijke samenwerking te bieden op het vlak van politiesamenwerking, met inachtneming van de voorwaarden vastgelegd in dit Verdrag.

2. De Verdragsluitende Partijen zullen samenwerken op het vlak van preventie, bestrijding en vervolging van ernstige misdrijven die onder georganiseerde misdaad vallen, met name:

- inbreuken tegen het leven, de gezondheid en de fysieke integriteit van personen:
- inbreuken gerelateerd aan de niet toegelaten vervaardiging van en illegale handel in verdovende middelen, psychotrope stoffen, verwante chemische stoffen en apparatuur;
- illegale migratie;
- mensensmokkel, met inbegrip van smokkel van migranten;
- mensenhandel;
- het tot prostitutie aanzetten van, het handelen in en de seksuele uitbuiting van kinderen;
- afpersing;
- diefstal, illegale productie van, smokkel van en illegale handel in wapens, munitie, springstoffen, radioactieve stoffen, nucleair materiaal en andere gevaarlijke stoffen;
- vervalsingen (vervaardiging, namaak, verandering en verdeling) van betaalmiddelen, cheques en waardepapieren;
- vervalsing en gebruik van elk vervalst officieel document;
- criminaliteit op het vlak van economisch en financieel verkeer;
- fraude van EU – fondsen;
- corruptie;
- inbreuken tegen goederen, zoals diefstal van en de illegale handel in kunstwerken en antieke voorwerpen;
- diefstal van, illegale handel in en smokkel van motorvoertuigen en de vervalsing en het gebruik van vervalste voertuigdocumenten;
- witwassen van geld en andere criminele inkomsten;
- illegale kansspelen;
- cybercrime;
- terrorisme en de financiering van terrorisme;
- ernstige en georganiseerde BTW- en inkomstenbelastingsfraude;
- oplichting, verduistering, bedrog en fraude;
- frauduleuze faillissementen;
- ernstige en georganiseerde sociale en verzekeringsfraude.

3. De ernstige misdrijven in het kader van de georganiseerde misdaad die niet worden bepaald in Artikel 1, worden door de bevoegde nationale diensten beoordeeld volgens het nationaal recht van de Staat waartoe zij behoren.

Coördinatie en ondersteuning
Artikel 3

De samenwerking tussen de Verdragsluitende Partijen zal eveneens betrekking hebben op:

- de opsporing van verdwenen personen en hulp bij de identificatie van niet-geïdentificeerde lijken;

- de opsporing op het grondgebied van een Verdragsluitende Partij van op het grondgebied van de andere Partij gestolen, verdwenen, verduisterde of verloren voorwerpen.

Samenwerkingsvormen
Artikel 4

De verdragsluitende Partijen zullen samenwerken op de in de Artikels 2 en 3 vermelde vlakken door:

- uitwisseling van informatie, in het bijzonder werkwijzen, die valt onder de bevoegdheid van de politie- en immigratiediensten;
- uitwisseling van materiaal;
- voorzien in technische en deskundige bijstand, expertise en gespecialiseerd technisch materiaal;
- uitwisseling van ervaringen;
- samenwerking op het vlak van de beroepsopleiding;
- hulp bij de voorbereiding van de uitvoering van verzoeken tot rechtshulp in strafzaken;

met inachtneming van de hierna vermelde voorwaarden.

Uitwisseling van informatie
Artikel 5

De Verdragsluitende Partijen zullen elkaar bijstand bieden en zorgen voor een nauwe en permanente samenwerking. Zij zullen daartoe alle relevante en belangrijke gegevens uitwisselen.

Deze samenwerking kan tot stand worden gebracht door middel van permanente contacten via de aangeduide verbindingsofficieren.

Recht op informatie-uitwisseling
Artikel 6

1. De Verdragsluitende Partijen verbinden zich tot het verlenen van bijstand tussen hun politiediensten met inachtneming van het nationaal recht en binnen de grenzen van hun bevoegdheden, met het oog op de preventie en opsporing van strafbare feiten, in zoverre dat het nationaal recht niet bepaalt dat het verzoek of de uitvoering ervan voorbehouden is aan de gerechtelijke instanties.

2. In deze specifieke gevallen heeft elke Verdragsluitende Partij het recht om op eigen initiatief en overeenkomstig het nationaal recht, informatie aan de betrokken Verdragsluitende Partij te verstrekken die voor deze laatste belangrijk wordt geacht voor de preventie en de beteugeling van inbreuken zoals voorzien in Artikel 2 van deze Overeenkomst of om bedreigingen ten opzichte van de openbare orde en veiligheid te voorkomen.

Gebruik van informatie
Artikel 7

Elke informatie die door de aangezochte Verdragsluitende Partij verstrekt wordt kan door de verzoekende Verdragsluitende Partij slechts als bewijsmiddel voor de ten laste gelegde feiten worden gebruikt na een verzoek om wederzijdse rechtshulp overeenkomstig de internationale regels die van toepassing zijn.

Vragen om bijstand
Artikel 8

1. De vragen om bijstand en de antwoorden op deze verzoeken moeten worden uitgewisseld tussen de bevoegde centrale organen die door elke Verdragsluitende Partij worden belast met internationale politiesamenwerking en immigratie.

   Indien het onmogelijk is om de vraag tijdig te stellen via voornoemde weg, mogen de bevoegde autoriteiten van de verzoekende Verdragsluitende Partij uitzonderlijk en enkel in geval van hoogdringendheid, de vraag rechtstreeks aan de bevoegde autoriteiten van de aangezochte Verdragsluitende Partij stellen, waarop deze laatste dan rechtstreeks kan antwoorden. In zulke uitzonderlijke gevallen moet de bevoegde autoriteit van de Verdragsluitende Partij het centraal orgaan gelast met de internationale politiesamenwerking in de aangezochte Verdragsluitende Partij zo snel mogelijk op de hoogte brengen van de rechtstreekse vraag waarbij het dringend karakter moet worden gemotiveerd.

2. De bevoegde Ministers van de Verdragsluitende Partijen zullen de nationale contactpunten die belast zijn met de internationale samenwerking benoemen en de modaliteiten van wederzijdse bijstand definiëren.

Vertrouwelijkheidsgraad Informatie
Artikel 9

De verzoekende bevoegde autoriteit moet de graad van vertrouwelijkheid waarborgen die de aangezochte bevoegde autoriteit van de andere Partij aan de informatie heeft toegekend. De graden van veiligheid zijn deze die worden gebruikt door INTERPOL.

Verbindingsofficieren
Artikel 10

1. De verdragsluitende Partijen kunnen verbindingsofficieren van de ene Verdragsluitende Partij voor bepaalde of onbepaalde tijd bij de andere Verdragsluitende Partij detacheren.

2. Het detacheren van verbindingsofficieren voor bepaalde of onbepaalde tijd is erop gericht de samenwerking tussen de Verdragsluitende Partijen te bevorderen en te versnellen, in het bijzonder inzake ondersteuning:

   a) in de vorm van informatie-uitwisseling met het oog op preventieve en repressieve bestrijding van de criminaliteit;

   b) op het vlak van de uitvoering van verzoeken om wederzijdse bijstand in strafzaken;

   c) bij de uitvoering van de opdrachten van de overheden die gelast zijn met het toezicht op de buitengrenzen en immigratie;

   d) bij de uitvoering van de opdrachten van de overheden die gelast zijn met het voorkomen van bedreigingen tegen de openbare orde.

3. De taak van de verbindingsofficieren bestaat erin advies te verstekken en ondersteuning te verlenen. Ze zijn niet bevoegd om autonoom politiemaatregelen uit te voeren. Ze verstrekken informatie en voeren hun taken uit in het kader van de richtlijnen die hun worden gegeven door de Verdragsluitende Partij waarvan ze gedetacheerd zijn en door de Verdragsluitende Partij waarbij ze gedetacheerd zijn. Ze brengen regelmatig verslag uit aan de centrale organen gelast met de politiesamenwerking van de Verdragsluitende Partij waarbij ze gedetacheerd zijn.

4. De Verdragsluitende Partijen kunnen overeenkomen dat de verbindingsofficieren van een Verdragsluitende Partij die gedetacheerd zijn bij een derde land eveneens de belangen van de andere Verdragsluitende Partij vertegenwoordigen.

Bescherming van de persoonsgegevens
Artikel 11

1. Bij de toepassing van deze Overeenkomst wordt de verwerking van persoonsgegevens onderworpen aan de respectievelijke nationale wetgeving van elke Verdragsluitende Partij, en is ze in overeenstemming met de voorwaarden en principes voor de bescherming van persoonsgegevens.

2. Met betrekking tot de verwerking van persoonsgegevens zoals vermeld in deze Overeenkomst, verbinden de Verdragsluitende Partijen zich tot een mate van bescherming van persoonsgegevens in overeenstemming met de bepalingen van het Verdrag van de Raad van Europa van 28 januari 1981 tot bescherming van personen ten opzichte van de geautomatiseerde verwerking van persoonsgegevens en van de Aanbeveling R (87) 15 van het Comité van Ministers van de Raad van Europa van 17 september 1987 tot regeling van het gebruik van persoonsgegevens op politieel gebied.

3. Wat de verwerking van de persoonsgegevens betreft die overeenkomstig onderhavig Overeenkomst worden overgemaakt, zijn de volgende bepalingen van toepassing:

   a) De ontvangende Verdragsluitende Partij mag de gegevens alleen gebruiken voor de doeleinden voorzien in deze Overeenkomst en onder de voorwaarden bepaald door die Verdragsluitende Partij. Het gebruik van de gegevens voor andere doeleinden is uitsluitend mogelijk na voorafgaande toestemming van de Verdragsluitende Partij die de gegevens verstrekt en met inachtneming van het recht van de Verdragsluitende Partij waarvoor de gegevens bestemd zijn;

b) De gegevens mogen enkel worden gebruikt door gerechtelijke en politionele overheden, en de diensten en instanties die een taak of functie uitvoeren in het kader van de doeleinden waarin is voorzien in deze Overeenkomst, en meer bepaald in Artikels 2 en 3. De Verdragsluitende Partijen dienen de lijst van de gebruikers mee te delen;

c) De ontvangende Verdragsluitende Partij is verplicht om de persoonsgegevens te vrijwaren van ongeautoriseerde toegang en ongeautoriseerde aanpassingen of bekendmaking;

d) De ontvangen persoonsgegevens zullen gewist, vernietigd of verbeterd worden wanneer:

- het bewezen is dat de gegevens incorrect zijn of
- het bevoegde orgaan dat ze overdraagt meldt dat de gegevens strijdig met het recht verzameld of verstrekt werden of
- de gegevens niet langer noodzakelijk waren voor de uitvoering van de taak waarvoor ze oorspronkelijk overgedragen werden, tenzij er een duidelijke toestemming is om deze gegevens voor andere doeleinden te gebruiken;

e) Bij het overdragen van persoonsgegevens zal de Verdragsluitende Partij die ze overdraagt, de andere Verdragsluitende Partij informeren over de uiterste datum voor het bewaren van de gegevens, die in overeenkomst moet zijn met het nationaal recht van het land of de internationale wetgeving. Los van de uiterste datum kunnen persoonsgegevens niet langer bewaard worden dan noodzakelijk om het gestelde doel te bereiken. De overdragende Verdragsluitende Partij moet geïnformeerd worden over het wissen van de gegevens die het onderwerp vormden van een overdracht en de redenen van hun wissen. In het geval van een beëindiging van deze Overeenkomst moeten alle gegevens die het onderwerp vormen van een overdracht vernietigd of gewist worden;

f) De Verdragsluitende Partij die zulke gegevens overmaakt, moet erop toezien dat ze juist en volledig zijn. Elke Verdragsluitende Partij ziet erop toe dat de overgemaakte persoonsgegevens niet langer dan nodig worden bewaard. Indien zij op eigen initiatief of als gevolg van een vraag van de betrokken persoon vaststelt dat de verstrekte gegevens inaccuraat zijn of niet overgemaakt mochten worden, moet(en) de ontvangende Verdragsluitende Partij of Partijen daarvan onmiddellijk op de hoogte gebracht worden. Deze Verdragsluitende Partij of Partijen dient (dienen) de gegevens te corrigeren of te vernietigen, of erbij te vermelden dat ze onjuist zijn of onwettelijk werden overgemaakt;

g) De persoon waarover de overgedragen gegevens handelen, mag vragen om geïnformeerd te worden over de persoonsgegevens die werden doorgestuurd en over het doel van hun verwerking in het geval dit in overeenstemming is met het nationaal recht van beide Verdragsluitende Partijen en de internationale wetgeving;

h) Een Verdragsluitende Partij mag zich niet beroepen op het feit dat een andere Verdragsluitende Partij onjuiste gegevens zou hebben overgemaakt om zich te ontdoen van haar in haar nationale recht vastgestelde verantwoordelijkheid ten aanzien van een benadeelde Partij;

i) Het overdragen en de ontvangst van persoonsgegevens moeten worden geregistreerd. De Verdragsluitende Partijen moeten de lijst uitwisselen van de overheden of diensten die toestemming hebben om de registraties te raadplegen;

j) De beslissing of de betrokken persoon, op zijn verzoek, informatie kan krijgen over de over hem/haar overgedragen gegevens, wordt geregeld door het nationaal recht van de Verdragsluitende Partij waaraan het verzoek gericht was. De Verdragsluitende Partij die de gegevens ontving kan de informatie over deze gegevens slechts verstrekken mits ze daartoe voorafgaandelijk de toestemming heeft verkregen van de Verdragsluitende Partij waarvan de gegevens afkomstig zijn;

k) De gegevens mogen enkel gebruikt worden door de ontvangende Verdragsluitende Partij voor de doeleinden die aangegeven werden door de Verdragsluitende Partij die de gegevens verstrekt, en in overeenkomst met de voorwaarden gesteld door die Verdragsluitende Partij.

4. Daarnaast zijn, voor wat de overdracht betreft, de volgende bepalingen van toepassing:

a) De gegevens kunnen slechts overgedragen worden aan de politie- of immigratiediensten en -overheden; de gegevens mogen niet meegedeeld worden aan andere organen die dezelfde objectieven hebben als deze diensten en overheden en die in dezelfde sector werken zonder voorafgaande toestemming van de Verdragsluitende Partij die de gegevens verstrekt heeft;

b) De ontvangende Verdragsluitende Partij zal, op aanvraag, de Verdragsluitende Partij die de gegevens verstrekt heeft informeren over het gebruik van de gegevens en de resultaten die er mee bereikt werden.

5. De verdragsluitende Partijen verbinden er zich toe om alle nodige stappen te nemen om schade veroorzaakt aan derde partijen als resultaat van het zenden, ontvangen of gebruiken van gegevens, te vermijden.

6. Elke Verdragsluitende Partij kan op elk moment het niet in acht nemen van de bepalingen van dit Artikel door de ontvangende Verdragsluitende Partij als grond beschouwen voor de dringende opschorting van de toepassing van deze Overeenkomst, en in dat geval om de automatische beëindiging van de Overeenkomst vragen.

7. Elke Verdragsluitende Partij informeert de controlerende overheid die, in overeenstemming met het nationaal recht, onafhankelijk de persoonsgegevens op basis van onderhavige Overeenkomst moet controleren en moet nagaan of de bovengenoemde verwerking van gegevens de rechten van de betrokken persoon niet schendt. Deze controleoverheden zijn eveneens bevoegd om de problemen te analyseren omtrent de toepassing en de interpretatie van onderhavige Overeenkomst in verband met de verwerking van persoonsgegevens. De controleoverheden kunnen overeenkomen samen te werken in het kader van de opdrachten voorzien in onderhavige Overeenkomst.

Overmaking van persoonsgegevens

Artikel 12

Wanneer persoonsgegevens worden overgemaakt via een verbindingsofficier, zoals voorzien in Artikel 10, worden de bepalingen van onderhavige Overeenkomst enkel toegepast wanneer de verbindingsofficier de gegevens overmaakt aan de Verdragsluitende Partij waarbij hij werd gedetacheerd.

Uitzondering
Artikel 13

Elk van de Verdragsluitende Partijen zal weigeren bijstand te verlenen wanneer het gaat om politieke of militaire delicten, of wanneer die bijstand strijdig blijkt te zijn met het nationale recht dat van kracht is op haar grondgebied.

Elk van de Partijen kan bijstand weigeren of deze aan bepaalde voorwaarden onderwerpen wanneer het gaat om delicten die in verband staan met politieke of militaire delicten of wanneer de bijstandsverlening de soevereiniteit, de veiligheid, de openbare orde of andere essentiële belangen van de Staat in het gedrang zou brengen.

Andere samenwerkingsvormen
Artikel 14

1. De Verdragsluitende Partijen gaan akkoord om elkaar wederzijds bijstand te verlenen op het vlak van beroepsopleiding alsmede technische bijstand voor problemen in verband met de werking van de politie.

2. De Verdragsluitende Partijen verbinden zich ertoe om hun praktische ervaringen uit te wisselen met betrekking tot alle in onderhavige Overeenkomst genoemde gebieden.

3. De wijze waarop de wederzijdse bijstand zal worden verleend wordt vastgelegd in overeenkomsten gesloten tussen de bevoegde Ministers van de Verdragsluitende Partijen.

Overleg
Artikel 15

1. De bevoegde Ministers van de Verdragsluitende Partijen kunnen permanente of tijdelijke werkgroepen oprichten om gemeenschappelijke problemen te onderzoeken inzake de opsporing en de preventie van de vormen van criminaliteit voorzien in Artikel 2, en de samenwerkingsgebieden zoals voorzien in Artikel 3 en, indien nodig, om Actieplannen voor te stellen ter verbetering van de praktische en technische aspecten van de samenwerking tussen de Verdragsluitende Partijen.

2. De kosten die worden gemaakt in het kader van de samenwerking, zullen door beide Verdragsluitende Partijen worden gedragen, behalve wanneer de hiertoe behoorlijk gemachtigde vertegenwoordigers van de Verdragsluitende Partijen daar onderling anders over beslissen.

3. De bevoegde Ministers van de Verdragsluitende Partijen richten een evaluatiecomité op dat om de drie jaar zal rapporteren aan de bevoegde Ministers.

Regeling van geschillen
Artikel 16

Alle geschillen in verband met de interpretatie of de toepassing van onderhavige Overeenkomst zullen worden beslecht door een gemengde adviescommissie.

De Gemengde adviescommissie bestaat uit vertegenwoordigers van de Ministers van Buitenlandse Zaken, Binnenlandse Zaken en Justitie. Zij zal periodiek samenkomen op verzoek van één van de Verdragsluitende Partijen, om de regeling van de problemen te vergemakkelijken die kunnen opduiken als gevolg van de interpretatie of toepassing van onderhavige Overeenkomst.

Verband met andere Overeenkomsten
Artikel 17

De bepalingen van deze Overeenkomst zijn slechts van toepassing als ze conform zijn aan het nationaal recht van de Verdragsluitende Partijen en aan de voor de Verdragsluitende Partijen bindende bilaterale en multilaterale overeenkomsten.

Inwerkingtreding en opzegging
Artikel 18

De Verdragsluitende Partijen informeren elkaar, schriftelijk en langs diplomatieke weg, over de afhandeling van de nationale wettelijke formaliteiten die vereist zijn voor de inwerkingtreding van onderhavige Overeenkomst.

De Overeenkomst zal in werking treden op de eerste dag van de tweede maand volgend op de datum waarop de laatste bekendmaking wordt ontvangen.

Deze Overeenkomst wordt gesloten voor onbeperkte tijd. Elke Verdragsluitende Partij kan de Overeenkomst opzeggen door de andere Partij langs diplomatieke weg aan te schrijven. De opzegging zal uitwerking hebben 6 maanden na ontvangst van de betekening ervan.

Wijzigingen
Artikel 19

Elke Verdragsluitende Partij kan aan de andere Verdragsluitende Partij voorstellen doen die een wijziging van onderhavige Overeenkomst beogen. De wijzigingen aan onderhavige Overeenkomst worden in onderlinge overeenstemming door de Verdragsluitende Partijen besloten.

Dit Verdrag mag worden aangepast of aangevuld met onderlinge schriftelijke toestemming van de Verdragsluitende Partijen. De overeengekomen aanpassingen en aanvullingen zullen van kracht worden overeenkomstig de procedure zoals deze beschreven in het Artikel 18, paragraaf 1 en 2 van dit Verdrag.

TEN BLIJKE WAARVAN de ondergetekenden, daartoe behoorlijk gemachtigd, deze Overeenkomst hebben ondertekend.

GEDAAN te Brussel op 21 november 2013 in twee oorspronkelijke exemplaren, elk in de Engelse, Franse, Nederlandse en Macedonische taal; de vier teksten zijnde gelijkelijk authentiek. In geval van verschil van interpretatie is de Engels tekst beslissend.

VOOR DE BELGISCHE REGERING:

VOOR DE MACEDONISCHE REGERING:

[TEXT IN ENGLISH – TEXTE EN ANGLAIS]

AGREEMENT
ON POLICE COOPERATION
BETWEEN
THE BELGIAN GOVERNMENT
AND
THE MACEDONIAN GOVERNMENT

THE BELGIAN GOVERNMENT

AND

THE MACEDONIAN GOVERNMENT

Hereinafter referred to as the Contracting Parties,

Desiring to promote the friendly relations and to further the co-operation between the Contracting Parties, and particularly to take into consideration the common will to strengthen the police co-operation between them;

Desiring to strengthen police co-operation in accordance with international agreements adhered to by the Contracting Parties regarding the fundamental rights and freedoms, especially the Convention of the Council of Europe of 4th November 1950 for the Protection of Human Rights and Fundamental Freedoms, as well as the Convention n.108 of the Council of Europe of 28th January 1981 for the Protection of Individuals with regard to Automatic Processing of Personal Data;

Considering that the fight against crimes related to terrorism as referred to in the European Convention on the suppression of terrorism of 1977 is necessary to defend the democratic values and institutions;

Considering that international organised crime constitutes a serious threat to the socio-economic development of the Contracting Parties, and that the recent development of international organized crime may jeopardise their institutional functioning;

Considering that the fight against human trafficking and the repression of illegal entries and exits of the territory of the Contracting States and of illegal migrations, as well as the suppression of the organised conduits taking part in these illegal acts are a concern of the Contracting Parties;

Considering that the illegal manufacturing and traffic of narcotic drugs and psychotropic substances represent a danger to the health and the safety of the citizens;

Considering that the harmonisation of the relevant legislation alone does not suffice to fight efficiently enough against the phenomenon of illegal migration;

Considering that the need for real and effective international police co-operation in the field of organised crime and illegal migration, through the exchange and processing of information and good practices is essential to fight and prevent from criminal acts;

Considering that this co-operation calls for a series of adequate measures and a close collaboration between the Contracting Parties;

HAVE AGREED as follows:

Definitions
Article 1

For the purposes of this Agreement:

a) **"Trafficking in human beings"** shall mean the recruitment, transportation, transfer, harbouring or receipt of persons, by means of the threat or use of force or other forms of coercion, of abduction, of fraud, of deception, of the abuse of power or of a position of vulnerability or of the giving or receiving of payments or benefits to achieve the consent of a person having control over another person, for the purpose of exploitation.

Exploitation shall include, at a minimum, the exploitation of the prostitution of others or other forms of sexual exploitation, forced labour or services, slavery or practices similar to slavery, servitude or the removal of organs.

b) **"Sexual exploitation of children"** are criminal offences described in Article 34 of the United Nations Convention of 20th November 1989 on the Rights of the Child, including the production, sale and distribution of or any other form of traffic in child pornography and the possession of such material for personal purposes.

c) **"Technical aid"** is logistic aid offered to the police and migration services.

d) **"Crime related to nuclear and radioactive material"** are criminal offences listed in Article 7 §1 of the United Nations Convention of 3rd March 1980 on the Physical Protection of Nuclear Material, signed in Vienna and New York.

e) **"Money laundering"** are the criminal offences listed in Article 6 §1-3 of the Convention of the Council of Europe of 8th November 1990 on Laundering, Search, Seizure and Confiscation of the Proceeds from Crime signed in Strasbourg.

f) **"Organised crime"** is any offence coming under transnational organised crime as provided for in Article 2 of the United Nations Convention of 12 December 2000 against Transnational Organized Crime.

g) **"Personal data"** are any information relating to an identified or identifiable individual (data subject); an identifiable person being one who can be identified, directly or indirectly, particularly with reference to an identification number or to one or more factors specific to one's physical, physiological, mental, economic, cultural or social identity.

h) **"Processing of personal data"** involves any operation or set of operations performed automatically or not upon personal data, such as collecting, recording, organising, storing, adapting or altering, retrieving, consulting, using, disclosing by transmission, dissemination or any other way of making them available, aligning or combining as well as blocking, erasing or destroying.

i) **"Narcotic drugs"** is any natural or synthetic substance mentioned in Schedules I and II of the Single United Nations Convention of 30th March 1961 on Narcotic Drugs adopted in New York, as well as any future Convention extending the list of drugs, to be enforced in the countries of the Contracting Parties.

j) **"Psychotropic substance"** is any natural or synthetic substance or any natural material mentioned in Schedules I, II, III or IV of the United Nations of 21st February 1971 Convention on Psychotropic Substances, as well as any future Convention extending the list of psychotropic substances to be enforced in the countries of the Contracting Parties.

k) **"Illicit traffic in narcotic drugs or psychotropic substances"** is production and manufacture of or the traffic in drugs or psychotropic substances **pursuant** to the provisions of the Convention of 30th March 1961 on Narcotic Drugs, of the Convention of 21st February 1971 on Psychotropic Substances, or of the United Nations Convention of 20th December 1988 against the Illicit Traffic in Narcotic Drugs and Psychotropic Substances.

l) **"Cybercrime"** is any offence coming under Cybercrime as provided for in Convention of the Council of Europe of 23rd November 2001 on Cybercrime, signed in Budapest.

m) **"Urgent request"** is a request formulated by a Contracting Party in cases when the normal formal administrative proceedings through the national contact points competent for international cooperation may hamper or compromise the investigation.

Fields of co-operation

Article 2

1. The Contracting Parties undertake to grant each other, in compliance with the national legislation and the conditions established in this Agreement, the widest co-operation possible in the field of police co-operation, in accordance with the conditions laid down in this Agreement.

2. The Contracting Parties will co-operate in prevention, suppression and prosecution of serious offences derived from organised crime, and particularly:

- offences against a person's life, health and physical integrity;
- offences relating to unauthorized manufacture and illegal traffic in narcotic drugs, psychotropic substances, related chemicals and equipment;
- illegal migration;
- human smuggling, including smuggling of migrants;
- trafficking in human beings;
- procuring, trafficking and sexual exploitation of children;
- extortion;
- theft, illegal manufacture, traffic and illegal trade in arms, ammunition, explosives, radioactive substances, nuclear material and other dangerous substances;
- falsifications (manufacturing, counterfeit, transformation and distribution) of means of payment, cheques and securities;
- falsification and use of any falsified official document;
- crimes in the field of economic and financial exchanges;
- European Community funds frauds;
- corruption;
- offences against goods, such as the theft and illicit traffic in works of art and ancient objects;
- theft of, illegal trade and traffic in motor vehicles and the falsification and use of falsified vehicle documents;
- money laundering and other proceeds of crime;
- illegal games of chance;
- cybercrime;
- terrorism and financing of terrorism;
- serious and organized value added tax and income tax fraud;
- swindling, embezzlement, deceit and fraud;
- fraudulent bankruptcy;
- serious and organized social and insurance fraud.

3. The serious offences stemming from organised crime that are not defined in Article 1 will be evaluated by the competent national services in compliance with their national law.

Coordination and support
Article 3

The collaboration between the Contracting Parties shall also bear on:

- searching missing people and assisting in the identification of unidentified corpses;
- searching the territory of one Contracting Party for objects stolen, missing, embezzled or lost on the territory of the other Contracting Party.

Forms of cooperation
Article 4

The Contracting Parties shall cooperate in the fields referred to in Articles 2 and 3 by:

- exchanging information, in particular the modus operandi, pertaining to the fields within the competence of police and immigration authorities;
- exchanging equipment;
- providing technical and expert assistance, know-how as well as specialized technical equipment;
- exchanging experiences;
- providing assistance in professional training;
- assisting in the preparation of the execution of requests for legal assistance in criminal matters;

in accordance with the conditions set hereafter.

Exchange of information
Article 5

The Contracting Parties shall provide assistance and ensure close and permanent co-operation. Therefore, they shall exchange all pertinent and important information.

This co-operation may be reached by means of permanent contacts through the appointed liaison officers.

Right to exchange information
Article 6

1. The Contracting Parties undertake to ensure that their police authorities shall, in compliance with national law and within the scope of their powers, assist each other for the purposes of preventing and detecting criminal offences, insofar as national law does not stipulate that the request or the implementation has to be made and channeled via the judicial authorities.

2. In these specific cases, the Contracting Party may, on its own initiative and in compliance with national law, communicate information to the concerned Contracting Party, which is deemed useful for the latter in the prevention and the curbing of offences such as referred to in Article 2 of this Agreement or in the prevention of threats to the public order and security.

Use of information
Article 7

Any information provided by the requested Contracting Party may not be used by the requesting Contracting Party as evidence of the offence charged other than with the request for mutual legal assistance in accordance with prevailing international provisions.

Requests for assistance
Article 8

1. Requests for assistance and the replies to such requests must be exchanged between the responsible central bodies for international police cooperation and immigration in each Contracting Party.

   Where the request cannot be made in good time using the above procedure, the competent authorities of the requesting Contracting Party may, exceptionally and in case of urgency only, address it directly to the competent authorities of the requested Party, which may reply directly. In such exceptional cases, the competent authority of the Contracting Party must at the earliest opportunity inform the central body responsible for international police cooperation in the requested Contracting Party of its direct request and motivate the urgency of the latter.

2. The competent Ministers of the Contracting Parties shall nominate national contact points that will be competent for international cooperation and shall define the modalities of mutual assistance.

Information Classification Level
Article 9

The requesting competent authority has to ensure the degree of confidentiality with which the requested authority concerned has marked the information. The degrees of security are those used by INTERPOL.

Liaison officers
Article 10

1. The Contracting Parties may second, for specified or unspecified period, liaison officers from one Contracting Party to the other Contracting Party.

2. The secondment of liaison officers for a specified or unspecified period is intended to further and accelerate cooperation between the Contracting Parties, particularly by providing assistance:

   a) in the form of the exchange of information for the purposes of combating crime by means of both prevention and law enforcement;

   b) in executing requests for mutual legal assistance in criminal matters;

   c) for the execution of the tasks of the authorities responsible for external border surveillance and for immigration;

   d) for the execution of the tasks of the authorities responsible for preventing threats to public order.

3. Liaison officers shall have the task of providing advice and assistance. They shall not be empowered to take independent police action. They shall supply information and perform their duties in accordance with the instructions given to them by the seconding Contracting Party and by the Contracting Party to which they are seconded. They shall report regularly to the central bodies responsible in each Contracting Party for police cooperation to which they are seconded.

4. The Contracting Parties may agree that liaison officers of one Contracting Party assigned to a third country also represent the interests of the other Contracting Party.

Protection of personal data
Article 11

1. In application of this Agreement, the processing of personal data is subject to the respective national legislation of each Contracting Party, as well as in accordance to the conditions and principles for personal data protection.

2. As regards the processing of personal data in application of this Agreement, the Contracting Parties undertake to achieve a degree of protection of personal data which complies with the provisions of the Convention of the Council of Europe of 28th January 1981 on the Protection of Individuals with regard to the Automatic Processing of Personal Data and of Recommendation R (87) 15 of 17th September 1987 of the Committee of Ministers of the Council of Europe regulating the use of personal data in the police sector.

3. The following provisions shall apply to the processing of personal data communicated pursuant to this Agreement:

   a) the data may only be used by the recipient Contracting Party solely for the purposes indicated by this Agreement and in compliance with the conditions laid down by that Contracting Party; the data may be used for other purposes only with prior authorisation of the Contracting Party which provided them and in accordance with law of the recipient Contracting Party;

   b) the data may only be used by the judicial and police authorities and the services and bodies that carry out a task or a function within the framework of the purposes set out in this Agreement and particularly in accordance with articles 2 and 3. The Contracting Parties shall communicate the list of users;

   c) the recipient Contracting Party is obliged to effectively protect personal data from unauthorized access and unauthorized modification or disclosure;

   d) the received personal data shall be erased, destroyed or corrected when:

      - it is proven that the data are incorrect or
      - the competent body performing the transfer reports that the data were collected or provided contrary to the law or
      - the data were no longer necessary for realization of the task for which they were originally transferred, unless there is clear permission to use these data for other purposes;

e) when transferring personal data, the Contracting Party performing the transfer of data, shall inform the other Contracting Party about the deadline for keeping the data which should be in accordance with the national legislation of the country or the international law. Regardless of the keeping deadline, personal data cannot be kept longer than necessary for achieving the aims. The transferring Contracting Party must be informed of the deletion of the data being subject to transmission and the reasons for their deletion. In event of termination of this Agreement, all data being subject to transmission must be destroyed or deleted;

f) the Contracting Party communicating such data shall be obliged to ensure the accuracy and the completeness thereof. Each Contracting Party ensures that the transmitted personal data are not retained longer than necessary. Should it establish, either on its own initiative or further to a request by the data subject, that data have been provided that are inaccurate or should not have been communicated, the recipient Contracting party or Parties must be immediately informed thereof; the latter Contracting Party or Parties shall be obliged to correct or destroy the data, or to indicate that the data are inaccurate or were unlawfully communicated;

g) the person whose data are or will be subject to transmission may request to be informed about the personal data which were subject of transmission and about the purposes of their processing, in case this should be in accordance with the national legislation of the two Contracting Parties and the international law;

h) a Contracting Party may not plead that another Contracting Party communicated inaccurate date, in order to avoid its liability under its national law vis-à-vis an injured party;

i) the transmission and receipt of personal data must be recorded. The Contracting Parties shall communicate the list of authorities or services with authorisation to consult the recording;

j) the decision concerning whether the data subject shall, at his request, be provided information concerning communicated data relating to him shall be governed by national law of the Contracting Party to which the request was addressed. The Contracting Party that receives the data may communicate information on the data only with prior consent from the Contracting Party at the origin of the data;

k) the data may only be used by the recipient Contracting Party solely for the purposes indicated by the Contracting Party which provided them and in compliance with the conditions laid down by that Contracting Party.

4. Moreover, concerning the transmission, the following provisions shall apply:

a) the data can only be transmitted to the police and immigration services and authorities; the data may not be communicated to other bodies that work for the same objectives as these services and authorities and that operate within the same scope, without the prior authorisation of the Contracting Party which provided them;

b) the recipient Contracting Party shall, upon request, inform the Contracting Party which provided the data of the use made of the data and the results thus obtained;

5. The Contracting Parties commit to undertake all necessary steps in order to avoid damages caused to third parties as a result of the sending, reception or use of the data.

6. Each Contracting Party at anytime may consider the disrespect of the provisions of this Article by the recipient Contracting Party as grounds for urgent suspension of the application of this Agreement, and upon that case to request automatic termination of the Agreement.

7. Each Contracting Party informs the supervising authority that, in compliance with domestic law, is in charge of carrying out an independent control on the personal data pursuant to this Agreement and of verifying whether the aforementioned processing of data does not prejudice the rights of the person concerned. These supervising authorities are also competent to analyse the difficulties related to the implementation or interpretation of this Agreement on the processing of personal data. The supervising authorities may agree to co-operate within the scope of the tasks set out in this Agreement.

Transfer of personal data
Article 12

If personal data are communicated via a liaison officer as referred to in Article 10, the provisions of this Agreement shall not apply unless the liaison officer communicates such data to the Contracting Party to which they are seconded.

Exception
Article 13

Each Contracting Party shall refuse to provide assistance if it concerns offences of political or military nature, or if providing the assistance turns out to be against the national law in force on its territory.

Each Party may withhold assistance or may subject it to certain conditions if it concerns offences related to offences of political or military nature, or if the execution of the assistance might prejudice the sovereignty, the security, the public order or other essential interests of the State.

Other forms of co-operation
Article 14

1. The Contracting Parties agree to grant each other mutual aid in the field of vocational training and technical aid for the problems related to the functioning of the police.

2. The Contracting Parties agree to exchange their practical experiences in all the fields detailed in this Agreement.

3. The details of the mutual aid are settled by arrangements between the competent Ministries of the Contracting Parties.

Consultation
Article 15

1. The competent Ministers of the Contracting Parties may set up permanent or occasional working groups in order to examine mutual problems relative to the detection and the prevention of fields of crime mentioned in Article 2 and the fields of co-operation mentioned in Article 3 and, if deemed necessary, to put forward Action Plans in order to improve the practical and technical aspects of the co-operation between the Contracting Parties.

2. The costs related to the fulfilment of the co-operation shall be borne by the two Contracting Parties, unless the duly authorised officers of the Contracting Parties agree otherwise.

3. The competent Ministers of the Contracting Parties set up an evaluation committee that will report to the Ministers every three years.

Settlement of disputes
Article 16

Any dispute caused by the interpretation or the implementation of this Agreement shall be settled by a joint advisory commission.

The Joint advisory commission is composed of representatives of the Ministries of Foreign Affairs, Home Affairs and Justice. It will gather periodically, at the request of one of the Contracting Parties, to facilitate the settlement of disputes that may arise as a consequence of the interpretation or application of this Agreement.

Relation to other agreements
Article 17

The provisions of this Agreement only apply if compatible with the national law of the Contracting Parties, as well as with the bilateral and multilateral agreements binding for the Contracting Parties.

Entry into force and denunciation
Article 18

The Contracting Parties shall notify, in writing and through diplomatic channels, the completion of the internal-legal formalities required for the implementation of this Agreement.

The Agreement shall come into force on the first day of the second month after receipt of the last notification.

This Agreement is concluded for unlimited period of time. Each Contracting Party has the right to annul it by written notice to the other Party, forwarded through diplomatic channels. The denunciation shall become effective six months after the date of the reception of the notice of denunciation.

Amendments
Article 19

Any Contracting Party may send any proposal aiming at altering this Agreement to the other Contracting Party. The Contracting Parties finalise the amendments to this Agreement by mutual consent.

This Agreement may be amended or supplemented by way of mutual consent of the Contracting Parties made in written. The agreed amendments and supplement shall enter into force in accordance with the procedure laid down in the Article 18, paragraph 1 and 2 of this Agreement.

IN WITNESS WHEREOF the undersigned, duly authorised thereto, have signed this Agreement.

DONE in Brussels on 21st November 2013 in duplicate, in the French, Dutch, Macedonian and English languages; the four texts shall be deemed authentic. In case of divergence of interpretation, the English text shall prevail.

FOR THE BELGIAN GOVERNMENT:

FOR THE MACEDONIAN GOVERNMENT:

[TEXT IN FRENCH – TEXTE EN FRANÇAIS]

CONVENTION
ENTRE
LE GOUVERNEMENT BELGE
ET
LE GOUVERNEMENT MACEDONIEN
RELATIVE A LA COOPERATION POLICIERE

LE GOUVERNEMENT BELGE

ET

LE GOUVERNEMENT MACEDONIEN

Ci-après dénommés les Parties contractantes,

Se fondant sur le souci de promouvoir les rapports d'amitié et de coopération entre les deux Etats, et en particulier de prendre en considération la volonté commune de renforcer la coopération policière entre eux;

Se fondant su le désir de renforcer cette coopération policière dans le cadre des engagements internationaux souscrits par les Parties contractantes en matière de respect des droits et libertés fondamentaux, notamment de la Convention du Conseil de l'Europe de sauvegarde des Droits de l'Homme et des Libertés fondamentales, signée le 4 novembre 1950, ainsi que de la Convention n° 108 du Conseil de l'Europe du 28 janvier 1981 pour la protection des personnes à l'égard du traitement automatisé des données à caractère personnel;

Considérant que la lutte contre la criminalité liée au terrorisme entendu au sens de la Convention européenne pour la répression du terrorisme de 1977 est une nécessité au titre de la défense des valeurs et des institutions démocratiques;

Considérant que la criminalité organisée internationale représente une menace grave pour le développement socio-économique des Parties contractantes, et que les développements récents de la criminalité organisée internationale peuvent mettre en péril leur fonctionnement institutionnel;

Considérant que la lutte contre la traite des êtres humains et la répression des entrées et sorties illégales du territoire des Parties contractantes et de l'immigration illégale, ainsi que l'élimination des filières organisées qui participent à ces actes illégaux, sont une préoccupation des Parties contractantes;

Considérant que la production et le commerce illégal de stupéfiants et de substances psychotropes constituent un danger pour la santé et la sécurité des citoyens;

Considérant que la seule harmonisation des législations ne suffit pas pour combattre le phénomène de l'immigration illégale avec suffisamment d'efficacité;

Considérant que la nécessité d'une coopération policière internationale réelle et efficace dans le domaine de la criminalité organisée et de l'immigration illégale, notamment par l'échange et le traitement d'informations et de bonnes pratiques, est indispensable pour combattre et prévenir ces activités criminelles;

Considérant que l'accomplissement de cette coopération appelle une série de mesures appropriées et une étroite collaboration entre les Parties contractantes;

ONT RESOLU de conclure la présente convention:

Définitions
Article 1er

Au sens de la présente Convention, on entend par:

a) **"Traite des êtres humains"**, le recrutement, le transport, le transfert, l'hébergement ou l'accueil de personnes, par la menace de recours ou le recours à la force ou à d'autres formes de contrainte, par enlèvement, fraude, tromperie, abus d'autorité ou d'une situation de vulnérabilité, ou par l'offre ou l'acceptation de paiements ou d'avantages pour obtenir le consentement d'une personne ayant autorité sur une autre aux fins d'exploitation.

   L'exploitation comprend, au minimum, l'exploitation de la prostitution d'autrui ou d'autres formes d'exploitation sexuelle, le travail ou les services forcés, l'esclavage ou les pratiques analogues à l'esclavage, la servitude ou le prélèvement d'organes.

b) **"Exploitation sexuelle des enfants"**, les infractions pénales visées par l'article 34 de la Convention des Nations Unies relative aux droits de l'enfant du 20 novembre 1989, en ce compris la production, la vente, la distribution ou toutes autres formes de trafic de matériel à caractère pornographique impliquant des enfants et la détention des fins personnelles de ce type de matériel.

c) **"Assistance technique"**, l'aide apportée en matière de soutien logistique aux services de police et d'immigration.

d) **"Criminalité liée aux matières nucléaires et radioactives"**, les infractions pénales telles qu'énumérées à l'article 7, §1er, de la Convention des Nations Unies sur la protection physique des matières nucléaires, signée à Vienne et à New-York le 3 mars 1980.

e) **"Blanchiment d'argent"**, les infractions telles qu'énumérées à l'article 6, §1er-3, de la Convention du Conseil de l'Europe relative au blanchiment, au dépistage, à la saisie et à la confiscation des produits du crime, signée à Strasbourg le 8 novembre 1990.

f) **"Criminalité organisée"**, toute infraction relevant de la criminalité transnationale organisée telle que prévue à l'article 2 de la Convention des Nations Unies contre la criminalité transnationale organisée, signée le 12 décembre 2000.

g) **"Données à caractère personnel"**, toute information concernant une personne physique identifiée ou identifiable (personne concernée); est réputée identifiable une personne qui peut être identifiée, directement ou indirectement, plus particulièrement par référence à un numéro d'identification ou à un ou plusieurs éléments spécifiques, propres à son identité physique, physiologique, psychique, économique, culturelle ou sociale.

h) **"Traitement de données à caractère personnel"**, toute opération ou ensemble d'opérations effectuées ou non à l'aide de procédés automatisés, et appliquées à des données à caractère personnel, telles que la collecte, l'enregistrement, l'organisation, la conservation, l'adaptation ou la modification, l'extraction, la consultation, l'utilisation, la communication par transmission, diffusion ou toute autre forme de mise à disposition, le rapprochement ou l'interconnexion, ainsi que le verrouillage, l'effacement ou la destruction.

i) **"Stupéfiants"**, toute substance, qu'elle soit d'origine naturelle ou synthétique, figurant aux Tableaux I et II de la Convention unique des Nations Unies sur les stupéfiants faite à New-York le 30 mars 1961, ainsi que toute convention ultérieure qui élargira la liste des stupéfiants et sera d'application dans les Etats des Parties contractantes.

j) **"Substances psychotropes"**, toute substance, qu'elle soit d'origine naturelle ou synthétique, ou tout produit naturel du Tableau I, II, III ou IV de la Convention des Nations Unies sur les substances psychotropes du 21 février 1971, ainsi que toute Convention ultérieure qui élargira la liste des stupéfiants et sera d'application dans les Etats des Parties contractantes.

k) **"Trafic illicite de stupéfiants ou de substances psychotropes"**, la culture, la fabrication ou le trafic de stupéfiants ou de substances psychotropes en vertu des dispositions de la Convention du 30 mars 1961 sur les stupéfiants, de la Convention du 21 février 1971 sur les substances psychotropes ou de la Convention des Nations Unies du 20 décembre 1988 sur le trafic illicite de stupéfiants et de substances psychotropes.

l) **"Cybercriminalité"**, toute infraction relevant de la cybercriminalité telle que prévue par la Convention du Conseil de l'Europe sur la cybercriminalité, signée le 23 novembre 2001 à Budapest.

m) **"Demande urgente"**, une demande effectuée par une Partie contractante lorsque le passage par la procédure administrative normale et formelle auprès des points de contacts nationaux qui sont compétents pour la coopération internationale risque d'entraver ou de compromettre l'action de recherche.

Domaines de coopération
Article 2

1. Chacune des Parties contractantes s'engage à accorder à l'autre Partie, conformément à la législation nationale et sous les conditions déterminées par la présente Convention, la coopération la plus large en ce qui concerne la coopération policière, conformément aux conditions prévues dans la présente Convention.

2. Les Parties contractantes coopéreront à la prévention, à la répression et à la poursuite d'infractions graves relevant de la criminalité organisée, et en particulier:

- les infractions contre la vie, la santé et l'intégrité physique des personnes;
- les infractions liées à la production et au trafic illégal de stupéfiants, de substances psychotropes, de précurseurs et d'appareillage;
- l'immigration illégale;
- le trafic d'êtres humains incluant le trafic de migrants;
- la traite des êtres humains;
- le proxénétisme, le trafic et l'exploitation sexuelle des enfants;
- l'extorsion;
- le vol, la production illégale, le trafic et le commerce illégal d'armes, munitions, explosifs, substances radioactives, matières nucléaires et autres substances dangereuses;
- les falsifications (fabrication, contrefaçon, transformation et distribution) des moyens de paiement, chèques et titres;
- la falsification et l'utilisation de tout document officiel falsifié;
- la criminalité dans le domaine des activités économiques et financières;
- la fraude aux fonds européens;
- la corruption;
- les infractions contre les biens, entre autres le vol, le trafic d'œuvres d'art et d'antiquités;
- le vol, le commerce illégal et le trafic de véhicules à moteur et la falsification et l'usage de documents falsifiés de véhicules;
- le blanchiment d'argent et autres produits du crime;
- les jeux de hasard illégaux;
- la cybercriminalité;
- le terrorisme et le financement de ses activités;
- la fraude grave et organisée à la taxe sur la valeur ajoutée et à l'impôt sur les revenus;
- l'escroquerie, le détournement de fonds, la tromperie et la fraude;
- les infractions liées à la faillite frauduleuse;
- la fraude sociale et à l'assurance grave et organisée.

3. Les formes de criminalité graves relevant de la criminalité organisée qui ne sont pas définies à l'article 1er sont appréciées par les services nationaux compétents selon la législation nationale de l'Etat auquel ils appartiennent.

Coordination et appui
Article 3

La collaboration entre les Parties contractantes portera également sur:

- la recherche des personnes disparues et l'aide à l'identification des cadavres non identifiés;

- la recherche sur le territoire d'une Partie contractante d'objets volés, disparus, détournés ou égarés sur le territoire de l'autre Partie.

Formes de coopération
Article 4

Les Parties contractantes coopéreront dans les domaines spécifiés aux articles 2 et 3 par:

- les échanges d'informations, en particulier le modus operandi, concernant les domaines relevant de la compétence des services de police et d'immigration;
- les échanges de matériel;
- l'assistance technique et spécialisée, les expertises et la fourniture de matériel technique spécialisé;
- l'échange d'expériences;
- l'assistance dans le domaine de la formation professionnelle;
- l'aide à la préparation de l'exécution des demandes d'entraide judiciaire en matière pénale;

selon les dispositions ci-après.

Echange d'informations
Article 5

Les Parties contractantes se prêteront assistance et assureront une coopération étroite et permanente. Elles procéderont notamment à un échange de toutes les informations pertinentes et importantes.

Cette coopération peut prendre la forme d'un contact permanent par l'intermédiaire des officiers de liaison désignés.

Droit à l'échange d'informations
Article 6

1. Les Parties contractantes s'engagent à ce que leurs services de police s'accordent, dans le respect du droit national et dans les limites de leurs compétences, l'assistance aux fins de la prévention et de la recherche de faits punissables, pour autant que le droit national ne stipule pas que la demande ou son exécution est réservée aux autorités judiciaires.

2. Dans ces cas particuliers, chaque Partie contractante peut, dans le respect de son droit national et sans y être invitée, communiquer à la Partie contractante concernée des informations qui peuvent être importantes pour celle-ci aux fins de la prévention et de la répression d'infractions telles que visées à l'article 2 de la présente Convention, ou pour la prévention de menaces pour l'ordre et la sécurité publics.

Usage de l'information
Article 7

Toute information fournie par la Partie contractante requise ne peut être utilisée par la Partie contractante requérante aux fins d'apporter la preuve des faits incriminés qu'après une demande d'entraide judiciaire conformément aux dispositions internationales applicables.

Demandes d'assistance
Article 8

1. Les demandes d'assistance et les réponses à ces demandes doivent être échangées entre les organes centraux compétents chargés, par chaque Partie contractante, de la coopération policière internationale et de l'immigration.

   Lorsque la demande ne peut être faite en temps utile par la voie susvisée, elle peut, exceptionnellement et en cas d'urgence uniquement, être adressée par l'autorité compétente de la Partie contractante requérante directement à l'autorité compétente de la Partie requise et celle-ci peut y répondre directement. Dans ces cas exceptionnels, l'autorité compétente de la Partie contractante doit aviser, dans les meilleurs délais, l'organe central chargé de la coopération policière internationale, dans la Partie contractante requise de sa demande directe et en motiver l'urgence.

2. Les Ministres compétents des Parties contractantes désignent les organes centraux qui seront chargés de la coopération internationale et définissent les modalités d'entraide mutuelle.

Niveau de classification des informations
Article 9

L'autorité compétente requérante doit garantir le degré de confidentialité que l'autorité compétente requise de l'autre Partie a attribué à l'information. Les degrés de sécurité sont ceux utilisés par INTERPOL.

Officiers de liaison
Article 10

1. Les Parties contractantes peuvent détacher, pour une durée déterminée ou indéterminée, des officiers de liaison d'une Partie contractante auprès de l'autre Partie contractante.

2. Le détachement d'officiers de liaison pour une durée déterminée ou indéterminée a pour but de promouvoir et d'accélérer la coopération entre les Parties contractantes, notamment en fournissant l'assistance:

   a) sous la forme d'échanges d'informations aux fins de la lutte tant préventive que répressive contre la criminalité;

b) dans l'exécution de demandes d'entraide judiciaire en matière pénale;

c) pour les besoins de l'exercice des missions des autorités chargées de la surveillance des frontières extérieures et de l'immigration;

d) pour les besoins de l'exercice des missions des autorités chargées de la prévention des menaces pour l'ordre public.

3. Les officiers de liaison ont une mission d'avis et d'assistance. Ils ne sont pas compétents pour l'exécution autonome de mesures de police. Ils fournissent des informations et exécutent leurs missions dans le cadre des instructions qui leur sont données par la Partie contractante d'origine et par la Partie contractante auprès de laquelle ils sont détachés. Ils font régulièrement rapport à l'organe central chargé de la coopération policière dans la Partie contractante auprès de laquelle ils sont détachés.

4. Les Parties contractantes peuvent convenir que les officiers de liaison d'une Partie contractante détachés auprès d'Etats tiers représentent également les intérêts de l'autre Partie contractante.

Protection des données à caractère personnel
Article 11

1. En application de la présente Convention, le traitement des données à caractère personnel est soumis à la législation nationale de chaque Partie contractante et doit s'opérer dans le respect des conditions et principes en vigueur concernant la protection des données à caractère personnel.

2. En ce qui concerne le traitement des données à caractère personnel en application de la présente Convention, les Parties contractantes s'engagent à réaliser un niveau de protection des données à caractère personnel qui respecte les dispositions de la Convention du Conseil de l'Europe du 28 janvier 1981 pour la protection des personnes à l'égard du traitement automatisé des données à caractère personnel et de la Recommandation R (87) 15 du 17 septembre 1987 du Comité des Ministres du Conseil de l'Europe visant à réglementer l'utilisation des données à caractère personnel dans le secteur de la police.

3. En ce qui concerne le traitement de données à caractère personnel transmises en application de la présente Convention, les dispositions ci-après s'appliquent:

a) les données ne peuvent être utilisées par la Partie contractante destinataire qu'aux seules fins pour lesquelles la présente Convention prévoit le traitement de telles données et dans les conditions déterminées par la Partie contractante qui les fournit; l'utilisation des données à d'autres fins n'est possible qu'après autorisation préalable de la Partie contractante qui transmet les données et dans le respect de la législation de la Partie contractante destinataire;

b) les données ne peuvent être utilisées que par les autorités judiciaires et policières, les services et instances qui assurent une tâche ou remplissent une fonction dans le cadre des fins visées dans la présente Convention et plus particulièrement les articles 2 et 3. Les Parties contractantes se communiqueront la liste des utilisateurs;

c) la Partie contractante destinataire est tenue de protéger efficacement les données à caractère personnel contre tout accès non autorisé à ces données ou contre toute modification ou communication non autorisée de celles-ci;

d) les données à caractère personnel obtenues seront supprimées, détruites ou corrigées lorsque:

- la preuve est apportée que les données sont incorrectes ou
- l'organe compétent pour leur transfert signale que les données ont été recueillies ou fournies en contradiction avec la loi ou
- les données n'étaient plus nécessaires pour l'exécution de la mission pour laquelle elles avaient été transférées, à moins qu'une autorisation explicite n'ait été délivrée en vue de l'utilisation de ces données à d'autres fins;

e) en cas de transfert de données à caractère personnel, la Partie contractante en charge du transfert des données informera l'autre Partie contractante du délai de conservation conformément à la législation nationale de l'Etat ou au droit international. Indépendamment du délai de conservation, les données à caractère personnel ne peuvent être conservées plus longtemps que nécessaire dans le cadre des objectifs fixés. La Partie contractante en charge du transfert doit être informée de la suppression des données soumises à la transmission, ainsi que des motifs de cette suppression. En cas de résiliation de la présente Convention, toutes les données soumises à la transmission doivent être détruites ou supprimées;

f) la Partie contractante qui transmet les données est tenue de veiller à l'exactitude de celles-ci et à leur caractère complet. Chaque Partie contractante veille à ce que les données à caractère personnel transmises ne soient pas conservées plus longtemps que nécessaire. Si elle constate, soit de sa propre initiative, soit suite à une demande de la personne concernée, que des données incorrectes ou qui n'auraient pas dû être transmises ont été fournies, la ou les Parties contractantes destinataires doivent en être informées sans délai; cette dernière ou ces dernières sont tenues de procéder à la correction ou à la destruction des données, ou de mentionner que ces données sont incorrectes ou n'auraient pas dû être transmises;

g) la personne dont les données sont ou seront soumises à la transmission peut demander d'être informée des données à caractère personnel qui ont été transmises ainsi que du but de leur traitement dans le cas où c'est conformément à la législation nationale des deux Parties contractantes et au droit international;

h) une Partie contractante ne peut invoquer le fait qu'une autre Partie contractante ait transmis des données incorrectes pour se décharger de la responsabilité qui lui incombe conformément à son droit national, à l'égard d'une personne lésée;

i) la transmission et la réception des données à caractère personnel doivent être enregistrées. Les Parties contractantes se communiqueront la liste des autorités ou services autorisés à consulter l'enregistrement;

j) l'accès aux données est régi par le droit national de la Partie contractante à laquelle la personne concernée présente sa demande. La communication des données au demandeur n'est possible qu'après avoir reçu l'autorisation de la Partie contractante qui est à l'origine des données;

k) les données ne peuvent être utilisées par la Partie contractante destinataire qu'aux fins prévues par la Partie contractante qui les a fournies et dans le respect des conditions définies par cette Partie contractante.

4. En ce qui concerne la transmission, les dispositions suivantes s'appliquent:

   a) les données peuvent uniquement être transmises aux services de police et d'immigration ainsi qu'aux autorités; les données ne peuvent être transmises à d'autres organes qui poursuivent les mêmes objectifs que ces services et autorités et opèrent dans le même cadre qu'après avoir obtenu l'autorisation de la Partie contractante qui les a fournies;

   b) sur demande, la Partie contractante destinataire informe la Partie contractante qui transmet les données de l'usage qui en a été fait et des résultats obtenus sur la base des données transmises;

5. Les Parties contractantes s'engagent à entreprendre toutes les démarches nécessaires pour éviter tout dégât causé par des tiers suite à l'envoi, la réception ou l'utilisation des données.

6. Chaque Partie contractante peut à tout moment considérer le non-respect des dispositions du présent article par la Partie contractante destinataire comme motif pour justifier la suspension urgente de l'application de la présente Convention et, le cas échéant, demander une résiliation automatique de la Convention.

7. Chaque Partie contractante désigne une autorité de contrôle chargée, dans le respect du droit national, d'exercer sur son territoire un contrôle indépendant des traitements de données à caractère personnel effectués sur la base de la présente Convention et de vérifier si lesdits traitements ne sont pas attentatoires aux droits de la personne concernée. Ces autorités de contrôle sont également compétentes pour analyser les difficultés d'application ou d'interprétation de la présente Convention portant sur le traitement des données à caractère personnel. Ces autorités de contrôle peuvent s'entendre pour coopérer dans le cadre des missions qui leur sont reconnues par la présente Convention.

Transmission des données à caractère personnel

Article 12

Si des données à caractère personnel sont transmises par l'intermédiaire d'un officier de liaison visé à l'article 10, les dispositions de la présente Convention ne s'appliquent que lorsque cet officier de liaison transmet ces données à la Partie contractante auprès de laquelle il a été détaché.

Exception

Article 13

Chacune des Parties refusera l'assistance lorsqu'il s'agit de délits politiques ou militaires ou lorsque cette assistance s'avère contraire aux dispositions légales en vigueur sur son territoire.

Chacune des Parties peut refuser l'assistance ou la soumettre à des conditions déterminées lorsqu'il s'agit de délits connexes aux délits politiques ou militaires ou lorsque la réalisation de l'assistance pourrait menacer la souveraineté, la sécurité, l'ordre public ou d'autres intérêts essentiels de l'Etat.

Autres formes de coopération
Article 14

1. Les Parties contractantes s'entendent pour s'accorder une assistance mutuelle dans le domaine de la formation professionnelle et de l'assistance technique pour les problèmes relatifs au fonctionnement de la police.

2. Les Parties contractantes s'entendent pour échanger leurs expériences pratiques dans tous les domaines susvisés par la présente Convention.

3. Les modalités de l'assistance mutuelle sont réglées par des arrangements entre les Ministres compétents des Parties contractantes.

Concertation
Article 15

1. Les Ministres compétents des Parties contractantes peuvent créer des groupes de travail permanents ou occasionnels chargés d'examiner des problèmes communs concernant la détection et la prévention des domaines de la criminalité visés à l'article 2 et les domaines de coopération visés à l'article 3 et d'élaborer des propositions aux fins d'améliorer, si besoin est, les aspects pratiques et techniques de la coopération entre les Parties contractantes.

2. Les frais liés à la réalisation de la coopération seront à charge des deux Parties contractantes, sauf disposition contraire entre les représentants des Parties, dûment habilités.

3. Les Ministres compétents des Parties contractantes peuvent créer un comité d'évaluation qui fera rapport aux Ministres compétents tous les trois ans.

Règlement des différends
Article 16

Tout différend occasionné par l'interprétation ou l'application de la présente Convention sera résolu par une commission mixte consultative.

La commission mixte consultative est composée de représentants des Ministres des Affaires étrangères, de l'Intérieur et de la Justice. Elle se réunira périodiquement à la demande de l'une ou de l'autre Partie contractante afin de faciliter le règlement des différends susceptibles de découler de l'interprétation ou de l'application de la présente Convention.

Rapport avec d'autres Accords
Article 17

Les dispositions de la présente Convention ne s'appliquent que si elles sont compatibles avec le droit national des Parties contractantes et avec les accords bilatéraux et multilatéraux qui les lient.

Entrée en vigueur et dénonciation
Article 18

Les Parties contractantes se notifient mutuellement, par écrit et par voie diplomatique, l'accomplissement des formalités requises par leur législation nationale pour la mise en œuvre de la présente Convention.

La présente Convention entrera en vigueur le premier jour du deuxième mois qui suit la date de réception de la dernière notification.

La présente Convention est conclue pour une durée illimitée. Chaque Partie contractante a le droit de la dénoncer au moyen d'une notification écrite adressée par voie diplomatique à l'autre Partie. La dénonciation prendra effet 6 mois après la date de réception de la notification portant sur la dénonciation.

Modifications
Article 19

Chaque Partie contractante peut faire parvenir à l'autre Partie toutes propositions tendant à modifier la présente Convention. Les Parties contractantes arrêtent, de commun accord et par écrit, les modifications à la présente Convention.

La présente Convention peut être modifiée et complétée en commun accord et par écrit par les Parties contractantes. Les modifications et ajouts entreront en vigueur conformément à la procédure décrite à l'Article 18, paragraphes 1 et 2 de la présente Convention.

EN FOI DE QUOI, les soussignés, dûment autorisés à cet effet, ont apposé leur signature au bas de la présente Convention.

FAIT à Bruxelles le 21 novembre 2013 en deux exemplaires originaux, en langues française, néerlandaise, macédonienne et anglaise, les quatre textes faisant également foi. Le texte anglais prévaudra en cas de divergence d'interprétation.

POUR LE GOUVERNEMENT BELGE:	POUR LE GOUVERNEMENT MACEDONIEN:

[TEXT IN MACEDONIAN – TEXTE EN MACÉDONIEN]

**ДОГОВОР
ЗА ПОЛИЦИСКА СОРАБОТКА
МЕЃУ
БЕЛГИСКАТА ВЛАДА
И
МАКЕДОНСКАТА ВЛАДА**

Белгиската Влада
и
Македонската Влада

во понатамошниот текст именувани како Договорни страни,

Со желба да ги промовираат пријателските односи и да ја унапредат соработката меѓу Договорните страни и особено да се земе предвид заедничката волја заради зајакнување на полициската соработка меѓу страните;

Со желба да се зајакне полициската соработка согласно меѓународните договори до кои се придржуваат Договорните страни, а кои се однесуваат на фундаменталните права и слободи, особено Конвенцијата на Советот на Европа од 4 ноември 1950 година за заштита на човековите права и фундаменталните слободи, како и Конвенцијата Бр.108 на Советот на Европа од 28 јануари 1981 година за заштита на лица во поглед на автоматската обработка на податоци;

Земајќи предвид дека борбата против криминалните дејствија поврзани со тероризам како што се споменува во Европската Конвенција за сузбивање на тероризам од 1977 година е потребна за да се одбранат демократските вредности и институции;

Имајќи предвид дека меѓународниот организиран криминал претставува сериозна закана за социо-економскиот развој на Договорните страни и дека неодамнешниот развој на меѓународниот организиран криминал може да го загрози нивното институционално функционирање;

Земајќи го предвид фактот дека борбата против трговијата со луѓе и сузбивањето на илегалниот влез и излез од територијата на Договорните страни, илегалната миграција, како и сузбивањето на организираните канали кои се дел од овие илегални активности, се предмет на загриженост на Договорните страни;

Имајќи предвид дека недозволеното производство и трговија со наркотични дроги и психотропни супстанции претставува опасност за здравјето и безбедноста на граѓаните;

Имајќи ја на ум дека хармонизацијата на релевантното законодавство, сама по себе не е доволна за ефективно сузбивање на феноменот на илегална миграција;

Земајќи предвид дека потребата за вистинска и ефективна меѓународна соработка во полето на организиран криминал и илегална миграција по пат на размена на најдобри практики и обработка на информации, е есенцијален услов за борба и спречување на извршување на криминалните дејствија;

Свесни дека оваа соработка ја наметнува потребата од примена на серија на соодветни мерки и блиска соработка меѓу Договорните страни, Договорните страни;

Се договорија за следното:

Дефиниции
Член 1

За целите на овој Договор:

а) **« Трговија со луѓе »** се однесува на поимите на регрутација, транспорт, трансфер, сместување или прием на лицата, при што се употребува закана или употреба на сила или други форми на принуда, грабнување, измама, манипулација, злоупотреба на моќта на позицијата или на состојбата на ранливост или на давањето или примањето на финансиски средства или остварување на корист за да се постигне согласност од лицето кое има контрола врз друго лице, а за целите на експлоатација.

Експлоатацијата вклучува, на најниско ниво, експлоатација на проституција на други или други форми на сексуална експлоатација, принудна работна сила или услуги, ропство или практики кои наликуваат на ропство, сервилност или отстранување на човечки органи.

б) **"Сексуална експлоатација на деца"** се кривични дела опишани во членот 34 од Конвенцијата на Обединетите Нации од 20 ноември 1989 година за правата на детето, вклучително и производство, продажба и дистрибуција на или секоја друга форма на трговија со детска порнографија и процесуирање на ваков материјал за приватни цели .

в) **"Техничка помош"** е логистичка помош понудена на полицијата и службите за миграциски прашања.

г) **"Криминал поврзан со нуклеарен и радиоактивен материјал" се** кривични дејства наведени во член 7 § 1 од Конвенцијата на Обединети Нации од 3 март 1980 година за физичка заштита од нуклеарен материјал, потпишана во Виена и Њујорк.

д **"Перење на пари"** се кривични дела наведени во членот 6 §1-3 од Конвенцијата на Советот на Европа од 8 ноември 1990 година за перење, претрес, заплена и конфискација на приходи од кривични дела, потпишана во Стразбур.

ѓ) **"Организиран криминал"** е секое кривично дело кое спаѓа во доменот на транснационален организиран криминал, како што е наведено во членот 2 од Конвенцијата на Обединетите Нации од 12 декември 2000 година против транснационален организиран криминал.

е) **"Лични податоци"** се секаков вид на информации поврзани со идентикикувано или идентификувачко лице (субјект на податоци); идентификувачко лице е она кое може да биде идентификувано, директно или индиректно, особено во насока на идентификувачкиот број или на еден или повеќе фактори кои се карактеристични за нечиј физички, физиолошки, ментален, економски, културен или социјален идентитет.

ж) **"Обработка на лични податоци"** вклучува секаква операција или збир на операции извршени на автоматски начин или кои не се извршуваат врз личните податоци, како што се собирање, снимање, организирање, чување, адаптирање или изменување, повлекување, консултирање, користење, откривање по пат на пренос, ширење или друг начин на кој тие стануваат достапни, усогласување или комбинирање, како и блокирање, бришење или уништување.

з) **"Наркотични droги"** е секоја природна или синтетичка супстанца спомената во Распоредот I и II на Единствената Конвенција на Обединетите Нации од 30 Март 1961 година за наркотични дроги усвоена во Њујорк, како и секоја идна Конвенција со која се проширува листата на дроги, да се спроведе во земјите на Договорните страни.

ѕ) **"Психотропни супстанции"** е секоја природна или синтетичка супстанција или секаков вид на природен материјал споменат во Распоредите I, II, III или IV од Конвенцијата на Обединетите Нации од 21 февруари 1971 година за психотропни супстанции, како и секоја идна Конвенција која ја проширува листата на психотропни супстанции за да се спроведе во земјите на Договорните страни.

и) **"недозволена трговија со наркотични дроги или психотропни супстанции"** се однесува на производство и изработка или трговија со дрога или психотропни супстанции **согласно** одредбите на Конвенцијата од 30 март 1961 година за наркотични дроги, на Конвенцијата од 21 февруари 1971 година за психотропни супстанции, или на Конвенцијата на Обединетите Нации од 20 декември 1988 година против недозволена трговија со наркотични дроги и психотропни супстанции.

ј) **"Компјутерски криминал"** е секое кривично дело кое спаѓа во доменот на компјутерски криминал како што е наведено во Конвенцијата на Советот на Европа од 23 ноември 2001 година за компјутерски криминал, потпишана во Будимпешта.

к) **"Итно барање"** е барање формулирано од страна на Договорната страна во случаи кога нормалните административни постапки преку националните лица за контакт надлежни за национална соработка може да ја попречат или компромитираат истрагата.

Области на соработка
Член 2

1. Договорните страни се заземаат меѓусебно да си обезбедат, согласно со националното законодавство и утврдените услови во овој договор, најширока можна соработка во полето на полициска соработка, согласно со условите кој ги поставува овој Договор.

2. Договорните страни соработуваат во доменот на спречување, сузбивање и кривично гонење на сериозни кривични дела кои произлегуваат од активностите на организиран криминал, особено:

   - кривични дела против човековиот живот, здравје и физички интегритет,

- кривични дела поврзани со недозволено производство и илегална трговија со наркотични дроги, психотропни супстанци, сродни хемиски супстанци и опрема;
- илегална миграција;
- криумчарење, вклучително криумчарење на мигранти;
- трговија со луѓе;
- набавување, трговија и сексулана експлоатација на деца;
- уцена;
- кражба, недозволено производство, трговија и илегална трговија со оружје, муниција, експлозиви, радиоактивни супстанции, нуклеарен материјал и други опасни супстанции;
- фалсификувања (изработка, кривотворење, модификација и дистрибуција) на средства за плаќање, чекови и хартии од вредност;
- фалсификување и употреба на секоаков вид на фалсификувани службени документи;
- криминални дејства во полето на економска и финансиска трговија;
- измами на заедничките фондови на Европската Заедница;
- корупција;
- кривични дела против добра, како на пример кражба и недозволена трговија со уметнички дела и антиквитети;
- кражба, недозволена трговија и тргување со моторни возила и фалсификување и употреба на фалсификувани документи за возилата;
- перење пари и други приходи од криминал;
- незаконски игри на среќа;
- компјутерски криминал;
- тероризам и финансирање тероризам;
- сериозни и организирани измами со данок на додадена вредност и данок на приход;
- измама, проневера, лукавство и подметнување;
- измамничко банкротирање;
- сериозна и организирана социјална и осигурителна измама.

3. Сериозните кривични дела кои водат потекло од организиран криминал кои не се дефинирани во членот 1 ќе бидат оценети од страна на компетентни национални служби согласно нивното национално право.

Координација и поддршка
Член 3

Соработката меѓу Договорните страни исто така се заснова на следното:

- потрага по исчезнати лица и поддршка во идентификација на лешеви кои тешко се идентификуваат;
- истрага на територијата на Договорната страна за украдени предмети, изчезнати, незаконски присвоени или изгубени на територијата на другата Договорна страна.

Форми на соработка
Член 4

Договорните страни соработуваат во полињата споменати во членовите 2 и 3 преку:

- Разменување информации, особено на *modus operandi*, кои се однесуваат на полињата во рамките на надлежноста на полицијата и службите за имиграција;
- Размена на опрема;
- Обезбедување техничка и експертска помош, know-how, како и специјалзиирана техничка опрема;
- Размена на искуства;
- Обезбедување поддршка во професионална обука;
- Давање поддршка во подготовка на извршувањето на барања за обезбедување на правна помош за кривични прашања;

Согласно условите кои се подолу наведени.

Размена на информации
Член 5

Договорните страни обезбедуваат поддршка и ја оддржуваат блиската и постојана соработка. На оваа основа, тие ги разменуваат сите значајни и важни информации.

Оваа соработка може да се постигне по пат на постојани контакти преку назначените офицери за врска.

Право на размена на информации
Член 6

1. Договорните страни се заземаат да им обезбедат на нивните полициски органи на власта, согласно националното право и во рамките на доменот на нивните овластувања, меѓусебна поддршка за целите на спречување и откривање на кривични дела, се додека националното право не пропишува дека барањето или имплементацијата треба да бидат направени и канализирани преку правосудните органи на власта.

2. Во овие специфични случаи, Договорната страна може, на сопствена иницијатива и согласно националното право, да испраќа информации на предметната Договорна страна, што се смета за корисно за последноспоменатата во спречувањето и

решавањето на кривични дела споменати во членот 2 на овој Договор или во спречувањето на закани по јавниот ред и безбедност.

Употреба на информации
Член 7

Секоја информација обезбедена од страна на Замолената Договорна страна може да не се употреби од страна на Договорната страна Барател како доказен материјал за кривично дело кое се терети на друг начин отколку со барање за заемна правна помош согласно актуелните меѓународни одредби.

Барања за добивање помош
Член 8

1. Барањата за помош и одговорите на ваквите барања мора да бидат разменети меѓу одговорните централни органи за меѓународна полициска соработка и имиграција во секоја Договорна страна.

   Онаму каде не може да се направи навремено барање преку користење на гореспоменатата постапка, надлежните органи на власта на Договорната страна Барател, можат во исклучителни околности и во ситуација на итност да се обратат директно до надлежните органи на Замолената Договорна страна, којашто исто така може директно да одговори. Во вакви исклучителни случаи, надлежниот орган на власта на Договорната страна мора, во најбрзо можно време, да го информира централниот орган на власта на замолената Договорната страна надлежен за меѓународна полициска соработка за директното барање и да ја поттикне ургентноста на споменатото.

2. Компетентните Министри на Договорните страни номинираат национални лица за контакт кои ќе бидат надлежни во доменот на меѓународна соработка и кои ги дефинираат начините на заемна помош.

Ниво на класифицираност на информации
Член 9

Надлежниот орган на Договорната страна Барател треба да го обезбеди степенот на доверливост со кој споменатиот орган на власта на замолената страна ги означил информациите. Степените на безбедност се оние кои ги употребува ИНТЕРПОЛ.

Офицери за врски
Член 10

1. Договорните страни можат да извршат упатување, на определен или неопределен период, на офицери за врска од едната Договорна страна до другата Договорна страна.

2. Упатувањето на офицерите за врска на определен или неопределен период има за цел да ја унапреди и забрза соработката меѓу Договорните страни, особено преку обезбедување помош:

   а) Во форма на размена на информации за целите на борба против криминалот преку превенција и спроведување на законите;

   б) Во извршувањето на барања за меѓусебна правна помош по кривични прашања;

   в) За извршување на задачите на органите на власта одговорни за надворешен граничен надзор на надворешните граници и за имиграција.

   г) За извршување на задачите на органите на власта одговорни за спречување на закани по јавниот ред.

3. Офицерите за врска имаат задача на обезбедување, советување и поддршка. Нема да имаат овластувања да преземаат независни полициски активности. Тие обезбедуваат информации и ги извршуваат нивните должности согласно со инструкциите кои им се дадени од страна на Договорната страна која го извршила упатувањето и од страна на Договорната страна во која тие се упатени. Тие на редовна основа ги известуваат централните органи одговорни во секоја Договорна страна во која тие се упатени за полициска соработка.

4. Договорните страни може да се согласат дека офицерите за врски на една Договорната страна назначени во трета земја, исто така ги претставуваат и интересите на другата Договорна страна.

Заштита на лични податоци
Член 11

1. При примената на овој Договор, обработката на личните податоци е предмет на релевантното национално законодавство за секоја од Договорните страни, како и во согласност со условите и начелата за заштита на личните податоци.

2. Во поглед на обработката на личните податоци при примена на овој Договор, Договорните страни се заземаат околу постигнување на степен на заштита на личните податоци што се усогласува со одредбите на Конвенцијата на Советот на Европа од 28 јануари 1981 година за заштита на лица во поглед на автоматската обработка на лични податоци и Препораката R (87) 15 од 17 септември 1987 година на Комитетот на Министри при Советот на Европа со што се регулира употребата на лични податоци во полицискиот сектор.

3. Следните одредби се применуваат на обработката на лични податоци кои се пренесуваат согласно овој Договор:

   а. Податоците може единствено да се употребат од страна на Договорната страна примател исклучиво само за целите наведени со овој Договор и согласно одредбите зацртани од страна на таа Договорна страна; податоците може да се користат за други цели само со претходно овластување од Договорната страна која ги обезбедила и согласно законите на Договорната страна примател;

   б. Податоците може единствено да се употребат од страна на правосудните и полициските органи на власта и службите и органите кои извршуваат задачи или функции во рамките на целите поставени во овој Договор, а особено согласно членовите 2 и 3. Договорните страни си ја доставуваат листата на корисници;

   в. Договорната страна примател е обврзана ефективно да ги заштити личните податоци од неовластен упад и неовластена промена или нивно откривање;

   г. Доставените лични податоци се бришат, уништуваат или коригираат во случај кога:

      - Се докажува дека податоците не се точни или

      - Надлежниот орган кој го врши трансферот известува дека податоциле биле собрани или обезбедени спротивно на законот или

      - Податоците не се повеќе потребни за реалзиација на задачата за чиишто цели биле првично пренесени, освен доколку постои недвосмислена дозвола за употреба на овие податоци за други цели .

   д. Во процесот на пренос на лични податоци, Договорната страна која го врши преносот на податоци ја известува другата Договорна страна за временскиот рок на чување на податоците што треба да биде во согласност со националното законодавство на земјата или со меѓународното право. Без оглед на временскиот рок на чување на податоците, личните податоци не е дозволено да се чуваат подолго од времето потребно за постигнување на целите. Договорната страна која го врши преносот на податоците мора да биде информирана за бришењето на податоците кои се предмет на пренос и за причините на нивното бришење. Во случај на престанок на важењето на овој Договор, сите податоци кои се предмет на пренос мора да се уништат или избришат.

   ѓ. Договорната страна која ги доставува ваквите податоци е обврзана да ја обезбеди точноста и комплетноста на истите. Секоја од Договорните страни потврдува дека пренесените лични податоци не се задржани подолго отколку што било потребно. Доколку се утврди, било по сопствена иницијатива или по барање на субјектот на податоците, дека податоците кои биле доставени се неточни или дека воопшто не требало да бидат доставени, Договорната страна примател или страни мора да бидат веднаш известени за тоа; споменаттите Договорната страна или страни се обврзуваат да ги коригираат или уништат податоците, или да наведат дека податоците не се точни или пак дека биле пренесени на незаконски начин;

е. Лицето чиишто податоци се или ќе бидат предмет на пренос може да побара да биде информирано во врска со личните податоци коишто биле предмет на пренос и за целите на нивната обработка, под услов тоа да биде усогласено со националното законодавство на двете Договорни страни и меѓународното право.

ж. Договорната страна може да не поднесе жалба дека друга Договорна страна доставила неточни информации со цел да избегне нејзината одговорност пред нејзиното национално законодавство vis-à-vis оштетената страна;

з. Преносот и приемот на лични податоци мора да биде регистриран. Договорните страни си ја испраќаат листата на органи на власта или служби со овластувања да имаат увид во архивата;

ѕ. Одлуката која го третира прашањето дали субјектот на податоци, на сопствено барање, ќе биде обезбеден со информации кои се однесуваат на доставените информации, а се однесуваат на него се регулира со националното право на Договорната страна до која било испратено барањето. Договорната страна која ги прими податоците може да достави информации за податоците единствено со претходна согласност од Договорната страна на потекло на податоците;

и. Податоците може единствено да се употребат од Договорната страна Примател и само за целите наведени од страна на Договорната страна која ги обезбедила истите и согласно условите поставени од таа Договорна страна.

4. Во таа насока, а во врска со преносот, се применуваат следните одредби:

а. Податоците може да бидат пренесени само на полициските и миграциските служби и органи на власта; податоците може да не бидат испратени до другите органи кои работат на остварување на истите цели како споменатите служби и органи на власта и кои постапуваат во истиот домен, без претходно овластување од Договорната страна која ги доставила податоците;

б. Договорната страна Примател, по барање, ја информира Договорната страна која ги доставила податоците за употребата на податоците и резултатите кои се добиени на тој начин;

5. Договорните страни се заложуваат да ги преземат сите неопходни чекори со цел да се избегнат штети на трети страни како резултат на испраќањето, примањето и употребата на податоците.

6. Секоја од Договорните страни во секое време може да смета дека непочитувањето на одредбите на овој член од страна на Договорната страна Примател ќе биде основа за итно запирање на примената на овој Договор, и врз тие основи да побара автоматско прекинување на Договорот.

7. Секоја од Договорните страни го информира надлежниот орган за надзор, согласно домашното право, дека е надлежен за спроведување на независна контрола на личните податоци согласно овој Договор и да потврди дали гореспоменатата обработка на податоци не се коси со правата на предметното лице. Овие органи на надзор се исто така надлежни да вршат анализа на потешкотиите поврзани со имплементација или интерпретација на овој Договор во врска со обработката на личните податоци. Органите за надзор може да се согласат на соработка во доменот на задачите утврдени со овој Договор.

Пренос на лични податоци
Член 12

Доколку преносот на личните податоци се врши преку офицер за врски како што е споменато во членот 10, одредбите на овој Договор нема да се применуваат, освен ако офицерот за врска не врши пренос на ваквите податоци до Договорната страна за која се упатени.

Исклучок
Член 13

Секоја од Договорните страни одбива да даде помош доколку таа се однесува на дела на прекршувања на законот од политичка или воена природа, или доколку обезбедувањето помош се покаже дека е во контрадикторност со националните закони кои се на сила на нејзината територија.

Секоја од Договорните страни може да го повлече обезбедувањето на помошта или може да наметне определени услови доколку таа се однесува на дела на прекршување на законот кои се од политичка или воена природа, или доколку со имплементација на таквата помош може да се загрози суверенитетот, безбедноста, јавниот ред или други суштински интереси на државата.

Други форми на соработка
Член 14

1. Договорните страни се согласуваат да обезбедат меѓусебна помош на полето на професионалната обука и техничка поддршка во однос на прашањата поврзани со работењето на полицијата.

2. Договорните страни се согласуваат да вршат размена на нивните практични искуства во сите области кои се образложени во овој Договор.

3. Особеностите на заемната помош се дефинирани во рамките на договорите меѓу надлежните министерства на Договорните страни.

Консултации
Член 15

1. Надлежните министри на Договорните страни може да формираат постојани или повремени работни групи со цел разгледување на заедничките прашања кои се однесуваат на откривање и спречување разни видови криминал споменати во членот 2 и во областите на соработка споменати во членот 3 и, доколку се смета за потребно, да се предложат акциски планови со цел да се подобрат практичните и техничките аспекти на соработката меѓу Договорните страни.

2. Трошоците поврзани со реализација на соработката се покриваат од страна на Договорните страни, освен доколку соодветно овластените службени лица на Договорните страни не договорат поинаку.

3. Надлежните министри на Договорните страни формираат Комисија за евалуација која на министрите им поднесува извештаи на секои три години.

Решавање на спорови
Член 16

Секој спор предизвикан поради толкување или имплементацијата на овој Договор ќе биде решен преку заедничка советодавна комисија.

Заедничката советодавна комисија е составена од претставници од министерствата за надворешни работи, внатрешни работи и за правда. Таа ќе се состанува периодично, на барање на една од Договорните страни, за да го олесни решавањето на споровите кои може да појават како последица на толкувањето или примената на овој Договор.

Врска со други договори
Член 17

Одредбите на овој Договор се применуваат единствено кога се во согласност со националното право на Договорните страни, како и со билатералните и мултилатералните договори кои ги обврзуваат Договорните страни.

Стапување на сила и откажување
Член 18

Договорните страни написмено и преку дипломатски канали известуваат за завршувањето на внатрешно - правните формалности потребни за имплементација на овој Договор.

Договорот влегува во сила на првиот ден од вториот месец по приемот на последното известување.

Овој Договор се склучува на неопределено време. Секоја од Договорните страни има право да го откаже Договорот со писмено известување испратено до другата Договорна страна преку дипломатски канали. Престанокот на важењето на Договорот станува ефективно шест месеци по датумот на приемот на известувањето за откажување.

Измени и дополнувања
Член 19

Секоја од Договорните страни може да упати до другата Договорна страна било каков предлог за изменување на овој Договор. Договорните страни ги финализираат измените на овој Договор по пат на заемна согласност.

Овој Договор може да биде изменет или дополнет со заемна согласност на Договорните страни изразена во писмена форма. Договорените измени и дополнувања влегуваат во сила согласно утврдената постапка во член 18 став 1 и 2 на овој Договор.

Во сведоштво на овде наведеното, долу потпишаните, соодветно овластени за тоа, го потпишаа овој Договор.

СОСТАВЕН во Брисел на 21. 11. 2013 во два примерока, на македонски, француски, холандски и англиски јазик; четирите текстови ќе се сметаат за автентични. Во случај на разлики во толкувањето, ќе преовлада текстот на англиски јазик.

За Белгиската Влада

За Македонската Влада

No. 54612

Argentina and Chile

Agreement between the Argentine Republic and the Republic of Chile for the avoidance of double taxation with respect to taxes on income and on capital and the prevention of fiscal evasion and avoidance (with protocol). Santiago, Chile, 15 May 2015

Entry into force: *11 October 2016 by notification, in accordance with article 31*

Authentic text: *Spanish*

Registration with the Secretariat of the United Nations: *Argentina, 14 August 2017*

Argentine et Chili

Accord entre la République argentine et la République du Chili tendant à éviter les doubles impositions en matière d'impôts sur le revenu et sur la fortune et à prévenir l'évasion et la fraude fiscales (avec protocole). Santiago (Chili), 15 mai 2015

Entrée en vigueur : *11 octobre 2016 par notification, conformément à l'article 31*

Texte authentique : *espagnol*

Enregistrement au Secrétariat de l'Organisation des Nations Unies : *Argentine, 14 août 2017*

[TEXT IN SPANISH – TEXTE EN ESPAGNOL]

CONVENIO
ENTRE
LA REPÚBLICA ARGENTINA
Y
LA REPÚBLICA DE CHILE
PARA ELIMINAR LA DOBLE IMPOSICIÓN EN RELACIÓN A LOS IMPUESTOS SOBRE LA RENTA Y SOBRE EL PATRIMONIO Y PARA PREVENIR LA EVASIÓN Y ELUSIÓN FISCAL

La República Argentina y la República de Chile,

Deseosos de promover el desarrollo de su relación económica y fortalecer su cooperación en materia tributaria,

Con la intención de concluir un Convenio para la eliminación de la doble imposición en relación a los impuestos sobre la renta y sobre el patrimonio sin crear oportunidades para situaciones de nula o reducida tributación a través de evasión o elusión fiscal (incluyendo aquellos acuerdos para el uso abusivo de tratados –*treaty-shopping*– dirigidos a que residentes de terceros Estados obtengan indirectamente beneficios de este Convenio),

Han acordado lo siguiente:

ÁMBITO DE APLICACIÓN DEL CONVENIO

ARTÍCULO 1

PERSONAS COMPRENDIDAS

El presente Convenio se aplica a las personas residentes de uno o de ambos Estados Contratantes.

ARTÍCULO 2

IMPUESTOS COMPRENDIDOS

1. El presente Convenio se aplica a los impuestos sobre la renta y sobre el patrimonio exigibles por cada Estado Contratante, cualquiera fuera el sistema de exacción.

2. Se consideran impuestos sobre la renta y sobre el patrimonio los impuestos que gravan la renta total, o el patrimonio total, o cualquier parte de los mismos, incluidos los impuestos sobre las ganancias provenientes de la enajenación de bienes muebles e inmuebles, los impuestos sobre el importe de sueldos o salarios pagados por las empresas, así como los impuestos sobre las plusvalías.

3. Los impuestos actuales a los cuales se aplica este Convenio son, en particular:

(a) en el caso de Argentina:

(i) impuesto a las ganancias;

(ii) impuesto sobre los bienes personales; e

(iii) impuesto sobre la ganancia mínima presunta;

(en adelante denominados "impuesto argentino")

(b) en el caso de Chile:

los impuestos establecidos en la "Ley sobre Impuesto a la Renta" (en adelante denominados "impuesto chileno").

4. El Convenio se aplicará asimismo a los impuestos idénticos o sustancialmente similares que se establezcan con posterioridad a la fecha de la firma del mismo, y que se añadan a los actuales o les sustituyan. Las autoridades competentes de los Estados Contratantes se comunicarán mutuamente las modificaciones importantes que se hayan introducido en sus respectivas legislaciones fiscales.

DEFINICIONES

ARTÍCULO 3

DEFINICIONES GENERALES

1. A los efectos del presente Convenio, a menos que de su contexto se infiera una interpretación diferente:

(a) las expresiones "un Estado Contratante" y "el otro Estado Contratante" significan, según lo requiera el contexto, la República de Chile o la República Argentina; en adelante Chile o Argentina, respectivamente;

(b) el término "persona" comprende a las personas físicas, a las sociedades y cualquier otra agrupación de personas;

(c) el término "sociedad" significa cualquier persona jurídica o cualquier entidad que sea tratada como persona jurídica a los efectos impositivos;

(d) las expresiones "empresa de un Estado Contratante" y "empresa del otro Estado Contratante" significan, respectivamente, una empresa explotada por un residente de un Estado Contratante y una empresa explotada por un residente del otro Estado Contratante;

(e) la expresión "tráfico internacional" significa todo transporte efectuado por un buque, aeronave o vehículo de transporte terrestre explotado por una empresa de un Estado Contratante, excepto cuando el transporte se realice exclusivamente entre dos puntos situados en el otro Estado Contratante;

(f) el término "nacional" significa:

(i) cualquier persona física que posea la nacionalidad de un Estado Contratante;

(ii) cualquier persona jurídica, o asociación constituida conforme a la legislación vigente de un Estado Contratante.

(g) la expresión "autoridad competente" significa:

(i) en el caso de Argentina, el Ministerio de Economía y Finanzas Públicas (Secretaría de Hacienda) o sus representantes autorizados.

(ii) en el caso de Chile, el Ministro de Hacienda, el Director del Servicio de Impuestos Internos o sus representantes autorizados.

2. Para la aplicación del Convenio por un Estado Contratante, en cualquier momento, cualquier expresión no definida en el mismo tendrá, a menos que de su contexto se infiera una interpretación diferente, el significado que, en ese momento, le atribuya la legislación de ese Estado relativa a los impuestos que son objeto del Convenio, prevaleciendo el significado atribuido por la legislación impositiva sobre el que resultaría de otras ramas del derecho de ese Estado.

ARTÍCULO 4

RESIDENTE

1. A los efectos del presente Convenio, el término "residente de un Estado Contratante" significa toda persona que, en virtud de la legislación de ese Estado, está sujeta a imposición en él por razón de su domicilio, residencia, lugar de constitución, sede de dirección o cualquier otro criterio de naturaleza análoga, incluyendo también a ese Estado y a sus subdivisiones políticas o entidades locales. Este término no incluye, sin embargo, a las personas que estén sujetas a imposición en ese Estado exclusivamente por la renta que obtengan de fuentes situadas en el citado Estado o por el patrimonio situado en él.

2. Cuando en virtud de las disposiciones del apartado 1, una persona física sea residente de ambos Estados Contratantes, su situación se resolverá de la siguiente manera:

(a) dicha persona será considerada residente solamente del Estado donde posea una vivienda permanente a su disposición; si tuviera una vivienda permanente a su disposición en ambos Estados, se considerará residente solamente del Estado con el que mantenga relaciones personales y económicas más estrechas (centro de intereses vitales);

(b) si no pudiera determinarse el Estado en el que dicha persona tiene el centro de sus intereses vitales, o si no tuviera una vivienda permanente a su disposición en ninguno de los Estados, se considerará residente solamente del Estado donde viva habitualmente;

(c) si viviera habitualmente en ambos Estados o no lo hiciera en ninguno de ellos, se considerará residente solamente del Estado del que sea nacional;

(d) si fuera nacional de ambos Estados o no lo fuera de ninguno de ellos, las autoridades competentes de los Estados Contratantes resolverán el caso mediante el procedimiento de acuerdo mutuo.

3. Cuando en virtud de las disposiciones del apartado 1 una persona, que no sea persona física, sea residente de ambos Estados Contratantes, será considerada residente sólo del Estado de la que sea nacional. Si fuere nacional de ambos Estados Contratantes, los Estados Contratantes harán lo posible, mediante un procedimiento de acuerdo mutuo, por resolver el caso. En ausencia de acuerdo mutuo entre las autoridades competentes de los Estados Contratantes, dicha persona no tendrá derecho a ninguno de los beneficios o exenciones impositivas contempladas por este Convenio.

ARTÍCULO 5

ESTABLECIMIENTO PERMANENTE

1. A los efectos del presente Convenio, la expresión "establecimiento permanente" significa un lugar fijo de negocios mediante el cual una empresa realiza toda o parte de su actividad.

2. La expresión "establecimiento permanente" comprende, en especial:

(a) una sede de dirección;

(b) una sucursal;

(c) una oficina;

(d) una fábrica;

(e) un taller;

(f) una mina, un pozo de petróleo o de gas, una cantera o cualquier otro lugar relacionado con la exploración, extracción o explotación de recursos naturales.

3. La expresión "establecimiento permanente" asimismo comprende:

(a) una obra, una construcción, un proyecto de montaje o de instalación o actividades de supervisión relacionadas con ellos, pero sólo cuando dichas obras, proyectos o actividades continúen durante un período superior a seis meses;

(b) la prestación de servicios por parte de una empresa, incluidos los servicios de consultorías, por intermedio de empleados u otras personas físicas encomendados por la empresa para ese fin en el caso de que tales actividades prosigan en el país durante un periodo o períodos que en total excedan de 183 días, dentro de un período cualquiera de doce meses;

(c) la operación de un equipo grande o valioso en un Estado Contratante por un periodo o períodos que en total excedan de 183 días, dentro de un periodo cualquiera de doce meses.

La duración de las actividades a que se refiere este apartado, se determinará agregando los períodos durante los cuales se desarrollan actividades en un Estado Contratante por empresas asociadas, siempre que las actividades de la empresa en ese Estado estén conectadas o sean substancialmente las mismas que las actividades desarrolladas en ese Estado por su asociada. En todo caso, el período durante el cual dos o más empresas asociadas desarrollan actividades concurrentes será contado sólo una vez. Una empresa se considerará asociada con otra empresa si una de ellas participa directa o indirectamente en la dirección, el control o el capital de la otra, o la misma persona o personas participan directa o indirectamente en la dirección, el control o el capital de ambas empresas.

4. No obstante las disposiciones precedentes de este Artículo, se considera que la expresión "establecimiento permanente" no incluye:

(a) la utilización de instalaciones con el único fin de almacenar o exponer bienes o mercancías pertenecientes a la empresa;

(b) el mantenimiento de un depósito de bienes o mercancías pertenecientes a la empresa con el único fin de almacenarlas o exponerlas;

(c) el mantenimiento de un depósito de bienes o mercancías pertenecientes a la empresa con el único fin de que sean transformadas por otra empresa;

(d) el mantenimiento de un lugar fijo de negocios con el único fin de recoger información para la empresa;

(e) el mantenimiento de un lugar fijo de negocios con el único fin de hacer publicidad, suministrar información o realizar investigaciones científicas para la empresa;

en la medida en que tales actividades tengan un carácter preparatorio o auxiliar.

5. No obstante lo dispuesto en los apartados 1 y 2, y sujeto a lo dispuesto en el apartado 6, cuando una persona actúe en un Estado Contratante por cuenta de una empresa y de esa manera habitualmente concluya contratos, negocie los elementos esenciales de contratos, o interactúe con personas específicas de forma tal que esa interacción resulte en la celebración de contratos, que en virtud del vínculo jurídico entre esa persona y la empresa, sean contratos por cuenta y riesgo de la empresa, se considerará que dicha empresa tiene un establecimiento permanente en ese Estado Contratante con relación a cualquier actividad que esa persona realice para la empresa a menos que las actividades de esta persona se limiten a las mencionadas en el apartado 4 que, de haber sido realizadas por medio de un lugar fijo de negocios, no se hubiera considerado ese lugar fijo de negocios como un establecimiento permanente de acuerdo con las disposiciones de ese apartado.

6. El apartado 5 no se aplicará cuando la persona que actúa en un Estado Contratante por cuenta de una empresa del otro Estado Contratante realice su negocio en el primer Estado mencionado como un agente independiente actuando por cuenta de varias personas y actúa para la empresa dentro del

marco ordinario de ese negocio. Sin embargo, cuando una persona actúa de manera exclusiva o casi exclusiva por cuenta de una empresa o de empresas asociadas, esa persona no será considerada como un agente independiente al que se refiere este apartado respecto de tal empresa o empresas.

7. El hecho de que una sociedad residente de un Estado Contratante controle o sea controlada por una sociedad residente del otro Estado Contratante, o que realice actividades empresariales en ese otro Estado (ya sea por medio de un establecimiento permanente o de otra manera) no convierte por sí solo a cualquiera de estas sociedades en un establecimiento permanente de la otra.

IMPOSICIÓN DE LAS RENTAS

ARTÍCULO 6

RENTAS DE BIENES INMUEBLES

1. Las rentas que un residente de un Estado Contratante obtenga de bienes inmuebles (incluidas las rentas de explotaciones agropecuarias o forestales) situados en el otro Estado Contratante pueden someterse a imposición en ese otro Estado.

2. Para los efectos de este Convenio, la expresión "bienes inmuebles" tendrá el significado que le atribuya la legislación del Estado Contratante en que los bienes en cuestión estén situados. Dicha expresión comprende, asimismo, los bienes accesorios a los bienes inmuebles, el ganado y el equipo utilizado en las explotaciones agropecuarias y forestales, los derechos a los que se apliquen las disposiciones del derecho privado relativas a los bienes raíces, el usufructo de bienes inmuebles y el derecho a percibir pagos variables o fijos por la explotación, o la concesión de la explotación, de yacimientos minerales, fuentes y otros recursos naturales; los buques, embarcaciones y aeronaves no se considerarán bienes inmuebles.

3. Las disposiciones del apartado 1 se aplican a las rentas derivadas de la utilización directa, el arrendamiento o aparcería, así como de cualquier otra forma de explotación de los bienes inmuebles.

4. Las disposiciones de los apartados 1 y 3 se aplican igualmente a las rentas derivadas de los bienes inmuebles de una empresa y de los bienes inmuebles utilizados para la prestación de servicios personales independientes.

ARTÍCULO 7

BENEFICIOS EMPRESARIALES

1. Los beneficios de una empresa de un Estado Contratante solamente pueden someterse a imposición en ese Estado, a no ser que la empresa realice su actividad en el otro Estado Contratante por medio de un establecimiento permanente situado en él. Si la empresa realiza o ha realizado su actividad de dicha manera, los beneficios de la empresa pueden someterse a imposición en el otro Estado, pero sólo en la medida en que sean atribuibles a ese establecimiento permanente.

2. Sin perjuicio de las disposiciones del apartado 3, cuando una empresa de un Estado Contratante realice su actividad en el otro Estado Contratante por medio de un establecimiento permanente situado en él, en cada Estado Contratante se atribuirán al establecimiento permanente los beneficios que el mismo hubiera podido obtener de ser una empresa distinta y separada que realizase las mismas o similares actividades, en las mismas o similares condiciones, y tratase con total independencia con la empresa de la que es establecimiento permanente.

3. Para la determinación de los beneficios del establecimiento permanente se permitirá la deducción de los gastos necesarios realizados para los fines del establecimiento permanente, comprendidos los gastos de dirección y generales de administración para los mismos fines, tanto si se efectúan en el Estado en que se encuentra el establecimiento permanente como en otra parte.

4. No obstante las disposiciones del apartado 1, los beneficios obtenidos por una empresa de un Estado Contratante provenientes del desarrollo de la actividad aseguradora o reaseguradora que cubran bienes situados en el otro Estado Contratante o a personas que son residentes de ese otro Estado al momento de celebrarse el contrato de seguro o reaseguro, pueden someterse a imposición en ese otro Estado, ya sea que la empresa desarrolle o no su actividad en ese otro Estado por medio de un establecimiento permanente alli situado. Sin embargo, en ese caso (en ausencia de un establecimiento permanente), el impuesto aplicado no podrá exceder del:

(a) 2,5 por ciento del monto bruto de la prima en el caso de pólizas de reaseguros y,

(b) 10 por ciento del monto bruto de las primas en el caso de todas las demás pólizas de seguro.

5. Mientras sea usual en un Estado Contratante determinar las utilidades imputables a un establecimiento permanente sobre la base de un reparto de las utilidades totales de la empresa entre sus diversas partes, lo establecido en el apartado 2 no impedirá que ese Estado Contratante determine de esta manera las utilidades imponibles; sin embargo, el método de reparto adoptado habrá de

ser tal que el resultado obtenido sea conforme a los principios contenidos en este Artículo.

6. A los efectos de los apartados anteriores, los beneficios atribuibles a un establecimiento permanente se calcularán cada año por el mismo método, a no ser que existan motivos válidos y suficientes para proceder de otra forma.

7. Cuando los beneficios comprendan rentas reguladas separadamente en otros Artículos de este Convenio, las disposiciones de aquellos no quedarán afectadas por las del presente Artículo.

ARTÍCULO 8

TRANSPORTE INTERNACIONAL

1. Los beneficios obtenidos por una empresa de un Estado Contratante procedentes de la explotación de buques, aeronaves o vehículos de transporte terrestre en el tráfico internacional sólo pueden someterse a imposición en ese Estado.

2. Para los fines de este Artículo, los beneficios procedentes de la explotación de buques, aeronaves o vehículos de transporte terrestre en el tráfico internacional comprenden:

(a) los ingresos brutos que se deriven directamente de la explotación de buques, aeronaves o vehiculos de transporte terrestre en el tráfico internacional;

(b) los beneficios procedentes del alquiler o arrendamiento de vehículos de transporte terrestre, buques o aeronaves a casco desnudo;

(c) los beneficios procedentes del uso o alquiler de contenedores (incluidos los remolques y equipos vinculados para el transporte de contenedores) usados para el transporte de bienes o mercancías; y

(d) los intereses sobre cantidades generadas directamente de la explotación de buques, aeronaves o vehículos de transporte terrestre en el tráfico internacional;

siempre que dicho alquiler, dicho uso o los intereses, según se trate del inciso b), del inciso c) o del inciso d), sean accesorios a la explotación de buques, aeronaves o vehiculos de transporte terrestre en el tráfico internacional.

3. Las disposiciones del apartado 1 son también aplicables a las utilidades procedentes de la participación en un *"pool"*, en una empresa mixta o en una agencia de explotación internacional.

ARTÍCULO 9

EMPRESAS ASOCIADAS

1. Cuando:

(a) una empresa de un Estado Contratante participe, directa o indirectamente, en la dirección, el control o el capital de una empresa del otro Estado Contratante, o

(b) unas mismas personas participen, directa o indirectamente, en la dirección, el control o el capital de una empresa de un Estado Contratante y de una empresa del otro Estado Contratante,

y en uno y otro caso las dos empresas estén, en sus relaciones comerciales o financieras unidas por condiciones aceptadas o impuestas que difieran de las que serían acordadas por empresas independientes, las utilidades que habrían sido obtenidas por una de las empresas de no existir dichas condiciones, pero que de hecho no se han realizado a causa de las mismas, podrán incluirse en las utilidades de esa empresa y someterse a imposición en consecuencia.

2. Cuando un Estado Contratante incluya en los beneficios de una empresa de ese Estado -y someta, en consecuencia, a imposición- los beneficios sobre los cuales una empresa del otro Estado Contratante ha sido sometida a imposición en ese otro Estado, y los beneficios así incluidos son beneficios que habrían sido realizados por la empresa del Estado mencionado en primer lugar si las condiciones convenidas entre las dos empresas hubieran sido las que se hubiesen convenido entre empresas independientes, ese otro Estado practicará el ajuste correspondiente de la cuantía del impuesto que ha percibido sobre esos beneficios. Para determinar dicho ajuste se tendrán debidamente en cuenta las demás disposiciones del Convenio y las autoridades competentes de los Estados Contratantes se consultarán mutuamente, si fuese necesario.

3. Las disposiciones del apartado 2 no se aplican en el caso de fraude, negligencia u omisión culposa.

ARTÍCULO 10

DIVIDENDOS

1. Los dividendos pagados por una sociedad residente de un Estado Contratante a un residente del otro Estado Contratante pueden someterse a imposición en ese otro Estado.

2. Sin embargo, dichos dividendos pueden también someterse a imposición en el Estado Contratante en que resida la sociedad que paga los dividendos y según la legislación de ese Estado, pero si el beneficiario efectivo de los dividendos es un residente del otro Estado Contratante, el impuesto así exigido no podrá exceder del:

(a) 10 por ciento del importe bruto de los dividendos, si el beneficiario efectivo es una sociedad que posea directamente al menos el 25 por ciento del capital de la sociedad que paga los dividendos;

(b) 15 por ciento del importe bruto de los dividendos en todos los demás casos.

Este apartado no afecta la imposición de la sociedad respecto de los beneficios con cargo a los que se pagan los dividendos.

3. El término "dividendos" en el sentido de este Artículo significa los rendimientos de las acciones, u otros derechos, excepto los de crédito, que permitan participar en los beneficios, así como los rendimientos de otras participaciones o derechos sociales sujetas al mismo tratamiento fiscal que los rendimientos de las acciones por la legislación del Estado del cual sea residente la sociedad que efectúe la distribución.

4. Las disposiciones de los apartados 1 y 2 no son aplicables si el beneficiario efectivo de los dividendos, residente de un Estado Contratante, realiza en el otro Estado Contratante, del que es residente la sociedad que paga los dividendos, una actividad empresarial a través de un establecimiento permanente situado allí, o presta en ese otro Estado unos servicios personales independientes por medio de una base fija situada allí, y la participación que genera los dividendos está vinculada efectivamente a dicho establecimiento permanente o base fija. En tal caso, son aplicables las disposiciones del Artículo 7 o del Artículo 14, según proceda.

5. Cuando una sociedad residente de un Estado Contratante obtenga beneficios o rentas procedentes del otro Estado Contratante, ese otro Estado no podrá exigir ningún impuesto sobre los dividendos pagados por la sociedad, salvo en la medida en que esos dividendos sean pagados a un residente de ese otro Estado o la participación que genera los dividendos esté vinculada efectivamente a un establecimiento permanente o a una base fija situados en ese otro Estado, ni someter los beneficios no distribuidos de la sociedad a un

impuesto sobre los mismos, aunque los dividendos pagados o los beneficios no distribuidos consistan, total o parcialmente, en beneficios o rentas procedentes de ese otro Estado.

ARTÍCULO 11

INTERESES

1. Los intereses procedentes de un Estado Contratante y pagados a un residente del otro Estado Contratante pueden someterse a imposición en ese otro Estado.

2. Sin embargo, dichos intereses también pueden someterse a imposición en el Estado Contratante del que procedan y según la legislación de este Estado, pero si el beneficiario efectivo de los intereses es un residente del otro Estado Contratante, el impuesto así exigido no podrá exceder del:

(a) 4 por ciento del importe bruto de los intereses derivados de la venta a crédito efectuada al comprador de la maquinaria y equipo por el beneficiario efectivo que es el vendedor de la maquinaria y equipo;

(b) 12 por ciento del importe bruto de los intereses derivados de:

(i) préstamos otorgados por bancos y compañías de seguros;

(ii) bonos y valores que son regular y sustancialmente transados en una bolsa de valores reconocida;

(c) 15 por ciento del importe bruto de los intereses en todos los demás casos.

Las autoridades competentes de los Estados Contratantes establecerán de mutuo acuerdo la forma de aplicación de esos límites.

3. El término "intereses" en el sentido de este Artículo significa los rendimientos de créditos de cualquier naturaleza, y en particular los rendimientos de títulos públicos y los rendimientos de bonos y obligaciones, así como cualquier otra renta que la legislación fiscal del Estado de donde procedan los intereses asimile a los rendimientos de las cantidades dadas en préstamo. El término "intereses" no incluye las rentas comprendidas en el Artículo 10.

4. Las disposiciones de los apartados 1 y 2 no serán aplicables si el beneficiario efectivo de los intereses, residente de un Estado Contratante, realiza en el otro Estado Contratante, del que proceden los intereses, una actividad empresarial por medio de un establecimiento permanente situado allí,

o presta servicios personales independientes en ese otro Estado por medio de una base fija situada allí, y el crédito que genera los intereses está vinculado efectivamente con dicho establecimiento permanente o base fija. En tal caso, se aplicarán las disposiciones del Artículo 7 o del Artículo 14, según corresponda.

5. Los intereses se consideran procedentes de un Estado Contratante cuando el deudor sea un residente de ese Estado. Sin embargo, cuando el deudor de los intereses, sea o no residente de un Estado Contratante, tenga en un Estado Contratante un establecimiento permanente o una base fija en relación con los cuales se haya contraído la deuda por la que se pagan los intereses, y éstos son soportados por el establecimiento permanente o la base fija, dichos intereses se considerarán procedentes del Estado Contratante donde esté situado el establecimiento permanente o la base fija.

6. Cuando en virtud de las relaciones especiales existentes entre el deudor y el beneficiario efectivo, o de las que uno y otro mantengan con terceros, el importe de los intereses exceda del que hubieran convenido el deudor y el acreedor en ausencia de tales relaciones, las disposiciones de este Artículo no se aplicarán más que a este último importe. En tal caso, el excedente podrá someterse a imposición de acuerdo con la legislación de cada Estado Contratante, teniendo en cuenta las demás disposiciones del presente Convenio.

7. Las disposiciones de este Artículo no se aplicarán si el objetivo principal o uno de los objetivos de cualquier persona relacionada con la concesión o asignación del derecho de crédito con respecto del cual el interés es pagado, es el de obtener ventajas del presente Artículo por medio de la mencionada concesión o asignación.

ARTÍCULO 12

REGALÍAS

1. Las regalías procedentes de un Estado Contratante y pagadas a un residente del otro Estado Contratante pueden someterse a imposición en ese otro Estado.

2. Sin embargo, dichas regalías también pueden someterse a imposición en el Estado Contratante del que procedan y conforme a la legislación de ese Estado, pero si el beneficiario efectivo es residente del otro Estado Contratante el impuesto así exigido no podrá exceder del:

(a) 3 por ciento del importe bruto pagado por el uso o el derecho al uso de noticias;

(b) 10 por ciento del importe bruto pagado por el uso o el derecho al uso de un derecho de autor sobre cualquier obra literaria, artística o científica (no están incluidas las regalías con respecto a películas cinematográficas, obras de cine, cintas u otros medios de reproducción en relación con emisiones de televisión), por el uso o el derecho al uso, de una patente. marca de fábrica o de comercio, diseño o modelo, plano, fórmula o procedimiento secreto, o por el uso, o el derecho al uso, de equipos industriales, comerciales o científicos, así como por informaciones relativas a experiencias industriales, comerciales o científicas y pagos por asistencia técnica;

(c) 15 por ciento del importe bruto de las regalías en todos los demás casos.

3. El término "regalías" empleado en este Artículo significa las cantidades de cualquier clase pagadas por el uso, o el derecho al uso, de noticias, de derechos de autor sobre obras literarias, artísticas o científicas (incluidos programas computacionales), de películas cinematográficas o películas, cintas y otros medios de reproducción de imagen y sonido, de patentes, marcas, diseños o modelos, planos, fórmulas o procedimientos secretos u otra propiedad intangible, o por el uso o derecho al uso, de equipos industriales, comerciales o científicos, así como por informaciones relativas a experiencias industriales, comerciales o científicas y pagos por asistencia técnica.

4. Las disposiciones de los apartados 1 y 2 no se aplicarán si el beneficiario efectivo de las regalías, residente de un Estado Contratante, realiza en el otro Estado Contratante del que procedan las regalías una actividad empresarial por medio de un establecimiento permanente allí situado, o presta en ese otro Estado servicios personales independientes a través de una base fija situada allí, y el derecho o bien por el que se pagan las regalías están vinculados efectivamente a dicho establecimiento permanente o base fija. En tal caso, se aplicarán las disposiciones del Artículo 7 o del Artículo 14, según corresponda.

5. Las regalías se considerarán procedentes de un Estado Contratante cuando la persona que paga sea un residente de ese Estado. Sin embargo, cuando quien paga las regalías, sea o no residente de un Estado Contratante, tenga en uno de los Estados Contratantes un establecimiento permanente o una base fija en relación con los cuales se haya contraído la obligación del pago de las regalías, y dicho establecimiento permanente o base fija soporte la carga de los mismos, tales regalías se considerarán procedentes del Estado donde esté situado el establecimiento permanente o la base fija.

6. Cuando por razón de las relaciones especiales existentes entre el deudor y el beneficiario efectivo, o de las que uno y otro mantengan con terceros, el importe de las regalías, habida cuenta del uso, derecho o información por los que se pagan, exceda del que habrían convenido el deudor

y el beneficiario efectivo en ausencia de tales relaciones, las disposiciones de este Artículo no se aplicarán más que a este último importe. En tal caso, la cuantía en exceso podrá someterse a imposición de acuerdo con la legislación de cada Estado Contratante, teniendo en cuenta las demás disposiciones del presente Convenio.

ARTÍCULO 13

GANANCIAS DE CAPITAL

1. Las ganancias que un residente de un Estado Contratante obtenga de la enajenación de bienes inmuebles situados en el otro Estado Contratante pueden someterse a imposición en este último Estado.

2. Las ganancias derivadas de la enajenación de bienes muebles que formen parte del activo de un establecimiento permanente que una empresa de un Estado Contratante tenga en el otro Estado Contratante, o de bienes muebles que pertenezcan a una base fija que un residente de un Estado Contratante tenga en el otro Estado Contratante para la prestación de servicios personales independientes, comprendidas las ganancias derivadas de la enajenación de este establecimiento permanente (solo o con el conjunto de la empresa de la que forme parte) o de esta base fija, pueden someterse a imposición en ese otro Estado.

3. Las ganancias derivadas de la enajenación de buques, aeronaves o vehículos de transporte terrestre explotados en tráfico internacional, o de bienes muebles afectos a la explotación de dichos buques, aeronaves o vehículos de transporte terrestre, sólo pueden someterse a imposición en el Estado Contratante donde resida el enajenante.

4. Las ganancias que un residente de un Estado Contratante obtenga de la enajenación de acciones o de otros derechos de participación cuyo valor derive directa o indirectamente, en cualquier momento durante los 365 días precedentes a la enajenación, en más de un 50 por ciento de bienes inmuebles situados en el otro Estado Contratante, pueden someterse a imposición en ese otro Estado.

5. Las ganancias que un residente de un Estado Contratante obtenga de la enajenación de acciones u otros derechos de participación, distintas de las mencionadas en el apartado 4, que representen directa o indirectamente una participación en el capital de una sociedad residente en el otro Estado Contratante pueden someterse a imposición por ese otro Estado, si el residente mencionado en primer lugar ha poseído en cualquier momento durante los 365 días precedentes a la enajenación, directa o indirectamente, al menos un 20% de las acciones u otros derechos en el capital de esa sociedad. Sin embargo, si dicha participación en el capital de la sociedad es inferior al 20 por ciento, el impuesto así exigido no podrá exceder del 16 por ciento de la ganancia.

6. Las ganancias derivadas de la enajenación de cualquier otro bien distinto de los mencionados en los apartados anteriores sólo pueden someterse a imposición en el Estado Contratante en que resida el enajenante.

ARTÍCULO 14

SERVICIOS PERSONALES INDEPENDIENTES

1. Las rentas obtenidas por una persona física residente de un Estado Contratante con respecto a servicios profesionales u otras actividades de carácter independiente sólo pueden someterse a imposición en ese Estado, excepto en las siguientes circunstancias en las que dichas rentas también pueden someterse a imposición en el otro Estado Contratante:

(a) si dispone de manera habitual de una base fija en el otro Estado Contratante a efectos de llevar a cabo sus actividades; en tal caso dichas rentas podrán someterse a imposición en ese otro Estado, sólo en la medida en que puedan atribuirse a la citada base fija; o

(b) si su permanencia en el otro Estado Contratante se extiende por un período o periodos que en total alcancen o excedan de 183 días en cualquier período de doce meses que comience o termine en el año calendario respectivo; en tal caso, sólo las rentas obtenidas por el desarrollo de sus actividades en ese otro Estado pueden someterse a imposición en ese otro Estado.

2. El término "servicios profesionales" comprende especialmente las actividades independientes de carácter científico, literario, artístico, educativo o pedagógico, así como las actividades independientes de médicos, abogados, ingenieros, arquitectos, odontólogos y contadores.

ARTÍCULO 15

SERVICIOS PERSONALES DEPENDIENTES

1. Sujeto a las disposiciones de los Artículos 16, 18 y 19, los sueldos, salarios y otras remuneraciones obtenidos por un residente de un Estado Contratante por razón de un empleo, sólo pueden someterse a imposición en ese Estado a no ser que el empleo se realice en el otro Estado Contratante. Si el empleo se realiza de esa forma, las remuneraciones derivadas del mismo pueden someterse a imposición en ese otro Estado.

2. No obstante lo dispuesto en el apartado 1, las remuneraciones obtenidas por un residente de un Estado Contratante por razón de un empleo realizado en el otro Estado Contratante, sólo pueden someterse a imposición en el Estado mencionado en primer término si:

(a) el perceptor permanece en el otro Estado durante un período o períodos cuya duración no exceda en conjunto de 183 días en cualquier período de doce meses que comience o termine en el año calendario respectivo; y

(b) las remuneraciones se pagan por, o en nombre de, una persona que no es residente del otro Estado; y

(c) las remuneraciones no son soportadas por un establecimiento permanente o una base fija que la persona tenga en el otro Estado.

3. No obstante las disposiciones precedentes de este Artículo, las remuneraciones obtenidas por un residente de un Estado Contratante respecto de un empleo ejercido a bordo de un buque, aeronave o vehículo de transporte terrestre operados en tráfico internacional por una empresa de un Estado Contratante, sólo serán gravables en ese Estado. Sin embargo, cuando esa remuneración es obtenida por un residente del otro Estado Contratante, puede también ser gravada en ese otro Estado.

ARTÍCULO 16

HONORARIOS DE DIRECTORES

Los honorarios de directores y otros pagos similares obtenidos por un residente de un Estado Contratante en su carácter de miembro del directorio o de un órgano similar de una sociedad residente del otro Estado Contratante pueden someterse a imposición en ese otro Estado.

ARTÍCULO 17

ARTISTAS Y DEPORTISTAS

1. No obstante las disposiciones de los Artículos 14 y 15, las rentas que un residente de un Estado Contratante obtenga del ejercicio de sus actividades personales en el otro Estado Contratante en calidad de artista, tal como actor de teatro, cine, radio o televisión, o músico, o como deportista, pueden someterse a imposición en ese otro Estado.

2. Cuando las rentas derivadas de las actividades ejercidas por un artista o un deportista personalmente y en calidad de tal se atribuyan, no al propio artista o deportista, sino a otra persona, dichas rentas pueden, no obstante las disposiciones de los Artículos 7, 14 y 15, someterse a imposición en el Estado Contratante en el que se realicen las actividades del artista o del deportista.

ARTÍCULO 18

PENSIONES

1. Las pensiones procedentes de un Estado Contratante y pagadas a un residente del otro Estado Contratante pueden someterse a imposición en el Estado mencionado en primer lugar, pero el impuesto así exigido no podrá exceder del 15 por ciento del importe bruto de las pensiones.

2. Alimentos y otros pagos de manutención efectuados a un residente de un Estado Contratante sólo serán sometidos a imposición en ese Estado. Sin embargo, los alimentos y otros pagos de manutención efectuados por un residente de un Estado Contratante a un residente del otro Estado Contratante, serán, en la medida que no sean deducibles para el pagador, sometidos a imposición solamente en el Estado mencionado en primer lugar.

ARTÍCULO 19

FUNCIONES PÚBLICAS

1. (a) Los sueldos, salarios y otras remuneraciones, distintas de las pensiones, pagadas por un Estado Contratante o una de sus subdivisiones políticas o autoridades locales del mismo, a una persona física por razón de servicios prestados a ese Estado o a esa subdivisión o autoridad, sólo pueden someterse a imposición en ese Estado.

(b) Sin embargo, dichos sueldos, salarios y otras remuneraciones sólo pueden someterse a imposición en el otro Estado Contratante si los servicios son prestados en ese otro Estado y la persona física es un residente de ese Estado que:

(i) es nacional de ese Estado, o

(ii) no ha adquirido la condición de residente de ese Estado solamente para prestar los servicios.

2. Lo dispuesto en los Artículos 15, 16 y 17 se aplica a los sueldos, salarios y otras remuneraciones, pagadas por razón de servicios prestados en el marco de una actividad empresarial realizada por un Estado Contratante o por una de sus subdivisiones políticas o autoridades locales.

ARTÍCULO 20

ESTUDIANTES

Las cantidades que un estudiante o una persona en práctica, que sea o que haya sido inmediatamente antes de visitar un Estado Contratante, residente del otro Estado y que se encuentre en el Estado mencionado en primer lugar con el único fin de proseguir sus estudios o su formación práctica, reciba para cubrir sus gastos de mantenimiento, estudios o de formación práctica, no pueden someterse a imposición en ese Estado, siempre que dichos pagos procedan de fuentes situadas fuera de ese Estado.

ARTÍCULO 21

OTRAS RENTAS

1. Las rentas de un residente de un Estado Contratante, cualquiera que fuese su procedencia, no mencionadas en los anteriores Artículos del presente Convenio, sólo pueden someterse a imposición en ese Estado.

2. Lo dispuesto en el apartado 1 no es aplicable a las rentas, distintas de las derivadas de bienes inmuebles, cuando el beneficiario de dichas rentas, residente de un Estado Contratante, realice en el otro Estado Contratante una actividad empresarial por medio de un establecimiento permanente situado en ese otro Estado o preste servicios personales independientes por medio de una base fija situada en ese otro Estado, y el derecho o bien por el que se pagan las rentas estén vinculados efectivamente con dicho establecimiento permanente o base fija. En tal caso, son aplicables las disposiciones del Artículo 7 o del Artículo 14, según proceda.

3. No obstante lo dispuesto en los apartados 1 y 2, las rentas de un residente de un Estado Contratante no mencionadas en los anteriores Artículos del presente Convenio, de fuentes situadas en el otro Estado Contratante, pueden también someterse a imposición en ese otro Estado.

IMPOSICIÓN DEL PATRIMONIO

ARTÍCULO 22

PATRIMONIO

1. El patrimonio constituido por bienes inmuebles, que posea un residente de un Estado Contratante y que esté situado en el otro Estado Contratante, puede someterse a imposición en ese otro Estado.

2. El patrimonio constituido por bienes muebles, que formen parte del activo de un establecimiento permanente que una empresa de un Estado Contratante tenga en el otro Estado Contratante, o por bienes muebles que pertenezcan a una base fija que un residente de un Estado Contratante disponga en el otro Estado Contratante para la prestación de servicios personales independientes, puede someterse a imposición en ese otro Estado.

3. El patrimonio constituido por buques, aeronaves o vehículos de transporte terrestre explotados en el tráfico internacional y por bienes muebles afectos a la explotación de tales buques, aeronaves o vehículos de transporte terrestre, sólo puede someterse a imposición en el Estado Contratante del cual la empresa que explota esos buques, aeronaves o vehículos de transporte terrestre es residente.

4. Todos los demás elementos del patrimonio de un residente de un Estado Contratante, que se encuentren situados en el otro Estado Contratante, pueden someterse a imposición en ese otro Estado.

MÉTODOS PARA ELIMINAR LA DOBLE IMPOSICIÓN

ARTÍCULO 23

MÉTODOS PARA ELIMINAR LA DOBLE IMPOSICIÓN

1. Cuando un residente de Argentina obtenga rentas o posea un patrimonio que, de acuerdo con las disposiciones del presente Convenio, pueden someterse a imposición en Chile, Argentina permitirá:

(a) deducir del impuesto a la renta de ese residente, un importe equivalente al impuesto pagado sobre la renta en Chile;

(b) deducir del impuesto sobre el patrimonio de ese residente, un importe equivalente al impuesto sobre el patrimonio pagado en Chile.

Sin embargo, esta deducción en ambos casos no podrá exceder de la parte del impuesto sobre la renta o sobre el patrimonio, calculado antes de la deducción, correspondiente, según el caso, a las rentas o al patrimonio que pueden someterse a imposición en Chile.

Cuando de conformidad con cualquier disposición de este Convenio, las rentas obtenidas por un residente de Argentina o el patrimonio que éste posea estén exentos de imposición en Argentina. Argentina podrá, sin embargo, tener en cuenta las rentas o el patrimonio exentos a efectos de calcular el importe del impuesto sobre las demás rentas o el patrimonio de dicho residente.

2. En Chile, la doble imposición se evitará de la manera siguiente:

(a) los residentes en Chile que obtengan rentas o posean un patrimonio que, de acuerdo con las disposiciones de este Convenio, puedan someterse a imposición en Argentina, podrán acreditar contra los impuestos chilenos correspondientes a esas rentas o patrimonio los impuestos pagados en Argentina, de acuerdo con las disposiciones aplicables de la legislación chilena. Este apartado se aplicará a todas las rentas tratadas en este Convenio.

(b) cuando de conformidad con cualquier disposición de este Convenio, las rentas obtenidas por un residente de Chile o el patrimonio que éste posea estén exentos de imposición en Chile, Chile podrá, sin embargo, tener en cuenta las rentas o el patrimonio exentos a efectos de calcular el importe del impuesto sobre las demás rentas o el patrimonio de dicho residente.

3. No obstante lo señalado en los apartados 1 y 2 de este Artículo, respecto a las ganancias mencionadas en el apartado 5 del Artículo 13, que obtenga un residente de un Estado Contratante de la enajenación de acciones u otros derechos de participación, distintas de las mencionadas en el apartado 4 de dicho Artículo, que representen indirectamente una participación en el capital de una sociedad residente en el otro Estado Contratante, el Estado mencionado en primer lugar no estará obligado por este Convenio a otorgar los métodos para eliminar la doble imposición establecidos en este Artículo.

ARTÍCULO 24

LIMITACIÓN DE BENEFICIOS

1. Salvo otra disposición de este Artículo que así lo establezca, un residente de un Estado Contratante no tendrá derecho a los beneficios que este Convenio dispone (que no sean los beneficios contenidos en el apartado 3 del Artículo 4, en el apartado 2 del Artículo 9 o en el Artículo 26), a menos que tal residente sea una "persona calificada" en los términos que define el apartado 2, al momento en que los beneficios sean aplicables.

2. Un residente de un Estado Contratante será una persona calificada al momento en que los beneficios de este Convenio serían aplicables si tal residente es:

(a) una persona física;

(b) un Estado Contratante, o una subdivisión política o autoridad local del mismo, o una entidad que es completamente de propiedad de tal Estado, subdivisión política o autoridad local;

(c) una sociedad u otra entidad, si a lo largo de todo el período fiscal que incluye tal momento:

(i) su principal clase de acciones (y cualquier otra categoría de acciones privilegiadas), es regularmente negociada en uno o más mercados de valores reconocidos y:

A) su principal clase de acciones es principalmente negociada en uno o más mercados de valores reconocidos y ubicado en el Estado Contratante del cual la sociedad o entidad es residente; o

B) la sede principal de dirección efectiva y control de esa sociedad o entidad está ubicada en el Estado Contratante del cual es residente; o

(ii) al menos el 50 por ciento del total de los derechos de voto y del valor de las acciones (y al menos el 50 por ciento de cualquier categoría de acciones privilegiadas) en la sociedad o entidad es de propiedad directa o indirecta de 5 o menos sociedades o entidades que tengan derecho a los beneficios del Convenio en virtud del numeral i) precedente, en la medida en que, en el caso de propiedad indirecta, cada propietario intermediario sea residente de cualquiera de los Estados Contratantes;

(d) una persona distinta a una persona física,

(i) sin fines de lucro, establecida y mantenida en ese Estado exclusivamente para propósitos religiosos, de caridad, educacionales o científicos,

(ii) que haya sido constituida y sea operada exclusivamente para administrar u otorgar pensiones u otros beneficios similares, siempre que más del 50 por ciento de los beneficiarios de tal persona sean personas físicas residentes de cualquiera de los Estados Contratantes, o

(iii) que haya sido constituida y sea operada para invertir fondos en beneficio de personas a las que se refiere el numeral ii) precedente, siempre que sustancialmente todos los ingresos de esta persona sean obtenidos de inversiones realizadas en beneficio de esas personas;

(e) una persona distinta de una persona física si,

(i) al menos durante la mitad de los días del período fiscal que incluye ese momento, personas que sean residentes de ese Estado Contratante y que tengan derecho a los beneficios de este Convenio en virtud de los subapartados a), b), o d) o del numeral i) del subapartado c), de este apartado, posean directa o indirectamente acciones que representen al menos el 50 por ciento del total de los derechos de voto y del valor (y al menos el 50 por ciento de cualquier categoría de acciones privilegiadas) de tal persona, en la medida en que, en el caso de propiedad indirecta, cada propietario intermediario sea residente de ese Estado Contratante, y

(ii) menos del 50 por ciento de la renta bruta de tal persona, según se determine en el Estado Contratante del cual tal persona es residente para el período fiscal que incluye ese momento, es pagado o adeudado, directa o indirectamente, a personas que no sean residentes de cualquiera de los Estados Contratantes con derecho a los beneficios de este Convenio en virtud de los subapartados a), b) o d), o del numeral i) del subapartado c), de este apartado, en la forma de pagos que sean deducibles para fines de los impuestos cubiertos por este Convenio en el Estado Contratante de residencia de tal persona (pero sin considerar aquellos pagos que se realicen a valores de mercado en el curso ordinario de un negocio por servicios o por bienes tangibles);

3. (a) Un residente de un Estado Contratante tendrá derecho a los beneficios de este Convenio con relación a una renta obtenida del otro Estado Contratante sin importar si es o no una persona calificada, si tal residente desarrolla activamente un negocio en el Estado Contratante donde reside (un negocio distinto a la realización o administración de inversiones por cuenta propia de tal residente, salvo que tales actividades sean bancarias, de seguros o de valores, llevadas a cabo por un banco, aseguradora o intermediario de valores registrado), y la renta obtenida del otro Estado Contratante se deriva en relación con, o es incidental a tal negocio activo.

(b) Si un residente de un Estado Contratante obtiene rentas de un negocio desarrollado por ese residente en el otro Estado Contratante, u obtiene rentas provenientes del otro Estado Contratante desde una empresa asociada, la condición descrita en el subapartado a) debe considerarse cumplida con respecto a tales rentas sólo si la actividad de negocios que desarrolla tal residente en el Estado Contratante donde reside es sustancial en relación a la actividad de negocios desarrollada por tal residente, o su empresa asociada, en el otro Estado Contratante. Se determinará si una actividad de negocios es sustancial para fines de este apartado en base a todos los hechos y circunstancias.

(c) Para efectos de aplicar este apartado, las actividades desarrolladas por personas conectadas a una persona se considerarán desarrolladas por tal persona. Una persona se considerará conectada a otra si una posee al menos el 50 por ciento de la participación en los beneficios de la otra persona (o, en el caso de una sociedad, al menos el 50 por ciento del derecho a voto y del valor de las acciones de la sociedad o de la participación en las utilidades de la sociedad), o alguna otra persona posee al menos el 50 por ciento de la participación en los beneficios (o en el caso de una sociedad, al menos el 50 por ciento del derecho a voto y del valor de las acciones de la sociedad o de la participación en las utilidades de la sociedad) de una y otra persona. En cualquier caso, una persona se considerará conectada a otra persona si, basándose en todos los hechos y circunstancias relevantes, una persona tiene el control de la otra persona, o ambas están bajo el control de alguna otra persona o personas.

4. Si un residente de un Estado Contratante no tiene derecho a los beneficios de este Convenio en virtud de los apartados precedentes de este Artículo, la autoridad competente del Estado Contratante que en caso contrario hubiese otorgado tales beneficios, tratará sin embargo a tal residente como si tuviera tales derechos o beneficios con relación a una renta o patrimonio específico si esa autoridad competente determina, previo requerimiento de tal residente y luego de considerar todos los hechos y circunstancias relevantes, que el establecimiento, adquisición o mantenimiento de tal residente y el desarrollo de sus operaciones no tuvo como uno de los propósitos principales la obtención de los beneficios de este Convenio. La autoridad competente del Estado Contratante a la cual se le realice el requerimiento, consultará con la autoridad competente del otro Estado Contratante antes de rechazar el requerimiento que realice el residente de ese otro Estado en virtud de este apartado.

5. Para los efectos de las disposiciones precedentes de este Artículo:

(a) el término "mercado de valores reconocido" significa:

(i) en Chile la "Bolsa de Comercio de Santiago", "Bolsa Electrónica de Chile" y "Bolsa de Corredores", y cualquier otra bolsa de valores reconocida por la "Superintendencia de Valores y Seguros" de acuerdo con la ley interna, y en Argentina los mercados de valores que operan bajo el control de la Comisión Nacional de Valores; y

(ii) cualquier otro mercado de valores que las autoridades competentes de los Estados Contratantes acuerden;

(b) el término "principal clase de acciones" significa las acciones ordinarias o comunes de la sociedad, siempre que tal clase de acciones representen la mayoría del derecho a voto y del valor de la sociedad. Si no hay una única clase de acciones ordinarias o comunes que represente la mayoría del derecho a voto y del valor, la "principal clase de acciones" serán aquellas clases de acciones que agregadas representen la mayoria del total del derecho a voto y del valor de la sociedad. En el caso de una sociedad que participe en una "estructura de sociedades doblemente registradas" (*dual-listed company arrangement*), la "principal clase de acciones" será determinada después de excluir las acciones con derecho a voto especial que fueron emitidas para el establecimiento de tal estructura.

(c) el término "categoría de acciones privilegiadas", significa cualquier clase de acciones de una sociedad residente de un Estado Contratante que le otorga el derecho al accionista titular a una participación desproporcionada y mayor en las utilidades de la sociedad, a través de dividendos, pagos por devoluciones de capital o de cualquier forma en las rentas generadas en el otro Estado Contratante por un determinado bien o actividad de la sociedad;

(d) la "sede principal de dirección efectiva y control" de una sociedad estará ubicada en el Estado Contratante en el cual la sociedad es residente sólo si los ejecutivos y gerentes de alto nivel de tal sociedad ejercen en ese Estado Contratante responsabilidades en las decisiones de día a día en materia de estrategia, financiamiento y política de operaciones de la sociedad (incluyendo a las filiales directas e indirectas) más que en cualquier otro Estado, y el personal de tales ejecutivos y gerentes desarrolla las actividades de día a día necesarias para preparar y ejecutar tales decisiones en ese Estado Contratante más que en cualquier otro Estado;

(e) el término "estructura de sociedades doblemente registradas" (*dual-listed company arrangement*), significa una estructura de acuerdo a la cual dos sociedades públicamente negociadas, no obstante mantener sus personalidades jurídicas, acciones y registros por separado, alinean sus direcciones estratégicas e intereses económicos de sus respectivos accionistas a través de:

(i) la designación de directorios comunes (o casi idénticos), salvo que se les aplique regulaciones que lo impidan;

(ii) la administración de las operaciones de las dos sociedades sobre una base unificada;

(iii) igualación de las distribuciones a sus accionistas de acuerdo a una ratio de igualación aplicable entre las dos sociedades, incluyendo la eventualidad de la liquidación de una o ambas sociedades;

(iv) que los accionistas de ambas sociedades votan de hecho como una entidad de decisión única en materias sustanciales que afecten sus intereses combinados, y garantías cruzadas, o un apoyo financiero similar, para sus obligaciones sustanciales y operaciones, salvo cuando por efecto de requisitos regulatorios se impida tales garantías o apoyo financiero; y

(f) con relación a otro tipo de sociedades y entidades, el término "acciones" incluye derechos, intereses o participaciones que sean comparables a las acciones.

6. No obstante las demás disposiciones de este Convenio, no se concederán los beneficios de este Convenio en relación a una renta o patrimonio si, teniendo en cuenta todos los hechos y circunstancias relevantes, es razonable concluir que la obtención de tal beneficio fue uno de los principales propósitos de cualquier estructura o transacción que ha resultado directa o indirectamente en tal beneficio, a menos que se establezca que el otorgamiento del beneficio en esas circunstancias está en conformidad con el objeto y finalidad de las normas pertinentes de este Convenio.

7. Considerando que los objetivos principales de este Convenio son evitar la doble imposición internacional y prevenir la evasión fiscal, los Estados Contratantes acuerdan que, en el evento de que las disposiciones del Convenio sean usadas en forma tal que otorguen beneficios no contemplados ni pretendidos por él, las autoridades competentes de los Estados Contratantes deberán, en conformidad al procedimiento de acuerdo mutuo del Artículo 26, recomendar modificaciones específicas al Convenio. Los Estados Contratantes además acuerdan que cualquiera de dichas recomendaciones será considerada y discutida de manera expedita con miras a modificar el Convenio en la medida en que sea necesario.

8. Cuando una empresa de un Estado Contratante obtiene rentas provenientes del otro Estado Contratante y la renta del otro Estado Contratante se atribuye a un establecimiento permanente que la empresa tiene en una tercera jurisdicción, el beneficio tributario que de otra manera hubiera sido aplicable de acuerdo a otras disposiciones del Convenio, no se aplicará a esa renta si el impuesto total que efectivamente se paga con relación a esa renta en el Estado Contratante mencionado en primer lugar y en la tercera jurisdicción, es menos del 60 por ciento del impuesto que hubiera sido exigible en el Estado mencionado en primer lugar si la renta se hubiera devengado o recibido en ese Estado por la empresa y no fuese atribuible al establecimiento permanente en la tercera jurisdicción. Las rentas a la que se apliquen las disposiciones de este apartado, quedarán sujetas a impuesto de acuerdo a las disposiciones de la legislación interna del otro Estado, no obstante cualquier otra disposición del Convenio.

9. No obstante las disposiciones de este Convenio, un Estado Contratante mantiene su derecho a gravar, de acuerdo con su legislación interna, cualquier renta proveniente de ese Estado y devengada por un residente del otro Estado Contratante (salvo que dicho residente sea una de las personas mencionadas

en el apartado 2, subapartados b) y d) numerales i) y ii) de este Artículo, que cumple los requisitos para tener derecho a los beneficios del Convenio), cuando esa renta no esté efectivamente sujeta a impuesto en el otro Estado Contratante. Los Estados Contratantes identificarán, mediante un canje de notas, las leyes de beneficio fiscal a las que se aplicará esta norma. Asimismo se comprometen a informar respecto de cualquier legislación que se dicte en el futuro y que produzca el mismo efecto.

DISPOSICIONES ESPECIALES

ARTÍCULO 25

NO DISCRIMINACIÓN

1. Los nacionales de un Estado Contratante no serán sometidos en el otro Estado Contratante a ningún impuesto u obligación relativa al mismo que no se exijan o que sean más gravosos que aquellos a los que estén o puedan estar sometidos los nacionales de ese otro Estado que se encuentren en las mismas condiciones, en particular con respecto a la residencia.

2. Los establecimientos permanentes que una empresa de un Estado Contratante tenga en el otro Estado Contratante, no serán sometidos a imposición en ese Estado de manera menos favorable que las empresas de ese otro Estado que realicen las mismas actividades. Nada de lo establecido en este Artículo podrá interpretarse en el sentido de obligar a un Estado Contratante a conceder a los residentes del otro Estado Contratante las deducciones personales, desgravaciones y reducciones impositivas que otorgue a sus propios residentes en consideración a su estado civil o cargas familiares.

3. A menos que se apliquen las disposiciones del Artículo 9, del apartado 6 del Artículo 11 o del apartado 6 del Artículo 12, los intereses, las regalías o demás gastos pagados por una empresa de un Estado Contratante a un residente del otro Estado Contratante son deducibles para determinar los beneficios sujetos a imposición de esa empresa, en las mismas condiciones que si hubieran sido pagados a un residente del Estado mencionado en primer lugar.

4. Las sociedades de un Estado Contratante cuyo capital esté, total o parcialmente, detentado o controlado, directa o indirectamente, por uno o varios residentes del otro Estado Contratante, no se someterán en el Estado mencionado en primer lugar a ningún impuesto u obligación relativa al mismo que no se exijan o que sean más gravosos que aquellos a los que estén o pueden estar sometidas otras sociedades similares del Estado mencionado en primer lugar.

5. En este Artículo, el término "impuesto" se refiere a los impuestos que son objeto de este Convenio.

ARTÍCULO 26

PROCEDIMIENTO DE ACUERDO MUTUO

1. Cuando una persona considere que las medidas adoptadas por uno o ambos Estados Contratantes implican o pueden implicar para ella una imposición que no esté conforme con las disposiciones del presente Convenio, con independencia de los recursos previstos por el derecho interno de esos Estados, podrá someter su caso a las autoridades competentes del Estado Contratante del que sea residente o, si fuera aplicable el apartado 1 del Artículo 25, a la del Estado Contratante del que sea nacional. El caso deberá ser planteado dentro de los tres años siguientes a la primera notificación de la medida que implique una imposición no conforme con las disposiciones del Convenio.

2. La autoridad competente, si el reclamo le parece fundado y si no puede por sí misma encontrar una solución satisfactoria, hará lo posible por resolver la cuestión mediante un acuerdo mutuo con la autoridad competente del otro Estado Contratante a fin de evitar una imposición que no se ajuste a este Convenio.

3. Las autoridades competentes de los Estados Contratantes, harán lo posible por resolver las dificultades o disipar las dudas que plantee la interpretación o aplicación del Convenio mediante un acuerdo mutuo.

4. Las autoridades competentes de los Estados Contratantes podrán comunicarse directamente a fin de llegar a un acuerdo en el sentido de los apartados anteriores.

ARTÍCULO 27

INTERCAMBIO DE INFORMACIÓN

1. Las autoridades competentes de los Estados Contratantes intercambiarán la información previsiblemente necesaria para aplicar lo dispuesto en este Convenio o para administrar y exigir lo dispuesto en la legislación nacional de los Estados Contratantes relativa a los impuestos de toda clase y naturaleza percibidos por los Estados Contratantes, sus subdivisiones políticas o entidades locales en la medida en que la imposición prevista en la misma no sea contraria al Convenio. El intercambio de información no vendrá limitado por los Artículos 1 y 2.

2. La información recibida por un Estado Contratante en virtud del apartado 1 será mantenida secreta de la misma forma que la información obtenida en virtud del Derecho interno de ese Estado y sólo se revelará a las personas o autoridades (incluidos los tribunales y órganos administrativos) encargadas de la liquidación o recaudación de los impuestos a que hace referencia el apartado 1, de su aplicación efectiva o de la persecución del incumplimiento relativo a los mismos, de la resolución de los recursos en relación con los mismos o de la supervisión de las funciones anteriores. Dichas personas o autoridades sólo utilizarán estas informaciones para estos fines. Podrán revelar la información en las audiencias públicas de los tribunales o en las sentencias judiciales. Sin perjuicio de lo anterior, la información recibida por un Estado Contratante puede ser usada para otros fines cuando dicha información puede ser usada para tales otros fines en virtud de la legislación nacional de ambos Estados y la autoridad competente del Estado que proporciona la información autoriza dicho uso.

3. En ningún caso las disposiciones de los apartados 1 y 2 podrán interpretarse en el sentido de obligar a un Estado Contratante a:

(a) adoptar medidas administrativas contrarias a su legislación o práctica administrativa, o a las del otro Estado Contratante;

(b) suministrar información que no se pueda obtener sobre la base de su propia legislación o en el ejercicio de su práctica administrativa normal, o de las del otro Estado Contratante;

(c) suministrar información que revele secretos comerciales, industriales o profesionales, procedimientos comerciales o informaciones cuya comunicación sea contraria al orden público.

4. Si un Estado Contratante solicita información conforme al presente Artículo, el otro Estado Contratante utilizará las medidas para recabar información de que disponga con el fin de obtener la información solicitada, aún cuando ese otro Estado pueda no necesitar dicha información para sus propios fines tributarios. La obligación precedente está limitada por lo dispuesto en el apartado 3 siempre y cuando este apartado no sea interpretado para impedir a un Estado Contratante proporcionar información exclusivamente por la ausencia de interés nacional en la misma.

5. En ningún caso las disposiciones del apartado 3 se interpretarán en el sentido de permitir a un Estado Contratante negarse a proporcionar información únicamente porque esta obre en poder de bancos, otras instituciones financieras, o de cualquier persona que actúe en calidad representativa o fiduciaria o porque esa información haga referencia a la participación en la titularidad de una persona.

ARTÍCULO 28

ASISTENCIA EN LA RECAUDACIÓN DE IMPUESTOS

Los Estados Contratantes podrán prestarse asistencia mutua en la recaudación de sus impuestos. Esta asistencia no está limitada por los Artículos 1 y 2. Las autoridades competentes de los Estados Contratantes podrán establecer de mutuo acuerdo el modo de aplicación de este Artículo, de conformidad con sus respectivas legislaciones.

ARTÍCULO 29

MIEMBROS DE MISIONES DIPLOMÁTICAS Y OFICINAS CONSULARES

Las disposiciones del presente Convenio no afectarán a los privilegios fiscales que disfruten los miembros de las misiones diplomáticas o de las oficinas consulares, de acuerdo con los principios generales del derecho internacional o en virtud de las disposiciones de acuerdos especiales.

ARTÍCULO 30

DISPOSICIONES MISCELÁNEAS

1. Para los fines del apartado 3 del Artículo XXII (Consulta) del Acuerdo General sobre Comercio de Servicios, los Estados Contratantes acuerdan que, sin perjuicio de ese apartado, cualquier disputa entre ellos respecto de si una medida cae dentro del ámbito de este Convenio, puede ser llevada ante el Consejo de Comercio de Servicios conforme a lo estipulado en dicho apartado, pero sólo con el consentimiento de ambos Estados Contratantes. Cualquier duda sobre la interpretación de este apartado será resuelta conforme al apartado 3 del Artículo 26 o, en caso de no llegar a acuerdo con arreglo a este procedimiento, conforme a cualquier otro procedimiento acordado por ambos Estados Contratantes.

2. Nada en este Convenio afectará la aplicación de las actuales disposiciones del D.L. 600 (Estatuto de la Inversión Extranjera) de la legislación chilena, conforme estén en vigor a la fecha de la firma de este Convenio y aún cuando fueren eventualmente modificadas sin alterar su principio general.

3. (a) Nada en este Convenio afectará la imposición en Chile de un residente en Argentina en relación a los beneficios atribuibles a un establecimiento permanente situado en Chile, tanto bajo el Impuesto de Primera Categoría como el Impuesto Adicional, siempre que el Impuesto de Primera Categoría sea deducible contra el Impuesto Adicional.

(b) No obstante lo señalado en otra disposición de este Convenio, cuando una sociedad que sea residente de Chile tenga un establecimiento permanente en Argentina, los beneficios que se sometan a imposición conforme al apartado 1 del Artículo 7, podrán estar sujetos a una retención de impuestos adicional en Argentina cuando los beneficios sean remesados, de conformidad con su legislación fiscal, pero la retención no excederá del 10 por ciento del monto de dichos beneficios, después de deducir de los mismos el Impuesto a las Ganancias argentino.

DISPOSICIONES FINALES

ARTÍCULO 31

ENTRADA EN VIGOR

1. Cada uno de los Estados Contratantes notificará al otro, a través de la vía diplomática, el cumplimiento de los procedimientos exigidos por su legislación para la entrada en vigor de este Convenio. Este Convenio entrará en vigor en la fecha de la última notificación.

2. Las disposiciones del Convenio se aplicarán:

(a) en Argentina:

(i) con respecto a impuestos retenidos en la fuente, sobre los montos pagados a partir del primer día de enero, inclusive, del año calendario siguiente a aquel en que el Convenio entre en vigor; y

(ii) con respecto a otros impuestos sobre la renta y el patrimonio, para los ejercicios fiscales que comiencen a partir del primer día de enero, inclusive, del año calendario siguiente a aquel en que el Convenio entre en vigor.

(b) en Chile:

(i) con respecto a los impuestos sobre las rentas que se obtengan y a las cantidades que se paguen, abonen en cuenta, se pongan a disposición o se contabilicen como gasto, a partir del primer día del mes de enero del año calendario inmediatamente siguiente a aquel en que el Convenio entre en vigor; y

(ii) con respecto al intercambio de información a que se refiere el apartado 5 del Artículo 27 del Convenio, en la medida que esa información se encuentre comprendida en el Artículo 1 del DFL N° 707 y Artículo 154 del DFL N°3, se encontrará disponible sólo respecto de operaciones bancarias que se lleven a cabo a partir del 1 de enero de 2010.

3. No obstante lo señalado en los apartados precedentes, lo dispuesto en el Artículo 8 tendrá efecto para los años tributarios o ejercicios fiscales que se inicien a partir del 30 de junio de 2012.

ARTÍCULO 32

DENUNCIA

1. Este Convenio permanecerá en vigor indefinidamente, pero cualquiera de los Estados Contratantes podrá, a más tardar el 30 de junio de cada año calendario posterior a aquél en que el Convenio entre en vigor, dar al otro Estado Contratante un aviso de término por escrito, a través de la vía diplomática.

2. En tal caso, el Convenio dejará de aplicarse:

(a) en Argentina:

(i) con respecto a impuestos retenidos en la fuente, sobre los montos pagados a partir del primer día de enero, inclusive, del año calendario inmediatamente siguiente a aquél en que se da el aviso; y

(ii) con respecto a otros impuestos sobre la renta y el patrimonio, para los ejercicios fiscales que comiencen a partir del primer día de enero, inclusive, del año calendario inmediatamente siguiente a aquél en que se da el aviso.

(b) en Chile:

con respecto a los impuestos sobre las rentas que se obtengan y las cantidades que se paguen, abonen en cuenta, se pongan a disposición o se contabilicen como gasto, a partir del primer día del mes de enero del año calendario inmediatamente siguiente a aquél en que se da el aviso.

3. Con respecto a aquellas situaciones no cubiertas por los incisos a) o b) del apartado 2 de este Artículo, este Convenio dejará de aplicarse a partir del primer día del mes de enero del año calendario inmediatamente siguiente a aquel en que se da el aviso de término. Los requerimientos de información recibidos antes de la fecha en que el aviso de término es dado, quedarán sujetos a las disposiciones de este Convenio. Los Estados Contratantes

seguirán sometidos a las obligaciones de confidencialidad establecidas en el Artículo 27 de este Convenio en relación a cualquier información obtenida en virtud de este Convenio.

En fe de lo cual los signatarios, debidamente autorizados al efecto, han firmado el presente Convenio.

Hecho en Santiago, el 15 de mayo de 2015 en dos originales, en español.

POR LA REPÚBLICA ARGENTINA	POR LA REPÚBLICA DE CHILE
ANÍBAL FERNÁNDEZ JEFE DE GABINETE DE MINISTROS	RODRIGO VALDÉS MINISTRO DE HACIENDA

PROTOCOLO

Al momento de la firma del Convenio entre la República Argentina y la República de Chile para eliminar la doble imposición en relación a los impuestos sobre la renta y sobre el patrimonio y para prevenir la evasión y elusión fiscal, los abajo firmantes han convenido las siguientes disposiciones que constituyen parte integrante del Convenio.

1. Con referencia al Artículo 2, apartado 4:

   En el caso que Chile establezca un impuesto al patrimonio con posterioridad a la fecha de la firma del Convenio, ese impuesto quedará comprendido en el mismo.

2. Con referencia al Artículo 3, apartado 1, inciso g), i):

   Se entiende que el Ministerio de Economía y Finanzas Públicas (Secretaría de Hacienda) actuará a través del Ministro de Economía y Finanzas Públicas, o el Secretario de Hacienda, o sus representantes autorizados.

3. Con referencia al Artículo 4:

   (a) El término "residente de un Estado Contratante" incluye:

   (i) una organización sin fines de lucro establecida y mantenida en un Estado Contratante exclusivamente para propósitos religiosos, de caridad, educacionales, científicos u otra similar que se acuerde entre las autoridades competentes; y

   (ii) un fondo de pensiones establecido y regulado de acuerdo al sistema de seguridad social de un Estado Contratante fundamentalmente para el beneficio de los residentes de ese Estado,

   aunque todo o parte de su renta o ganancias se encuentre exenta de impuesto en ese Estado de acuerdo a su legislación interna.

   Para los fines de este Convenio un fondo de pensiones establecido y regulado de acuerdo al sistema de seguridad social de un Estado Contratante fundamentalmente para el beneficio de los residentes de ese Estado se tratará como beneficiario efectivo de las rentas que perciba.

   (b) En relación a las cuentas o fondos de inversión (*collective investment vehicles*) establecidos en un Estado Contratante, que no cumplan con la definición establecida en el apartado 1 del Artículo 4 de este Convenio y no queden cubiertos bajo la letra a) del presente apartado, las disposiciones de este Convenio no serán interpretadas en el sentido de restringir la imposición, en cualquiera de los Estados Contratantes conforme a su legislación interna, sobre las remesas efectuadas por tales cuentas o fondos de inversión, como tampoco sobre la renta derivada del rescate o enajenación de las cuotas de los partícipes de tales cuentas de inversión o fondos.

4. Con referencia al Artículo 5, apartado 3, inciso b):

Se entiende que las actividades que prosigan en un Estado deben continuar a través de empleados u otras personas físicas que estén presentes en dicho Estado.

5. Con referencia al Artículo 7, apartado 1:

Se entiende que los beneficios de una empresa de un Estado Contratante se considerarán atribuibles al establecimiento permanente situado en el otro Estado Contratante si la empresa vende bienes o mercaderías o desarrolla actividades empresariales en ese otro Estado, que resulten idénticas o sustancialmente similares a las ventas o actividades empresariales desarrolladas a través de dicho establecimiento permanente, salvo que la empresa demuestre que las mismas han sido realizadas de esa manera por razones distintas a las de obtener un beneficio del presente Convenio, o que la empresa lleve a cabo tales ventas o actividades sin que el establecimiento permanente haya tenido participación activa en la realización de dichas ventas o actividades.

6. Con referencia al Artículo 7, apartado 2:

Se entiende que en cada Estado Contratante se atribuirán al establecimiento permanente los beneficios que éste hubiera podido obtener de ser una empresa distinta y separada que realizase las mismas o similares actividades, en las mismas o similares condiciones, y tratase con total independencia con la empresa de la que es establecimiento permanente y con todas las demás personas.

7. Con referencia al Artículo 7, apartado 3:

Se entiende que las disposiciones del apartado 3 del Artículo 7 se aplican sólo a los gastos que pueden ser atribuidos al establecimiento permanente, y por lo tanto resultan deducibles por éste, de acuerdo con las disposiciones de la legislación impositiva del Estado Contratante en el cual el establecimiento permanente está situado.

8. Con referencia a los Artículos 7 y 21:

No obstante las disposiciones del Artículo 7, queda establecido que las rentas provenientes de la actividad pesquera quedan comprendidas en el Artículo 21 del Convenio.

9. Con referencia al Artículo 8:

(a) Para mayor certeza, se precisa que el servicio de transporte que se realiza con motivo de la explotación minera incluye el carguío y tributa al amparo de lo dispuesto en el Artículo 8 del Convenio.

(b) A partir de la fecha en que entre en vigor el presente Convenio, dejará de surtir efecto, si lo tuviere, todo acuerdo celebrado con anterioridad entre las partes en materia de doble imposición.

10. Con referencia al Artículo 9:

Se entiende que las disposiciones del apartado 2 del Artículo 9 no serán interpretadas en el sentido que obligan a un Estado Contratante a efectuar un ajuste del monto de los beneficios sujetos a impuesto en ese Estado, a menos que esté de acuerdo que la acción tomada por el otro Estado, en conformidad al apartado 1 del Artículo 9, está justificada tanto en sí misma como con respecto al monto del ajuste hecho a los beneficios por el otro Estado.

11. Con referencia al Artículo 10:

Queda establecido que las disposiciones del apartado 2 del Artículo 10 no limitarán la aplicación del Impuesto Adicional a pagar en Chile en la medida que el Impuesto de Primera Categoría sea deducible contra el Impuesto Adicional.

Cuando una sociedad residente en Argentina pague dividendos o distribuya utilidades que excedan los resultados acumulados sujetos a imposición al final del año fiscal inmediatamente anterior al día del pago o de la distribución, determinado de acuerdo con las disposiciones de la Ley de Impuesto a las Ganancias argentina, la limitación del apartado 2 del Artículo 10 no se aplicará respecto del importe de la retención correspondiente por aplicación de las disposiciones de la mencionada Ley de Impuesto a las Ganancias. En tal sentido, se considera que dicha retención tiene un efecto equivalente a la imposición de la sociedad respecto de los beneficios con cargo a los que se pagan los dividendos.

12. Con referencia al Artículo 11:

En el caso que en un convenio entre Chile y un tercer Estado, se acuerde una tasa más baja que la prevista en el apartado 2 inciso c) del Artículo 11, esa tasa menor se aplicará automáticamente a los intereses provenientes de Chile cuyo beneficiario efectivo sea un residente de Argentina y a los intereses provenientes de Argentina cuyo beneficiario efectivo sea un residente de Chile, bajo las mismas condiciones como si esa tasa reducida hubiera sido especificada en ese apartado y desde la fecha en que esa tasa menor se empiece a aplicar de acuerdo a lo acordado en ese otro convenio. La autoridad competente de Chile informará, sin demora, a la autoridad competente de

Argentina, que se han cumplido las condiciones para la aplicación de este apartado. Esa tasa menor no podrá ser inferior a 12 por ciento.

13. Con referencia al Artículo 12:

(a) Cuando se trate de las regalías previstas en el inciso b) del apartado 2 del Artículo 12, la limitación de la imposición en la fuente procederá en la medida en que los respectivos contratos de transferencia de tecnología estén debidamente registrados de acuerdo con las disposiciones de la legislación vigente en Argentina al momento de la firma del Convenio. En caso que por aplicación de la referida legislación argentina no se concretara el registro del contrato de transferencia de tecnología y tal situación diera lugar a la inaplicabilidad de la limitación a la imposición en la fuente prevista en el referido inciso b) del apartado 2 del Artículo 12, siempre que no pudiera unilateralmente encontrarse una solución satisfactoria, la persona afectada podrá someter su caso a la autoridad competente de Chile para intentar resolver la cuestión mediante el procedimiento previsto en el Artículo 26.

(b) Se entiende que los pagos por el uso o el derecho al uso de programas de computación se encuentran dentro del ámbito de aplicación del apartado 2 inciso b) del Artículo 12. Asimismo, se entiende que cuando los pagos efectuados tienen por objeto adquirir parcialmente los derechos de autor de un programa computacional (sin que el autor o cedente enajene su derecho de propiedad intelectual) y el pago se efectúa a cambio del derecho a usar los derechos (incluso parcialmente) del programa, dichos pagos constituyen una regalía si en ausencia de esa licencia adquirida se produciría una violación de la legislación relativa a derechos de autor. Sin embargo, si los derechos adquiridos en relación a un programa computacional estandarizado (los llamados *shrink-wrapped software*) están limitados a aquellos necesarios para permitir al usuario operar el programa, los pagos recibidos en relación a la transferencia de esos derechos serán tratados como beneficios empresariales a los que se aplica el Artículo 7.

(c) Se entiende por asistencia técnica la prestación de servicios independientes que involucran la aplicación, por parte del prestador del servicio, de conocimiento especializado no patentable, de una habilidad o experiencia para un cliente.

(d) El límite a la imposición exigible en el Estado de procedencia de las regalías que establece el apartado 2 inciso b) del Artículo 12 sólo será aplicable cuando dichas regalías se perciban por el propio autor o sus herederos. En caso que el beneficiario no sea el propio autor o sus herederos, se aplicará la limitación prevista en el apartado 2 inciso c) del Artículo 12.

(e) Se entiende que las rentas obtenidas por una persona física residente de un Estado Contratante con respecto a servicios profesionales u otras actividades de carácter independiente que constituyan "asistencia técnica" en los términos del inciso c) precedente, estarán comprendidas en las disposiciones del Artículo 12 del Convenio y no en las de su Artículo 14, excepto que se den las circunstancias previstas en el apartado 4 del Artículo 12 o en el inciso b) del Artículo 14, en cuyos casos se aplicará lo dispuesto en este último artículo.

14. Con referencia al Artículo 13:

(a) No obstante las disposiciones del apartado 6 del Artículo 13, cuando se enajenen bienes distintos a los mencionados en los apartados 1 a 5 del Artículo 13, y se trate de bienes sujetos a registro (entendidos como tales las aeronaves, automotores y embarcaciones no comprendidos en el apartado 3 del Artículo 13), las ganancias podrán someterse a imposición en cualquiera de los Estados Contratantes de acuerdo con las respectivas legislaciones internas.

(b) Las meras transferencias de activos efectuadas por un residente de un Estado Contratante con motivo de un proceso de reorganización empresarial no producirá efectos fiscales de acuerdo a la legislación interna de cada uno de los Estados Contratantes.

15. Con referencia al Artículo 17:

Se entiende que las rentas a que se refiere el apartado 1 del Artículo 17 comprenden las rentas obtenidas por toda actividad personal ejercida por un residente de un Estado Contratante en el otro Estado Contratante en relación con su reputación o renombre como artista o deportista.

16. Con referencia a los Artículos 18 y 19:

El término "pensiones" se entiende en conformidad con la legislación interna de cada parte y particularmente comprende en el caso de Argentina a las jubilaciones.

17. Con referencia al Artículo 22:

Si en una fecha posterior a la firma del Convenio y este Protocolo, Argentina suscribe un Convenio con un tercer Estado en el que acordara eximir de impuesto o reducir la tasa del impuesto contemplado en el Artículo 22, informará a la autoridad competente de Chile y los Estados Contratantes se comprometen a iniciar negociaciones con el objeto de modificar el presente Convenio.

18. Con referencia al Articulo 24:

La expresión "cuando esa renta no esté efectivamente sujeta a impuesto" incluida en el apartado 9 del Artículo 24 sobre Limitación de Beneficios, comprende tanto las rentas totalmente liberadas del pago de impuestos, como aquellas sujetas a una tributación sustancialmente inferior a la tributación que sería aplicable de acuerdo a las normas generales del Estado de residencia del beneficiario de la renta. En especial, se entenderá que son rentas sujetas a una tributación sustancialmente inferior a la tributación generalmente aplicable, las rentas que, por aplicación de disposiciones especiales que establezcan exenciones o reducciones de impuesto, reducción de la base imponible o la tasa del impuesto, u otro beneficio fiscal, resulten gravadas con impuestos por un monto inferior al 60 por ciento del monto que resultaría aplicable en ausencia de dichas normas.

19. Con referencia al Artículo 25:

1) Se entiende que las disposiciones del apartado 3 del Articulo 25 se aplicarán, en el caso de Argentina, siempre que se cumplan los requisitos de registro a los que se refiere el punto 13 letra a) de este Protocolo.

2) Se entiende que las disposiciones de la legislación interna de un Estado Contratante que denieguen o hagan decaer exenciones o desgravaciones totales o parciales que la legislación interna de ese Estado otorgue o haya otorgado respecto de los impuestos comprendidos en el Convenio, en razón de producirse una transferencia de ingresos al fisco del otro Estado Contratante, no contravienen lo dispuesto en el Artículo 25 del Convenio.

20. Con referencia al Artículo 26:

En el caso que Argentina cambie su política en lo que respecta al arbitraje como procedimiento de acuerdo mutuo de resolución de controversias, las autoridades competentes se consultarán para considerar la negociación de un acuerdo para la modificación del Convenio. Asimismo, las autoridades competentes harán lo posible para implementar de la manera más eficiente posible el procedimiento de acuerdo mutuo contemplado en el Artículo 26.

21. Disposiciones generales

Considerando que los objetivos principales de este Convenio son la eliminación de la doble imposición internacional y la prevención de la evasión y elusión fiscal, a fin de eliminar los efectos negativos que éstos generan para el intercambio de bienes y servicios y el libre movimiento de los capitales, las tecnologías y las personas, en el caso que de la aplicación del Convenio no resulte en la promoción de sus relaciones económicas, los Estados Contratantes acuerdan que, en cualquier momento después de la expiración de un periodo de tres (3) años desde la fecha de entrada en vigor de este Convenio, las autoridades competentes podrán reunirse para examinar de manera expedita la necesidad de efectuar posibles cambios respecto del Convenio, sobre la base de la experiencia obtenida en su aplicación durante los años precedentes y los cambios introducidos en su legislación impositiva nacional.

POR LA REPÚBLICA ARGENTINA	POR LA REPÚBLICA DE CHILE
ANÍBAL FERNÁNDEZ JEFE DE GABINETE DE MINISTROS	RODRIGO VALDÉS MINISTRO DE HACIENDA

[TRANSLATION IN ENGLISH – TRADUCTION EN ANGLAIS]

AGREEMENT BETWEEN THE ARGENTINE REPUBLIC AND THE REPUBLIC OF CHILE FOR THE ELIMINATION OF DOUBLE TAXATION WITH RESPECT TO TAXES ON INCOME AND CAPITAL AND THE PREVENTION OF TAX AVOIDANCE AND EVASION

The Argentine Republic and the Republic of Chile,

Desiring to further develop their economic relationship and to enhance their cooperation in tax matters,

Intending to conclude a Convention for the elimination of double taxation with respect to taxes on income and on capital without creating opportunities for non-taxation or reduced taxation through tax avoidance or evasion (including through treaty-shopping arrangements aimed at obtaining reliefs provided in this Convention for the indirect benefit of residents of third States),

Have agreed as follows:

SCOPE OF THE CONVENTION

Article 1: Persons covered

This Convention shall apply to persons who are residents of one or both of the Contracting States.

Article 2. Taxes covered

1. This Convention shall apply to taxes on income and on capital imposed on behalf of a Contracting State, irrespective of the manner in which they are levied.

2. There shall be regarded as taxes on income and on capital all taxes imposed on total income, on total capital, or on elements of income or of capital, including taxes on gains from the alienation of movable or immovable property, taxes on the total amounts of wages or salaries paid by enterprises, as well as taxes on capital appreciation.

3. The existing taxes to which the Convention shall apply are, in particular:

(a) For Argentina:

(i) Income tax;

(ii) Personal assets tax; and

(iii) Presumptive minimum income tax;

(hereinafter referred to as “Argentine tax”).

(b) For Chile:

The taxes imposed under the Income Tax Law, “Ley sobre Impuesto a la Renta” (hereinafter referred to as “Chilean tax”).

4. The Convention shall apply also to any identical or substantially similar taxes which are imposed after the date of signature of the Convention in addition to, or in place of, the existing taxes. The competent authorities of the Contracting States shall notify each other of significant changes made to their tax laws.

DEFINITIONS

Article 3. General definitions

1. For the purposes of this Convention, unless the context otherwise requires:
   (a) The terms "a Contracting State" and "the other Contracting State" mean, as the context requires, the Republic of Chile or the Argentine Republic; hereinafter Chile or Argentina, respectively;
   (b) The term "person" includes an individual, a company and any other body of persons;
   (c) The term "company" means any body corporate or any entity that is treated as a body corporate for tax purposes;
   (d) The terms "enterprise of a Contracting State" and "enterprise of the other Contracting State" mean respectively an enterprise carried out by a resident of a Contracting State and an enterprise carried out by a resident of the other Contracting State;
   (e) The term "international traffic" means any transport by a ship, aircraft or inland transport vehicle, operated by an enterprise of a Contracting State, except when the ship, aircraft or inland transport vehicle is operated solely between two locations in the other Contracting State;
   (f) The term "national" means:
      (i) Any individual possessing the nationality of a Contracting State;
      (ii) Any legal person or association deriving its status as such from the laws in force in a Contracting State;
   (g) The term "competent authority" means:
      (i) For Argentina, the Ministry of the Treasury and Public Finances (Secretary of the Treasury) or its authorized representatives;
      (ii) For Chile, the Minister of Finance, the Director of the Internal Revenue Service or their authorized representatives.

2. As regards the application of the Convention at any time by a Contracting State, any term not defined therein shall, unless the context otherwise requires, have the meaning that it has at that time under the law of that State for the purposes of the taxes to which the Convention applies, any meaning under the applicable tax laws of that State prevailing over a meaning given to the term under other laws of that State.

Article 4. Resident

1. For the purposes of this Convention, the term "resident of a Contracting State" means any person who, under the laws of that State, is liable to tax therein by reason of his domicile, residence, place of incorporation, place of management or any other criterion of a similar nature, and also includes that State and any political subdivision or local authority thereof. This term, however, does

not include any person who is liable to tax in that State in respect only of income from sources in that State or capital situated therein.

2. Where, by reason of the provisions of paragraph 1, an individual is a resident of both Contracting States, then said person's status shall be determined as follows:

(a) Said person shall be deemed to be a resident only of the State in which they have a permanent home available to them; if said person has a permanent home available to them in both States, that person shall be deemed to be a resident only of the State with which their personal and economic relations are closer (centre of vital interests);

(b) If the State in which he said person has their centre of vital interests cannot be determined, or if they do have not a permanent home available to them in either State, said person shall be deemed to be a resident only of the State in which they have an habitual abode;

(c) If said person has an habitual abode in both States or in neither of them, they shall be deemed to be a resident only of the State of which they are a national;

(d) If said person is a national of both States or of neither of them, the competent authorities of the Contracting States shall settle the question by mutual agreement.

3. Where, by reason of the provisions of paragraph 1, a person other than an individual is a resident of both Contracting States, then said person's status shall be determined as follows: If he said person is a national of both Contracting States, the Contracting States shall settle the question by mutual agreement. In the absence of a mutual agreement between the competent authorities of the Contracting Parties, such person shall not be entitled to any relief or exemption from tax provided by this Convention.

Article 5. Permanent establishment

1. For the purposes of this Convention, the term "permanent establishment" means a fixed place of business through which the business of an enterprise is wholly or partly carried out.

2. The term "permanent establishment" includes especially:

(a) A place of management;

(b) A branch;

(c) An office;

(d) A factory;

(e) A workshop;

(f) A mine, an oil or gas well, a quarry or any other place related to the exploration, extraction or exploitation of natural resources.

3. The term "permanent establishment" also encompasses:

(a) A building site, a construction, assembly or installation project or supervisory activities in connection therewith, but only if such site, project or activities last more than six months;

(b) The furnishing of services, including consultancy services, by an enterprise through employees or other personnel engaged by the enterprise for such purpose, if activities of that nature continue within the country for a period or periods aggregating more than 183 days in any 12-month period;

(c) The operation of large or valuable equipment in a Contracting State for a period or periods aggregating more than 183 days in any 12-month period.

The duration of the activities referred to in this paragraph shall be determined by aggregating periods during which activities are conducted in a Contracting State by associated enterprises, provided that the activities of the enterprise in that State are connected to or are substantially the same as the activities conducted in that State by the associate enterprise. In all cases, the period during which two or more associated enterprises carry out competing activities shall be counted only once. An enterprise shall be deemed to be associated with another enterprise when one of them participates directly or indirectly in the management, control, or capital of the other, or when the same person or a group of persons participate directly or indirectly in the management, control, or capital of both enterprises.

4. Notwithstanding the preceding provisions of this Article, the term "permanent establishment" shall be deemed not to include:

(a) The use of facilities solely for the purpose of storage or display of goods or merchandise belonging to the enterprise;

(b) The maintenance of a stock of goods or merchandise belonging to the enterprise solely for the purpose of storage or display;

(c) The maintenance of a stock of goods or merchandise belonging to the enterprise solely for the purpose of processing by another enterprise;

(d) The maintenance of a fixed place of business solely for the purpose of collecting information, for the enterprise;

(e) The maintenance of a fixed place of business solely for the purpose of advertising, providing information or conducting scientific research for the enterprise;

provided that such activity is of a preparatory or auxiliary character.

5. Notwithstanding the provisions of paragraphs 1 and 2, and subject to the provisions of paragraph 6, where a person is acting in a Contracting State on behalf of an enterprise and thus habitually concludes contracts, negotiates the essential elements of contracts or interacts with specific individuals in such a way that that interaction results in the conclusion of contracts which in the light of the legal bonds between the person and the company are contracts on behalf of and at the expense of the enterprise, that enterprise shall be deemed to have a permanent establishment in that Contracting State in respect of any activities which that person undertakes for the enterprise, unless the activities of such person are limited to those mentioned in paragraph 4 which, if exercised through a fixed place of business, would not make this fixed place of business a permanent establishment under the provisions of that paragraph.

6. Paragraph 5 shall not apply where the person acting in a Contracting State on behalf of an enterprise of the other Contracting State carries out business in the first-mentioned State as an independent agent acting on behalf of several persons and acts for the enterprise in the ordinary course of that business. Where, however, an individual acts exclusively or almost exclusively on behalf of one or more enterprises to which it is closely related, that person shall not be considered to be an independent agent within the meaning of this paragraph with respect to any such enterprise.

7. The fact that a company which is a resident of a Contracting State controls or is controlled by a company which is a resident of the other Contracting State, or which carries out business in that other State (whether through a permanent establishment or otherwise), shall not of itself constitute either company a permanent establishment of the other.

TAXATION OF INCOME

Article 6. Income from immovable property

1. Income derived by a resident of a Contracting State from immovable property (including income from agriculture or forestry) situated in the other Contracting State may be taxed in that other State.

2. For the purposes of this Agreement, the term "immovable property" shall have the meaning which it has under the laws of the Contracting State in which the property in question is situated. The term shall in any case include property accessory to immovable property, livestock and equipment used in agriculture and forestry, rights to which the provisions of general law respecting landed property apply, usufruct of immovable property and rights to variable or fixed payments as consideration for the working of, or the right to work, mineral deposits, sources and other natural resources; ships, boats and aircraft shall not be regarded as immovable property.

3. The provisions of paragraph 1 shall also apply to income derived from the direct use, letting or use in any other form of immovable property.

4. The provisions of paragraphs 1 and 3 shall also apply to the income from immovable property of an enterprise and to income from immovable property used for the performance of independent personal services.

Article 7. Business profits

1. The profits of an enterprise of a Contracting State shall be taxable only in that State unless the enterprise carries out business in the other Contracting State through a permanent establishment situated therein. If the enterprise carries out business as aforesaid, the profits of the enterprise may be taxed in the other State but only so much of them as are attributable to that permanent establishment.

2. Subject to the provisions of paragraph 3, where an enterprise of a Contracting State carries out business in the other Contracting State through a permanent establishment situated therein, there shall in each Contracting State be attributed to that permanent establishment the profits which it might be expected to make if it were a distinct and separate enterprise engaged in the same or similar activities under the same or similar conditions and dealing wholly independently with the enterprise of which it is a permanent establishment.

3. In the determination of the profits of a permanent establishment, there shall be allowed as deductions expenses which are incurred for the purposes of the business of the permanent establishment including executive and general administrative expenses so incurred, whether in the State in which the permanent establishment is situated or elsewhere.

4. Notwithstanding the provisions of paragraph 1, profits derived by an enterprise of a Contracting State from the activity of granting insurance or reinsurance covering property situated in the other Contracting State or persons which are residents of that other State, at the time of the conclusion of the insurance contract, may be taxed in that other State, whether or not the enterprise carries out its activity in that other State through a permanent establishment situated therein. However, in such case (in the absence of a permanent establishment), the tax charged shall not exceed:

(a) 2.5 per cent of the gross amount of the premium in the case of reinsurance policies, and

(b) 10 per cent of the gross amount of the premiums in the case of all other insurance policies.

5. In so far as it has been customary in a Contracting State to determine the profits to be attributed to a permanent establishment on the basis of an apportionment of the total profits of the enterprise to its various parts, nothing in paragraph 2 shall preclude that Contracting State from determining the profits to be taxed by such an apportionment as may be customary; the method of apportionment adopted shall, however, be such that the result shall be in accordance with the principles contained in this article.

6. For the purposes of the preceding paragraphs, the profits to be attributed to the permanent establishment shall be determined by the same method year by year unless there is good and sufficient reason to the contrary.

7. Where profits include items of income which are dealt with separately in other Articles of this Convention, then the provisions of those Articles shall not be affected by the provisions of this Article.

Article 8. International transport

1. Profits of an enterprise of a Contracting State from the operation of ships, aircraft or inland transport vehicle in international traffic shall be taxable only in that State.

2. For the purposes of this article, the profits from the operation of ships, aircraft or ground transportation vehicles in international traffic include:

(a) Gross income derived directly from the operation of ships, aircraft and ground transportation vehicles in international traffic;

(b) Profits from the charter or rental on a bareboat basis of ground transportation vehicles, ships or aircraft;

(c) Profits obtained from the use or rental of containers (including trailers and related equipment for the transport of containers) used to transport goods or merchandise; and

(d) Interest on amounts generated directly by the operation of ships, aircraft and ground transportation vehicles in international traffic;

where such rental or such use or interest, whether in the terms of paragraph (b), (c) or (d), is incidental to the operation of ships, aircraft or ground transportation vehicles in international traffic;

3. The provisions of paragraph 1 shall also apply to profits from the participation in a pool, a joint business or an international operating agency.

Article 9. Associated enterprises

1. Where:

   (a) An enterprise of a Contracting State participates directly or indirectly in the management, control or capital of an enterprise of the other Contracting State, or

   (b) The same persons participate directly or indirectly in the management, control or capital of an enterprise of a Contracting State and an enterprise of the other Contracting State,

and in either case conditions are made or imposed between the two enterprises in their commercial or financial relations which differ from those which would be made between independent enterprises, then any profits which would, but for those conditions, have accrued to one of the enterprises, but, by reason of those conditions, have not so accrued, may be included in the profits of that enterprise and taxed accordingly.

2. Where a Contracting State includes in the profits of an enterprise of that State - and taxes accordingly - profits on which an enterprise of the other Contracting State has been charged to tax in that other State and the profits so included are profits which would have accrued to the enterprise of the first-mentioned State if the conditions made between the two enterprises had been those which would have been made between independent enterprises, then that other State shall make an appropriate adjustment to the amount of the tax charged therein on those profits. In determining such adjustment, due regard shall be had to the other provisions of the Convention and the competent authorities of the Contracting States shall, if necessary, consult each other.

3. The provisions of paragraph 2 shall not apply in the case of fraud, wilful default or negligence.

Article 10. Dividends

1. Dividends paid by a company which is a resident of a Contracting State to a resident of the other Contracting State may be taxed in that other State.

2. However, such dividends may also be taxed in the Contracting State of which the company paying the dividends is a resident and according to the laws of that State, but if the beneficial owner of the dividends is a resident of the other Contracting State, the tax so charged shall not exceed:

   (a) 10 per cent of the gross amount of the dividends if the beneficial owner is a company which holds directly at least 25 per cent of the capital of the company paying the dividends;

   (b) 15 per cent of the gross amount of the dividends in all other cases.

This paragraph shall not affect the taxation of the company in respect of the profits out of which the dividends are paid.

3. The term “dividends” as used in this article means income from “jouissance” shares or “jouissance” rights or other rights, not being debt claims, participating in profits, as well as income from other corporate rights which is subjected to the same taxation treatment as income from shares by the laws of the State of which the company making the distribution is a resident.

4. The provisions of paragraphs 1 and 2 shall not apply if the beneficial owner of the dividends, being a resident of a Contracting State, carries out business in the other Contracting State of which the company paying the dividends is a resident, through a permanent establishment situated

therein, or performs in that other State independent personal services from a fixed base situated therein, and the holding in respect of which the dividends are paid is effectively connected with such permanent establishment or fixed base. In such case the provisions of article 7 or article 14, as the case may be, shall apply.

5. Where a company which is a resident of a Contracting State derives profits or income from the other Contracting State, that other State may not impose any tax on the dividends paid by the company, except insofar as such dividends are paid to a resident of that other State or insofar as the holding in respect of which the dividends are paid is effectively connected with a permanent establishment or a fixed base situated in that other State, nor subject the company's undistributed profits to a tax on the company's undistributed profits, even if the dividends paid or the undistributed profits consist wholly or partly of profits or income arising in such other State.

Article 11. Interest

1. Interest arising in a Contracting State and paid to a resident of the other Contracting State may be taxed in that other State.

2. However, such interest may also be taxed in the Contracting State in which it arises and according to the laws of that State, but if the beneficial owner of the interest is a resident of the other Contracting State, the tax so charged shall not exceed:

(a) 4 per cent of the gross amount of the interest derived from a sale on credit paid by the purchaser of machinery and equipment to the beneficial owner that is the seller of the machinery and equipment;

(b) 12 per cent of the gross amount of the interest derived from:

(i) Loans granted by banks and insurance companies;

(ii) Bonds and securities that are regularly and substantially traded on a recognized securities market;

(c) 15 per cent of the gross amount of the interest in all other cases.

The competent authorities of the Contracting States shall settle the mode of application of these limitations by mutual agreement.

3. The term "interest" as used in this article means income from debt claims of every kind, and in particular, income from government securities and income from bonds or debentures, as well as any other income the tax laws of the State in which it arises include with income from loaned amounts. The term "interest" shall not include income under article 10.

4. The provisions of paragraphs 1 and 2 shall not apply if the beneficial owner of the interest, being a resident of a Contracting State, carries out business in the other Contracting State in which the interest arises, through a permanent establishment situated therein, or performs in that other State independent personal services from a fixed base situated therein, and the debt claim in respect of which the interest is paid is effectively connected with said permanent establishment or fixed base. In such case the provisions of article 7 or article 14, as the case may be, shall apply.

5. Interest shall be deemed to arise in a Contracting State when the payer is a resident of that State. Where, however, the person paying the interest, whether he or she is a resident of a Contracting State or not, has in a Contracting State a permanent establishment or a fixed base in connection with which the indebtedness on which the interest is paid was incurred, and such interest

is borne by such permanent establishment or a fixed base, then such interest shall be deemed to arise in the State in which the permanent establishment or a fixed base is situated.

6. Where, by reason of a special relationship between the payer and the beneficial owner or between both of them and some other person, the amount of the interest exceeds the amount which would have been agreed upon by the payer and the beneficial owner in the absence of such relationship, the provisions of this article shall apply only to the last-mentioned amount. In such case, the excess part of the fees shall remain taxable according to the laws of each Contracting State, due regard being had to the other provisions of this Convention.

7. The provisions of this article shall not apply if it is the main purpose or one of the purposes of any person concerned with the creation or assignment of the debt claim in respect of which the interest is paid to take advantage of this article by means of that creation or assignment.

Article 12. Royalties

1. Royalties arising in a Contracting State and paid to a resident of the other Contracting State may be taxed in that other State.

2. However, such royalties may also be taxed in the Contracting State in which they arise and according to the laws of that State, but if the beneficial owner of the royalties is a resident of the other Contracting State, the tax so charged shall not exceed:

(a) 3 per cent of the gross amount paid for the use or usage rights;

(b) 10 per cent of the gross amount paid for the use or the right to use a copyright in any literary, artistic, or scientific work (not including royalties with respect to cinematograph films, cinema, tapes, or other means of reproduction in connection with television broadcasts), for the use or right to use a patent, trademark, design or model, plan, secret formula, or process, or for the use or the right to use industrial, commercial, or scientific equipment, as well as for information relating to industrial, commercial, or scientific experience and payments for technical assistance;

(c) 15 per cent of the gross amount of royalties in all other cases.

3. The term “royalties” as used in this article means payments of any kind received as a consideration for the use of, or the right to use, news, any copyright of literary, artistic or scientific work (including computer programs), cinematograph films or films, tapes and other means of image or sound reproduction, any patents, trademark, design or model, plan, secret formula or process or other intangible property, or for the use, or the right to use, industrial, commercial or scientific equipment, or for information concerning industrial, commercial or scientific experience and fees for technical services.

4. The provisions of paragraphs 1 and 2 shall not apply if the beneficial owner of the royalties, being a resident of a Contracting State, carries out business in the other Contracting State in which the royalties arise, through a permanent establishment situated therein, or performs in that other State independent personal services from a fixed base situated therein, and the right or property in respect of which the royalties are paid is effectively connected with such permanent establishment or fixed base. In such case the provisions of article 7 or article 14, as the case may be, shall apply.

5. Royalties shall be deemed to arise in a Contracting State when the payer is a resident of that State. Where, however, the person paying the royalties, whether he or she is a resident of a Contracting State or not, has a permanent establishment or a fixed base in a Contracting State in connection with which the liability to pay the royalties was incurred, and such royalties are borne

by such permanent establishment or fixed base, then such royalties shall be deemed to arise in the State in which the permanent establishment or fixed base is situated.

6. Where by reason of a special relationship between the payer and the beneficial owner or between both of them and some other person, the amount of the royalties, having regard to the use, right or information for which they are paid, exceeds the amount which would have been agreed upon by the payer and the beneficial owner in the absence of such relationship, the provisions of this article shall apply only to the last-mentioned amount. In such case, the excess part of the fees shall remain taxable according to the laws of each Contracting State, due regard being had to the other provisions of this Convention.

Article 13. Capital gains

1. Gains derived by a resident of a Contracting State from the alienation of immovable property situated in the other Contracting State may be taxed in that other State.

2. Gains from the alienation of movable property forming part of the business property of a permanent establishment which an enterprise of a Contracting State has in the other Contracting State or of movable property pertaining to a fixed base available to a resident of a Contracting State in the other Contracting State for the purpose of performing independent personal services, including such gains from the alienation of such a permanent establishment (alone or with the whole enterprise) or of such fixed base, may be taxed in that other State.

3. Gains that an enterprise of a Contracting State that operates ships, aircraft or ground vehicles in international traffic derives from the alienation of such ships, aircraft or ground vehicles, or of movable property pertaining to the operation of such ships or aircraft, shall be taxable only in that State.

4. Gains derived by a resident of a Contracting State from the alienation of shares or other comparable interests, may be taxed in the other Contracting State if, at any time during the 365 days preceding the alienation, these shares or comparable interests derived more than 50 per cent of their value directly or indirectly from immovable property situated in that other Contracting State.

5. Gains, other than those to which paragraph 4 applies, derived by a resident of a Contracting State from the alienation of shares of a company, or comparable interests, such as interests in a partnership or trust, which is a resident of the other Contracting State, may be taxed in that other State if the alienator, at any time during the 365 days preceding such alienation, held directly or indirectly at least 20 per cent of the capital of that company or entity. However, if such participation in the capital of the enterprise is lower than 20 per cent, the tax so charged shall not exceed 16 per cent of the gain.

6. Gains derived from the alienation of any property other than those gains mentioned in the previous paragraphs may be taxed in the Contracting State in which they arise according to the law of that State.

Article 14. Independent personal services

1. Income derived by a resident of a Contracting State in respect of professional services or other activities of an independent character shall be taxable only in that State except in the following circumstances, when such income may also be taxed in the other Contracting State:

(a) If he or she has a fixed base regularly available to him or her in the other Contracting State for the purpose of performing his or her activities; in that case, only so much of the income as is attributable to that fixed base may be taxed in that other State; or

(b) If his or her stay in the other Contracting State is for a period or periods amounting to or exceeding in the aggregate 183 days in any 12-month period commencing or ending in the calendar year concerned; in that case, only so much of the income as is derived from his or her activities performed in that other State may be taxed in that other State.

2. The term "professional services" includes independent scientific, literary, artistic, educational or teaching activities in particular as well as the independent activities of physicians, lawyers, engineers, architects, dentists and accountants.

Article 15. Dependent personal services

1. Subject to the provisions of articles 16, 18 and 19, salaries, wages and other remuneration derived by a resident of a Contracting State in respect of an employment shall be taxable only in that State unless the employment is exercised in the other Contracting State. If the employment is so exercised, such remuneration as is derived therefrom may be taxed in that other State.

2. Notwithstanding the provisions of paragraph 1, remuneration derived by a resident of a Contracting Stale in respect of an employment exercised in the other Contracting State shall be taxable only in the first mentioned State if:

(a) The recipient is present in the other State for a period or periods not exceeding in the aggregate 183 days in any 12-month period commencing or ending in the calendar year concerned, and

(b) The remuneration is paid by, or on behalf of, an employer who is not a resident of the other State, and

(c) The remuneration is not borne by a permanent establishment or a fixed base which the employer has in the other State.

3. Notwithstanding the preceding provisions of this article, remuneration derived by a resident of a Contracting State in respect of an employment that is exercised aboard a ship, aircraft or ground vehicle operated in international traffic by an enterprise of a Contracting State, other than remuneration derived by a resident of the other Contracting State, shall be taxable only in the first-mentioned State.

Article 16. Directors' fees

Directors' fees and other similar payments derived by a resident of a Contracting State in his or her capacity as a member of the Board of Directors or a similar body of a company which is a resident of the other Contracting State may be taxed in that other State.

Article 17. Artistes and sportspersons

1. Notwithstanding the provisions of articles 14 and 15, income derived by a resident of a Contracting State as an entertainer, such as a theatre, motion picture, radio or television artiste, or a musician, or as a sportsperson, from that resident's personal activities as such exercised in the other Contracting State, may be taxed in that other State.

2. Where income in respect of personal activities exercised by an entertainer or a sportsperson in his or her capacity as such accrues not to the entertainer or sportsperson himself or herself but to another person, that income may, notwithstanding the provisions of articles 7, 14 and 15, be taxed in the Contracting State in which the activities of the entertainer or sportsperson are exercised.

Article 18. Pensions

1. Pensions arising in a Contracting State and paid to a resident of the other Contracting State may be taxed in the first-mentioned State, but the tax so charged shall not exceed 15 per cent of the gross amount of the pension.

2. Alimony and other maintenance payments paid to a resident of a Contracting State shall be taxable only in that State. However, alimony and other maintenance payments paid by a resident of a Contracting State to a resident of the other Contracting State, shall, where not deductible for tax purposes for the payer, be taxable only in the first-mentioned State.

Article 19. Government service

1. (a) Salaries, wages and other similar remuneration paid by a Contracting State or a political subdivision or a local authority thereof to an individual in respect of services rendered to that State or subdivision or authority shall be taxable only in that State.

(b) However, such salaries, wages and other similar remuneration shall be taxable only in the other Contracting State if the services are rendered in that other State and the individual is a resident of that State who:

(i) Is a national of that State; or

(ii) Did not become a resident of that State solely for the purpose of rendering the services.

2. The provisions of articles 15, 16 and 17 shall apply to wages, salaries and other remuneration in respect of services rendered in connection with a business carried out by a Contracting State or a political subdivision or local authority thereof.

Article 20. Students

Payments which a student or apprentice who is or was immediately before visiting a Contracting State a resident of the other Contracting State and who is present in the first-mentioned State solely for the purpose of his or her education or training receives for the purpose of his or her maintenance, education or training shall not be taxed in that State, provided that such payments arise from sources outside that State.

Article 21. Other income

1. Items of income of a resident of a Contracting State, wherever arising, not dealt with in the foregoing articles of this Agreement shall be taxable only in that State.

2. The provisions of paragraph 1 shall not apply to income, other than income from immovable property if the recipient of such income, being a resident of a Contracting State, carries out business in the other Contracting State through a permanent establishment situated therein, or performs in that other State independent personal services from a fixed base situated therein, and the right or property in respect of which the income is paid is effectively connected with such permanent establishment or fixed base. In such case the provisions of article 7 or article 14, as the case may be, shall apply.

3. Notwithstanding the provisions of paragraphs 1 and 2, items of income of a resident of a Contracting State not dealt with in the foregoing articles of this Agreement and arising in the other Contracting State may also be taxed in that other State.

TAXATION OF CAPITAL

Article 22. Capital

1. Capital represented by immovable property, owned by a resident of a Contracting State and situated in the other Contracting State, may be taxed in that other State.

2. Capital represented by movable property forming part of the business property of a permanent establishment which an enterprise of a Contracting State has in the other Contracting State or by movable property pertaining to a fixed base available to a resident of a Contracting State in the other Contracting State for the purpose of performing independent personal services, may be taxed in that other State.

3. Capital of an enterprise of a Contracting State that operates ships, aircraft or ground vehicles in international traffic represented by such ships, aircraft or ground vehicles, and by movable property pertaining to the operation of ships, aircraft or ground vehicles, shall be taxable only in that State.

4. All other elements of capital of a resident of a Contracting State, situated in the other Contracting State, shall be taxable only in that other State.

METHODS FOR THE ELIMINATION OF DOUBLE TAXATION

Article 23. Methods for the elimination of double taxation

1. Where a resident of Argentina derives income or owns capital which may be taxed in Chile in accordance with the provisions of this Agreement, Argentina shall allow:

(a) As a deduction from the tax on the income of that resident, an amount equal to the income tax paid in Chile;

(b) As a deduction from the tax on the capital of that resident, an amount equal to the capital tax paid in Chile.

Such deduction in either case shall not, however, exceed that part of the income tax or capital tax, as computed before the deduction is given, which is attributable, as the case may be, to the income or to the capital which may be taxed in Chile.

Where, in accordance with any provision of this Agreement, income derived or capital owned by a resident of Argentina is exempt from tax in Argentina, Argentina may nevertheless, in calculating the amount of tax on the remaining income or capital of such resident, take into account the exempted income or capital.

2. In the case of Chile, double taxation shall be avoided as follows:

(a) Residents in Chile who derive income or own capital which may, in accordance with the provisions of this Agreement, be taxed in Argentina, may credit the tax so paid against any Chilean tax payable in respect of the same income or capital, subject to the applicable provisions of the laws of Chile. This paragraph shall apply to all income referred to in this Agreement.

(b) Where, in accordance with any provision of this Agreement, income derived or capital owned by a resident of Chile is exempt from tax in Chile, Chile may nevertheless, in calculating the amount of tax on the remaining income or capital of such resident, take into account the exempted income or capital.

3. Notwithstanding the provisions of paragraphs 1 and 2 of this article, with respect to the gains referred to in article 13.5 derived by a resident of a Contracting State from the alienation of shares or other participation rights, other than those referred to in paragraph 4 of that article, which indirectly represent a share in the capital of a company which is a resident of the other Contracting State, the first-mentioned State shall not be required by this Agreement to provide the methods for the elimination of double taxation established in this article.

Article 24. Entitlement to benefits

1. Except as otherwise provided in this article, a resident of a Contracting State shall not be entitled to a benefit that would otherwise be accorded by this Agreement (other than a benefit under article 4.3, article 9.2 or article 26) unless such resident is a "qualified person", as defined in paragraph 2, at the time that the benefit would be accorded.

2. A resident of a Contracting State shall be a qualified person at the time when the benefits under this Agreement would apply if that resident is:

(a) An individual;

(b) A Contracting State or a political subdivision or local authority thereof, or an entity entirely owned by that State, political subdivision or local authority;

(c) A company or other entity, if throughout the taxable period that includes that time:

(i) Its principal class of shares (and any other disproportionate class of shares) is regularly traded on one or more recognized stock exchanges; and either:

(A) Its principal class of shares is primarily traded on one or more recognized stock markets located in the Contracting State of which the company or entity is a resident; or

(B) The company's or entity's primary place of management and control is in the Contracting State of which it is a resident; or

(ii) At least 50 per cent of the aggregate vote and value of the shares (and at least 50 per cent of any disproportionate class of shares) in the company or entity is owned directly or indirectly by five or fewer companies or entities entitled to benefits under subparagraph (i) above of the Agreement, provided that, in the case of indirect ownership, each intermediate owner is a resident of either Contracting State;

(d) A person other than an individual, that

(i) Is a not-for-profit institution, established and maintained in that State exclusively for religious, charitable, educational or scientific purposes;

(ii) Is incorporated and operated solely as a pension or similar fund, provided that more than 50 per cent of the beneficial interests in that person are owned by individuals resident of either Contracting State; or

(iii) Is incorporated and operated as an investment vehicle for the persons referred to in item (ii) above, provided that, substantially, all of the person's income is derived from investments made for such persons;

(e) A person other than an individual if

(i) At that time and on at least half of the days of the taxable period that includes that time, persons who are residents of that Contracting State and who are entitled to the benefits of this Agreement under subparagraphs (a), (b) or (d) or item (i) of subparagraph (c), of this paragraph, own, directly or indirectly, shares representing at least 50 per cent of the aggregate vote and value (and at least 50 per cent of any disproportionate class of shares) of the shares in the person, provided that, in the case of indirect ownership, each intermediate owner is a resident of that Contracting State; and

(ii) Less than 50 per cent of the person's gross income, as determined in the Contracting State of which the person is a resident for the taxable period that includes that time, is paid or accrued, directly or indirectly, in the form of payments that are deductible for purposes of the taxes covered by this Agreement in the person's Contracting State of residence (but not including arm's length payments in the ordinary course of business for services or tangible property), to persons that are not residents of either Contracting State entitled to the benefits of this Agreement under subparagraphs (a), (b) or (d) or item (i) of subparagraph (c) of this paragraph.

3.(a) A resident of a Contracting State shall be entitled to benefits under this Agreement with respect to an item of income derived from the other Contracting State, regardless of whether the resident is a qualified person, if the resident is engaged in the conduct of a business in the first-mentioned Contracting State (other than the business of making or managing investments for the resident's own account, unless these activities are banking, insurance or securities activities carried out by a bank, insurance enterprise or registered securities dealer) and the income derived from the other Contracting State emanates from, or is or is incidental to that business.

(b) If a resident of a Contracting State derives income from a business activity conducted by that resident in the other Contracting State, or derives income arising in the other Contracting State from a connected enterprise, the conditions described in subparagraph (a) shall be considered to be satisfied with respect to such income only if the business activity carried out by the resident in the first-mentioned Contracting State to which the income is related is substantial in relation to the same or complementary business activity carried out by the resident or such connected enterprise in the other Contracting State. Whether a business activity is substantial for the purposes of this paragraph shall be determined based on the facts and circumstances.

(c) For purposes of applying this paragraph, activities conducted by connected persons with respect to a resident of a Contracting State shall be deemed to be conducted by such resident. A person shall be a "connected person" if he or she owns at least 50 per cent of the beneficial interest in the other (or, in the case of a company, at least 50 per cent of the aggregate vote and value of the company's shares or of its dividends), or another person owns at least 50 per cent of the beneficial interest (or, in the case of a company, at least 50 per cent of the aggregate vote and value of the company's shares or of its dividends) in each person. In any case, a person shall be connected to another if, based on all the relevant facts and circumstances, one has control of the other or both are under the control of the same person or persons.

4. Where a resident of a Contracting State is not entitled to the benefits of this Agreement pursuant to the preceding paragraphs of this article, the competent authority of the Contracting State that otherwise would have granted such benefits may, nevertheless, grant the benefits of this Agreement in respect of a specific item of income or capital, if such resident demonstrates to the satisfaction of such competent authority, taking into account all the relevant facts and circumstances, that neither its establishment, acquisition or maintenance, nor the conduct of its operations, had as one of its principal purposes the obtaining of benefits under this Agreement. The competent authority of the Contracting State to which a request has been made, under this paragraph, by a resident of the other State, shall consult with the competent authority of that other Contracting State before either granting or denying the request.

5. For the purposes of the previous paragraphs of this article:

(a) The term "recognized stock exchange" means:

(i) In Chile, the "Bolsa de Comercio de Santiago", the "Bolsa Electrónica de Chile" and the "Bolsa de Corredores" exchanges, and any other stock exchange recognized by the Superintendencia de Valores y Seguros (Supervision of Securities and Insurance) in accordance with domestic law and, in Argentina, the stock markets that operate under the control of the National Securities Commission; and

(ii) Any other stock exchange agreed upon by the competent authorities of the Contracting States;

(b) The term "principal class of shares" means the ordinary or common shares of the company, provided that that class of shares represents the majority of the aggregate vote and value of the company. If no single class of ordinary or common shares represents the majority of the aggregate vote and value of the company, the "principal class of shares" are those classes that in the aggregate represent a majority of the aggregate vote and value. In the case of a company participating in a dual-listed company arrangement, the principal class of shares shall be determined after excluding the special voting shares issued for the establishment of that arrangement.

(c) The term "disproportionate class of shares" means any class of shares of a company resident in one of the Contracting State that entitles the shareholder to disproportionately higher participation, through dividends, redemption payments or otherwise, in the earnings generated in the other Contracting State by particular assets or activities of the company;

(d) A company's "primary place of management and control" is in the Contracting State of which it is a resident only if the executive officers and senior management employees of the company exercise day-to-day responsibility for more of the strategic, financial and operational policy decision for the company (including direct and indirect subsidiaries), and the staff of such persons conduct more of the day-to-day activities necessary for preparing and implementing those decisions, in that Contracting State, than in any other State;

(e) The term "dual-listed company arrangement" means an arrangement under which two publicly traded companies, despite keeping their legal personalities, shares and records separate, align their strategic management and the economic interests of their respective shareholders through:

(i) The appointment of shared (or almost identical) Boards of Directors, unless applicable regulations do not so permit;

(ii) The unified management of the operations of the two companies;

(iii) Equal distributions to shareholders following an equalization ratio applicable to the two companies, allowing for the possibility of the liquidation of one or both of the companies;

(iv) Actual voting by the shareholders in both companies as a single decision-making entity on substantial matters affecting their combined interests, and cross-collateralization, or similar financial support, for substantial obligations and operations, except when such collateral or financial support are prevented by regulatory requirements; and

(f) With respect to other types of companies and entities, the term "shares" includes rights, interests or participations that are comparable to shares.

6. Notwithstanding the other provisions of this Agreement, a benefit under this Agreement shall not be granted in respect of an item of income or capital if it is reasonable to conclude, having regard to all relevant facts and circumstances, that obtaining that benefit was one of the principal purposes of any arrangement or transaction that resulted directly or indirectly in that benefit, unless it is established that granting that benefit in these circumstances would be in accordance with the object and purpose of the relevant provisions of this Agreement.

7. Considering that the main objectives of this Agreement are the avoidance of double taxation and the prevention of tax evasion, the Contracting States hereby agree that, in the event that the provisions of the Agreement are used in such a way as to afford benefits not contemplated or intended therein, the competent authorities of the Contracting States must, in accordance with the mutual agreement procedure of article 26, recommend specific amendments to the Agreement. The Contracting States also hereby agree that any such recommendation shall be considered and discussed promptly with a view to making the necessary amendments to the Agreement.

8. Where an enterprise of a Contracting State derives income from the other Contracting State and the first-mentioned State treats such income as attributable to a permanent establishment of the enterprise situated in a third jurisdiction, the tax benefits that otherwise would have applied pursuant to other provisions of the Agreement shall not apply to that item of income if the aggregate tax effectively paid on that item of income in the first-mentioned Contracting State and in the third jurisdiction, is less than 60 per cent of the tax that would be imposed if the item of income were paid or received in that State by the enterprise and were not attributable to the permanent establishment in the third jurisdiction. Any income to which the provisions of this paragraph apply

shall remain taxable according to the domestic laws of the other State, notwithstanding any other provisions of the Convention.

9. Notwithstanding the provisions of this Agreement, a Contracting State retains the right to encumber, in accordance with its domestic laws, any item of income from that State and paid by a resident of the other Contracting State (unless that resident is one of the persons referred to in paragraph 2, subparagraphs (b) and (d), items (i) and (ii) of this article, and satisfies the requirements for entitlement to the benefits of the Agreement), where that item of income is not effectively taxable in the other Contracting State. The Contracting States shall identify, through an exchange of notes, the tax relief laws to which this rule shall apply. Furthermore, they undertake to inform each other of any future laws that would produce the same effect.

SPECIAL PROVISIONS

Article 25. Non-discrimination

1. Nationals of a Contracting State shall not be subjected in the other Contracting State to any taxation or any requirement connected therewith which is other or more burdensome than the taxation and connected requirements to which nationals of that other State in the same circumstances, in particular with respect to residence, are or may be subjected.

2. The taxation on a permanent establishment which an enterprise of a Contracting State has in the other Contracting State shall not be less favourably levied in that other State than the taxation levied on enterprises of that other State carrying on the same activities. The provisions of this article shall not be construed as obliging a Contracting State to grant to residents of the other Contracting State any personal allowances, reliefs and reductions for taxation purposes on account of civil status or family responsibilities which it grants to its own residents.

3. Except where the provisions of article 9, article 11.6 or article 12.6 apply, interest, royalties and other disbursements paid by an enterprise of a Contracting State to a resident of the other Contracting State shall, for the purpose of determining the taxable profits of such enterprise, be deductible under the same conditions as if they had been paid to a resident of the first-mentioned State.

4. Enterprises of a Contracting State, the capital of which is wholly or partly owned or controlled, directly or indirectly, by one or more residents of the other Contracting State, shall not be subjected in the first-mentioned State to any taxation or any requirement connected therewith which is other or more burdensome than the taxation and connected requirements to which other similar enterprises of the first-mentioned State are or may be subjected.

5. In this article, the term "tax" refers to taxes covered by this Agreement.

Article 26. Mutual agreement procedure

1. Where a person considers that the actions of one or both of the Contracting States result or will result for him in taxation not in accordance with the provisions of this Convention, he may, irrespective of the remedies provided by the domestic law of those States, present his case to the competent authority of the Contracting State of which he is a resident or, if his case comes under article 25.1, to that of the Contracting State of which he is a national. The case must be presented within three years from the first notification of the action resulting in taxation not in accordance with the provisions of the Convention.

2. The competent authority shall endeavour, if the objection appears to it to be justified and if it is not itself able to arrive at a satisfactory solution, to resolve the case by mutual agreement with the competent authority of the other Contracting State, with a view to the avoidance of taxation which is not in accordance with the Convention.

3. The competent authorities of the Contracting States shall endeavour to resolve by mutual agreement any difficulties or doubts arising as to the interpretation or application of the Convention.

4. The competent authorities of the Contracting States may communicate with each other directly for the purpose of reaching an agreement in the sense of the preceding paragraphs.

Article 27. Exchange of information

1. The competent authorities of the Contracting States shall exchange such information as is foreseeably relevant for carrying out the provisions of this Convention or to the administration or enforcement of the domestic laws of the Contracting States concerning taxes of every kind and description imposed on behalf of the Contracting States, or of their political subdivisions or local authorities, insofar as the taxation thereunder is not contrary to the Convention. The exchange of information is not restricted by articles 1 and 2.

2. Any information received under paragraph 1 by a Contracting State shall be treated as secret in the same manner as information obtained under the domestic laws of that State and it shall be disclosed only to persons or authorities (including courts and administrative bodies) concerned with the assessment or collection of, the enforcement or prosecution in respect of, or the determination of appeals in relation to, the taxes referred to in paragraph 1, or the oversight of the above. Such persons or authorities shall use the information only for such purposes. They may disclose the information in public court proceedings or in judicial decisions. Notwithstanding the foregoing, information received by a Contracting State may be used for other purposes when such information may be used for such other purposes under the laws of both States and the competent authority of the supplying State authorizes such use.

3. In no case shall the provisions of paragraphs 1 and 2 be construed so as to impose on a Contracting State the obligation:

(a) To carry out administrative measures at variance with the laws and administrative practice of that or of the other Contracting State;

(b) To supply information which is not obtainable under the laws or in the normal course of the administration of that or of the other Contracting State;

(c) To supply information which would disclose any trade, business, industrial, commercial or professional secret or trade process, or information, the disclosure of which would be contrary to public policy (ordre public).

4. If information is requested by a Contracting State in accordance with this article, the other Contracting State shall use its information gathering measures to obtain the requested information, even though that other State may not need such information for its own tax purposes. The obligation contained in the preceding sentence is subject to the limitations of paragraph 3 but in no case shall such limitations be construed to permit a Contracting State to decline to supply information solely because it has no domestic interest in such information.

5. In no case shall the provisions of paragraph 3 be construed to permit a Contracting State to decline to supply information solely because the information is held by a bank, other financial institution, nominee or person acting in an agency or a fiduciary capacity or because it relates to ownership interests in a person.

Article 28. Assistance in the collection of taxes

The Contracting States shall lend assistance to each other in the collection of revenue claims. This assistance is not restricted by articles 1 and 2. The competent authorities of the Contracting States may by mutual agreement settle the mode of application of this article in accordance with their respective laws.

Article 29. Members of diplomatic missions and consular posts

Nothing in this Convention shall affect the fiscal privileges of members of diplomatic missions or consular posts under the general rules of international law or under the provisions of special agreements.

Article 30. Miscellaneous provisions

1. For purposes of paragraph 3 of article XXII (Consultation) of the General Agreement on Trade in Services, the Contracting States agree that, notwithstanding that paragraph, any dispute between them as to whether a measure falls within the scope of this Agreement may be brought before the Council for Trade in Services, as provided by that paragraph, only with the consent of both Contracting States. Any doubt as to the interpretation of this paragraph shall be resolved under article 26.3 or, failing agreement under that procedure, pursuant to any other procedure agreed to by both Contracting States.

2. Nothing in this Agreement shall affect the application of the existing provisions of the Chilean legislation DL 600 (Statute on foreign investment) as they are in force at the time of signature of this Agreement and as they may be amended from time to time without changing the general principle thereof.

3. (a) Nothing in this Agreement shall affect the taxation in Chile of a resident in Argentina in respect of profits attributable to a permanent establishment situated in Argentina, under both the First Category Tax and the Additional Tax but only as long as the First Category Tax is deductible from the Additional Tax.

(b) Notwithstanding any other provision of this Agreement, when a company which is domiciled in Chile has a permanent establishment in Argentina, the profits subject to tax under article 7.1 may be subject to an additional withholding tax in Argentina when profits are paid out, in accordance with its tax laws, but the withholding shall not exceed 10 per cent of the amount of that profit, after deduction of Argentine income taxes.

FINAL PROVISIONS

Article 31. Entry into force

1. Each of the Contracting States shall notify the other through the diplomatic channel of the completion of the procedures required by its laws for the entry into force of this Agreement. This Agreement shall enter into force on the date of the last notification.

2. The provisions of this Agreement shall apply:

(a) In Argentina:

(i) In respect of taxes withheld at source, on amounts paid on or after the first of January in the calendar year following the year in which the Agreement enters into force; and

(ii) In respect of other taxes on income and capital for fiscal years beginning on or after the first of January in the calendar year following the year in which the Agreement enters into force.

(b) In Chile:

(i) In respect of taxes on income obtained and amounts paid, credited to an account, put at the disposal or accounted as an expense, on or after the first of January in the calendar year following the year in which this Agreement enters into force; and

(ii) The exchange of information referred to in article 27.5 of the Agreement shall be applicable only in respect of banking operations carried out on or after 1 January 2010, to the extent that such information is covered by article 1 of DFL No. 707 and article 154 of DFL No. 3.

3. Notwithstanding the preceding paragraphs, article 8 shall have effect for tax or fiscal years starting as of 30 June 2012.

Article 32. Termination

1. This Agreement shall remain in force indefinitely, but any of the Contracting States may, not later than 30 June of each calendar year following the year in which the Agreement enters into force, provide the other Contracting State with a written notice of termination through the diplomatic channel.

2. In such event, the Agreement shall cease to have effect:

(a) In Argentina:

(i) In respect of taxes withheld at source, on amounts paid on or after the first of January of the calendar year following the year in which the notice was given; and

(ii) In respect of other taxes on income and capital for fiscal years beginning on or after the first of January of the calendar year following the year that in which the notice is given.

(b) In Chile:

In respect of taxes on income obtained and amounts paid, credited to an account, made available or accounted for as an expense, on or after the first of January of the calendar year following the year in which the notice is given.

3. With regard to those situations that are not covered by subparagraphs (a) or (b) of paragraph 2 of this article, this Agreement shall cease to have effect on the first of January of the calendar year following the year in which the notice of termination is given. Requests for information received prior to the date on which a notice of termination is given shall be subject to the provisions of this Agreement. The Contracting States shall remain bound by the confidentiality obligations set out in article 27 of this Agreement with respect to any information obtained under this Agreement.

IN WITNESS WHEREOF the undersigned, being duly authorized thereto, have signed this Agreement.

DONE at Santiago on 15 May 2015, in two originals in Spanish.

For the Argentine Republic:
ANÍBAL FERNÁNDEZ
Chief of the Cabinet of Ministers

For the Republic of Chile:
RODRIGO VALDÉS
Finance Minister

PROTOCOL

At the time of signing the Agreement between the Argentine Republic and the Republic of Chile for the avoidance of double taxation and the prevention of tax evasion with respect to taxes on income and on capital, the undersigned agreed upon the following provisions, which shall be an integral part of the Agreement.

1. With reference to article 2.4:

If Chile establishes a tax on capital after the date of signature of the Agreement, the tax shall be included in the Agreement.

2. With reference to article 3.1 (g) and (i):

It is understood that the Ministry of the Treasury and Public Finances (Secretary of the Treasury) shall act through the Minister of the Treasury and Public Finances, or the Treasury Secretary, or their authorized representatives.

3. With reference to article 4:

(a) The term "resident of a Contracting State" includes:

(i) A non-profit organization established and maintained in a Contracting State solely for religious, charitable, educational, scientific or other similar purposes to be agreed between the competent authorities; and

(ii) A pension fund established and regulated in accordance with the social security system of a Contracting State primarily for the benefit of the residents of that State,

although all or part of its income or profit may be exempt from tax in that State in accordance with its domestic laws.

For the purposes of this Agreement, a pension fund established and regulated in accordance with the social security system of a Contracting State primarily for the benefit of the residents of that State shall be treated as a beneficial owner of any income it might derive.

(b) In respect of any accounts or investment funds (collective investment vehicles) established in a Contracting State that do not comply with the definition set out in article 4.1 of this Agreement and that are not covered under subparagraph (a) of this paragraph, the provisions of this Agreement shall not be construed so as to restrict the taxation in either Contracting State in accordance with its domestic laws, of remittances made by such accounts or investment funds or of the income derived from the recovery or transfer of fees charged to participants in those accounts or investment funds.

4. With reference to article 5.3 (b):

It is understood that the activities conducted in a State must be continued by means of employees or other individuals present in the State.

5. With reference to article 7.1:

It is understood that the profits of an enterprise of one Contracting State shall be considered to be attributable to the permanent establishment situated in the other Contracting State if the company sells goods or merchandise or conducts business activities in that other State that are identical or substantially similar to the sales or business activities conducted through that permanent establishment, unless the company demonstrates that they were done that way for reasons other than to derive a benefit from this Agreement or that the company conducted those sales or activities without the permanent establishment having played an active role therein.

6. With reference to article 7.2:

It is understood that in each Contracting State the profits that the permanent establishment would have derived if it were a distinct and separate enterprise undertaking the same or similar activities, in the same or similar conditions, and dealing wholly independently from the enterprise of which it is a permanent establishment and all other persons, shall be attributed to that permanent establishment.

7. With reference to article 7.3:

It is understood that the provisions of article 7.3 shall apply only to any expenses that might be attributed to the permanent establishment, and therefore the permanent establishment may deduct them, in accordance with the provisions of the tax laws of the Contracting State in which the permanent establishment is located.

8. With reference to articles 7 and 21:

Notwithstanding the provisions of article 7, income from fishing activities shall fall under article 21 of the Agreement.

9. With reference to article 8:

(a) For greater certainty, transportation services performed during mining shall include loading and shall incur taxes under the provisions of article 8 of the Agreement.

(b) Any previous agreement between the parties concerning double taxation shall cease to have effect from the date of entry into force of this Agreement.

10. With reference to article 9:

It is understood that the provisions of article 9.2 shall not be construed so as to oblige a Contracting State to adjust the amount of profit subject to tax in that State, unless it is agreed that the action taken by the other State, in accordance with article 9.1 is justified both in itself and in respect of the amount of the adjustment to the profit by the other State.

11. With reference to article 10:

The provisions of article 10.2 shall not limit the application of the Additional Tax payable in Chile, provided that the First Category Tax is deductible from the additional tax.

Where a company resident in Argentina pays dividends or distributes profits that exceed the taxable accumulated surplus at the end of the fiscal year immediately prior to the date of payment or distribution, determined in accordance with the provisions of the Income Tax Law of Argentina, the limitation in article 10.2 shall not apply in respect of the amount of the corresponding withholding through the implementation of the provisions of the above-mentioned Law. In that regard, the withholding shall be considered to have the same effect as imposing a tax on the company in respect of the profits used to pay the dividends.

12. With reference to article 11:

Where an agreement between Chile and a third State sets outs a rate lower than that provided for under article 11.2 (c), that lower rate shall apply automatically to interest derived from Chile beneficially owned by a resident of Argentina and interest from Argentina beneficially owned by a resident of Chile, under the same conditions as though that reduced rate was specified in that paragraph and from the date when the lower rate begins applying in accordance with that other agreement. The competent authority of Chile shall promptly inform the competent authority of Argentina that the conditions have been met for the implementation of this paragraph. That lower rate shall not be less than 12 per cent.

13. With reference to article 12:

(a) In the case of the royalties provided for under article 12.2 (b), the limitation on the taxation at source shall proceed to the extent that the respective contracts for technology transfer are duly registered in accordance with the provisions of the laws in force in Argentina at the time of the signing of the Agreement. In the event that through the application of the aforementioned Argentine laws, registration of the contract for the transfer of technology is not finalized and that situation leads to the inapplicability of the limitations on the taxation at source provided for in the above-mentioned article 12.2 (b), provided that a satisfactory solution could not be unilaterally found, the affected person may present his case to the competent authority of Chile to attempt to resolve the issue through the procedure provided for in article 26.

(b) It is understood that payments for the use of, or the right to use software fall under article 12.2 (b), Similarly, it is understood that payments made to acquire a portion of the copyright to a software (without the author or assignor transferring his intellectual property rights) and payments made in exchange for the right to use the rights (including partially) to the software, shall constitute a royalty if in the absence of a purchased licence there would be a breach of copyright laws. However, if rights acquired in respect of a standardized computational programme (shrink-wrapped software) are limited to those necessary to allow the user to operate the programme, payments received in respect of the transfer of those rights shall be treated as business profits, to which article 7 shall apply.

(c) Technical assistance is understood to be the provision of independent services involving the application, by the service provider, of non-patentable knowledge, skill or experience, to a client.

(d) The limitation on tax liability in the State in which the royalties arise established in article 12.2 (b) shall apply only where such royalties are paid to the author in person or his heirs and assigns. In the event that the beneficiary is not the author himself or his or her assigns, the limitation provided for in article 12.2 (c) shall apply.

(e) It is understood that income derived by an individual who is a resident of a Contracting State in respect of professional services or other activities of an independent character that constitute "technical assistance" as understood in subparagraph (c) above, shall fall under the provisions of article 12 of the Agreement and not article 14, except on the occurrence of the circumstances provided for in article 12.4 or in article 14 (b), in which cases this latter article shall apply.

14. With reference to article 13:

(a) Notwithstanding the provisions of article 13.6, in cases of transfers of property other than those referred to in paragraphs 1 to 5 of article 13, involving property subject to registration (understood as aircraft, motor vehicles and vessels not covered under article 13.3), gains may be taxed in either Contracting State in accordance with their respective domestic laws.

(b) Mere transfers of assets conducted by a resident of a Contracting State as part of the reorganization of a business shall have no fiscal effects, in accordance with the domestic laws of each of the Contracting States.

15. With reference to article 17:

It is understood that the income referred to in article 17.1 includes income derived from any personal activities performed by a resident of a Contracting State in the other Contracting State related to the resident's reputation or renown as an entertainer or sportsperson.

16. With reference to articles 18 and 19:

The term "pensions" is understood in accordance with the domestic laws of each party and in the case of Argentina covers retirements in particular.

17. With reference to article 22:

If at a date subsequent to the signature of the Agreement and this Protocol, Argentina signs an agreement with a third State in which it agrees to exempt from tax or reduce the rate of tax covered by article 22, it shall inform the competent authority of Chile and the Contracting States undertake to begin negotiations with a view to amending this Agreement.

18. With reference to article 24:

The expression "when that income is not effectively subject to tax" contained in article 24.9 on limitation of benefits covers both income totally free of income tax and income subject to taxation substantially lower than the taxation that would be applicable in accordance with the general rules of the State of residence of the beneficiary of the income. In particular, it is understood that income subject to substantially lower tax than that generally applicable includes income that, owing to implementation of special provisions establishing tax exemptions or reductions, to a reduction in the tax base or the rate of tax, or to some other fiscal advantage, is subject to taxes amounting to less than 60 per cent of the amount that would be applicable in the absence of such rules.

19. With reference to article 25:

(1) It is understood that the provisions of article 25.3 shall apply, in the case of Argentina, provided that the registration requirements referred to in point 13 (a) of this Protocol are met.

(2) It is understood that the provisions of the domestic laws of a Contracting State that deny or invalidate any total or partial exemption or relief that the domestic laws of that State grants or has granted in respect of taxes covered by the Agreement, if there is a transfer of income to the treasury of the other Contracting State, do not violate article 25 of the Agreement.

20. With reference to article 26:

Should Argentina change its policy with regard to arbitration as a mutually agreed procedure for the settlement of disputes, the competent authorities shall consult each other in order to consider the negotiation of an agreement to amend the Agreement. In addition, the competent authorities shall endeavour to implement as efficiently as possible the mutually agreed procedure provided for in article 26.

21. General provisions

Considering that the main objectives of this Agreement are to eliminate international double taxation and prevent tax evasion and avoidance, in order to eliminate their negative effects on the exchange of goods and services and the free movement of capital, technologies and individuals, if implementation of the Agreement does not lead to the promotion of their economic relations, the Contracting States agree that, at any time after the expiration of the three-year period following the date of entry into force of this Agreement, the competent authorities may meet to consider expeditiously the need for possible changes to the Agreement, on the basis of the experience gained in its implementation during the previous years and changes to their domestic tax laws.

For the Argentine Republic:
ANÍBAL FERNÁNDEZ
Chief of the Cabinet of Ministers

For the Republic of Chile
RODRIGO VALDÉS
Finance Minister

[TRANSLATION IN FRENCH – TRADUCTION EN FRANÇAIS]

ACCORD ENTRE LA RÉPUBLIQUE ARGENTINE ET LA RÉPUBLIQUE DU CHILI TENDANT À ÉVITER LES DOUBLES IMPOSITIONS EN MATIÈRE D'IMPÔTS SUR LE REVENU ET SUR LA FORTUNE ET À PRÉVENIR L'ÉVASION ET LA FRAUDE FISCALES

La République argentine et la République du Chili,

Désireuses de favoriser leurs relations économiques et de renforcer leur coopération en matière fiscale,

Ayant l'intention de conclure un accord tendant à éliminer les doubles impositions en matière d'impôts sur le revenu et sur la fortune sans créer de possibilités de non-imposition ou d'imposition réduite par le biais de l'évasion ou de la fraude fiscales (y compris par le biais du chalandage fiscal afin d'obtenir les allégements prévus par le présent Accord au profit indirect de personnes résidentes d'États tiers),

Sont convenues de ce qui suit :

CHAMP D'APPLICATION DE L'ACCORD

Article premier. Personnes visées

Le présent Accord s'applique aux personnes qui sont résidentes d'un État contractant ou des deux États contractants.

Article 2. Impôts visés

1. Le présent Accord s'applique aux impôts sur le revenu et sur la fortune prélevés pour le compte d'un État contractant, quel que soit le système de perception.

2. Sont considérés comme impôts sur le revenu et sur la fortune les impôts perçus sur le revenu total, sur la fortune totale, ou sur des éléments du revenu ou de la fortune, y compris les impôts sur les gains provenant de l'aliénation de biens mobiliers ou immobiliers, les impôts sur le montant global des salaires payés par les entreprises, ainsi que les impôts sur les plus-values.

3. Les impôts actuels auxquels s'applique le présent Accord sont notamment :

a) Dans le cas de l'Argentine :

i) L'impôt sur le revenu ;

ii) L'impôt sur la fortune ; et

iii) L'impôt sur le revenu minimum présumé ;

(ci-après dénommés « impôt argentin ») ;

b) Dans le cas du Chili :

Les impôts établis en vertu de la loi sur l'impôt sur le revenu « Ley sobre Impuesto a la Renta » ;

(ci-après dénommés « l'impôt chilien »).

4. L'Accord s'applique aussi aux impôts de nature identique ou analogue qui seraient établis après la date de signature de l'Accord et qui s'ajouteraient aux impôts actuels ou qui les remplaceraient. Les autorités compétentes des États contractants se communiquent les modifications significatives apportées à leurs législations fiscales respectives.

DÉFINITIONS

Article 3. Définitions générales

1. Au sens du présent Accord, à moins que le contexte n'exige une interprétation différente :

a) Les expressions « un État contractant » et « l'autre État contractant » désignent, suivant le contexte, la République du Chili ou la République argentine ; ci-après dénommées « Chili » ou « Argentine », respectivement ;

b) Le terme « personne » comprend les personnes physiques, les sociétés et tous autres groupements de personnes ;

c) Le terme « société » désigne toute personne morale ou toute entité qui est considérée comme une personne morale aux fins d'imposition ;

d) Les expressions « entreprise d'un État contractant » et « entreprise de l'autre État contractant » désignent respectivement une entreprise exploitée par une personne résidente d'un État contractant et une entreprise exploitée par une personne résidente de l'autre État contractant ;

e) L'expression « trafic international » désigne tout transport par un navire, un aéronef ou un véhicule de transport terrestre exploité par une entreprise d'un État contractant, sauf lorsque ledit navire, aéronef ou véhicule de transport terrestre n'est exploité qu'entre des points situés dans l'autre État contractant ;

f) Le terme « ressortissant » désigne :

i) Toute personne physique qui possède la nationalité ou la citoyenneté d'un État contractant ;

ii) Toute personne morale ou association constituée en vertu de la législation en vigueur dans un État contractant ;

g) L'expression « autorité compétente » désigne :

i) Dans le cas de l'Argentine, le Ministère de l'économie et des finances publiques (Secrétariat du Trésor) ou ses représentants autorisés ;

ii) Dans le cas du Chili, le Ministre des finances, le Directeur du Service des impôts nationaux, ou leurs représentants autorisés.

2. Pour l'application de l'Accord à un moment donné par un État contractant, toute expression ou tout terme qui n'y est pas défini a, sauf si le contexte exige une interprétation différente, le sens que lui attribue, à ce moment, le droit de cet État concernant les impôts auxquels s'applique l'Accord, le sens attribué à ce terme ou à cette expression par le droit fiscal de cet État prévalant sur le sens que lui attribuent les autres branches du droit de cet État.

Article 4. Résident

1. Au sens du présent Accord, l'expression « résident d'un État contractant » désigne toute personne qui, en vertu de la législation de cet État, est assujettie à l'impôt dans cet État en raison de son domicile, de sa résidence, de son lieu de constitution, de son siège de direction ou de tout autre critère de nature analogue, et s'applique aussi à cet État ainsi qu'à toutes ses subdivisions politiques ou à ses collectivités locales. Toutefois, cette expression ne comprend pas les personnes qui ne sont assujetties à l'impôt dans cet État que pour les revenus de sources situées dans cet État ou pour la fortune qui y est située.

2. Lorsque, selon les dispositions du paragraphe 1, une personne physique est résidente des deux États contractants, sa situation est réglée de la manière suivante :

a) Cette personne est considérée comme résidente uniquement de l'État où elle dispose d'un foyer d'habitation permanent ; si elle dispose d'un foyer d'habitation permanent dans les deux États, elle est considérée comme résidente seulement de l'État avec lequel ses liens personnels et économiques sont les plus étroits (centre des intérêts vitaux) ;

b) Si l'État où cette personne a le centre de ses intérêts vitaux ne peut pas être déterminé, ou si elle ne dispose d'un foyer d'habitation permanent dans aucun des États, elle est considérée comme résidente uniquement de l'État où elle séjourne de façon habituelle ;

c) Si cette personne séjourne de façon habituelle dans les deux États ou si elle ne séjourne de façon habituelle dans aucun d'eux, elle est considérée comme résidente uniquement de l'État dont elle possède la nationalité ;

d) Si cette personne possède la nationalité des deux États, ou si elle ne possède la nationalité d'aucun d'eux, les autorités compétentes des États contractants tranchent la question d'un commun accord.

3. Lorsque, selon les dispositions du paragraphe 1, une personne autre qu'une personne physique est résidente des deux États contractants, son statut est déterminé comme suit : si elle a la nationalité des deux États contractants, les États contractants s'efforcent de trancher la question d'un commun accord. À défaut d'un accord amiable entre les autorités compétentes des États contractants, cette personne ne peut bénéficier d'aucun des allégements ou exonérations d'impôts prévus par le présent Accord.

Article 5. Établissement stable

1. Au sens du présent Accord, l'expression « établissement stable » désigne une installation fixe d'affaires par l'intermédiaire de laquelle une entreprise exerce tout ou partie de son activité.

2. L'expression « établissement stable » comprend notamment :

a) Un siège de direction ;

b) Une succursale ;

c) Un bureau ;

d) Une usine ;

e) Un atelier ;

f) Une mine, un puits de pétrole ou de gaz, une carrière ou tout autre lieu lié à l'exploration, à l'extraction ou à l'exploitation de ressources naturelles.

3. L'expression « établissement stable » peut également comprendre :

a) Un chantier de construction, un projet de montage ou d'installation ou des activités de supervision liées à ce projet, mais seulement si ce chantier de construction, ce projet ou ces activités durent plus de six mois ;

b) La fourniture, par une entreprise, de services (y compris de services de conseil) par l'intermédiaire d'employés ou d'autre personnel engagé par l'entreprise à cette fin, si des activités de cette nature se poursuivent dans le pays pendant une période ou des périodes totalisant plus de 183 jours au cours de toute période de 12 mois ;

c) L'exploitation d'équipements de grande taille ou de grande valeur dans un État contractant pendant une ou plusieurs périodes totalisant plus de 183 jours au cours de toute période de 12 mois.

La durée des activités visées au présent paragraphe est déterminée en cumulant les périodes pendant lesquelles des activités sont exercées dans un État contractant par des entreprises associées, à condition que les activités de l'entreprise dans cet État soient liées ou substantiellement identiques aux activités exercées dans cet État par l'entreprise associée. En tout état de cause, la période pendant laquelle deux ou plusieurs entreprises associées exercent des activités concurrentes n'est comptée qu'une seule fois. Une entreprise est considérée comme « associée à une autre entreprise » lorsque l'une d'elles participe directement ou indirectement à la gestion, au contrôle ou au capital de l'autre, ou lorsque la même personne ou le même groupe de personnes participe directement ou indirectement à la gestion, au contrôle ou au capital des deux entreprises.

4. Nonobstant les dispositions précédentes du présent article, l'expression « établissement stable » ne comprend pas :

a) L'utilisation d'installations aux seules fins de stockage et d'exposition de biens ou de marchandises appartenant à l'entreprise ;

b) L'exploitation d'un stock de biens ou de marchandises appartenant à l'entreprise aux seules fins d'entreposage ou d'exposition ;

c) L'exploitation d'un stock de biens ou de marchandises appartenant à l'entreprise aux seules fins de traitement par une autre entreprise ;

d) L'exploitation d'une installation fixe d'affaires utilisée aux seules fins de réunir des informations, pour l'entreprise ;

e) L'exploitation d'une installation fixe d'affaires utilisée aux seules fins de publicité, de fournir des informations ou de mener des études scientifiques pour l'entreprise ;

à condition que ces activités aient un caractère préparatoire ou auxiliaire.

5. Nonobstant les dispositions des paragraphes 1 et 2, et sous réserve des dispositions du paragraphe 6, lorsqu'une personne agit dans un État contractant pour le compte d'une entreprise et, par cette activité, conclut régulièrement des contrats, négocie des éléments essentiels de contrats ou entretient des relations avec des personnes déterminées de telle sorte que ces interactions aboutissent à la conclusion de contrats qui, compte tenu des liens juridiques existant entre la personne et l'entreprise, sont des contrats conclus aux frais et risques de l'entreprise, celle-ci est considérée comme ayant un établissement stable dans cet État contractant pour toutes les activités que cette personne exerce pour l'entreprise, à moins que les activités de cette personne ne soient limitées à

celles qui sont mentionnées au paragraphe 4 et qui, si elles étaient exercées par l'intermédiaire d'une installation fixe d'affaires, ne permettraient pas de considérer cette installation comme un établissement stable selon les dispositions de ce paragraphe.

6. Le paragraphe 5 ne s'applique pas lorsque la personne agissant dans un État contractant pour le compte d'une entreprise de l'autre État contractant exerce dans le premier État une activité professionnelle en qualité d'agent indépendant agissant pour le compte de plusieurs personnes et agit pour l'entreprise dans le cadre ordinaire de cette activité. Toutefois, lorsqu'elle agit totalement ou presque totalement pour le compte d'une entreprise ou d'entreprises associées, cette personne n'est pas considérée comme un agent indépendant au sens du présent paragraphe à l'égard de cette entreprise ou de ces entreprises.

7. Le fait qu'une société qui est résidente d'un État contractant contrôle ou est contrôlée par une société qui est résidente de l'autre État contractant ou qui y exerce son activité (que ce soit par l'intermédiaire d'un établissement stable ou non) ne suffit pas, en soi, à faire de l'une quelconque de ces sociétés un établissement stable de l'autre.

IMPOSITION DES REVENUS

Article 6. Revenus immobiliers

1. Les revenus qu'un résident d'un État contractant tire de biens immobiliers (y compris les revenus des exploitations agricoles ou forestières) situés dans l'autre État contractant, sont imposables dans cet autre État.

2. Au sens du présent Accord, l'expression « biens immobiliers » a le sens que lui attribue la législation de l'État contractant où les biens considérés sont situés. Dans tous les cas, cette expression comprend les accessoires, le cheptel mort ou vif des exploitations agricoles et forestières, les droits auxquels s'appliquent les dispositions du droit privé concernant la propriété foncière, l'usufruit des biens immobiliers et les droits à des paiements variables ou fixes pour l'exploitation ou la concession de l'exploitation de gisements minéraux, sources et autres ressources naturelles ; les navires, bateaux et aéronefs ne sont pas considérés comme des biens immobiliers.

3. Les dispositions du paragraphe 1 s'appliquent aux revenus provenant de l'exploitation directe, de la location ou de l'affermage, ainsi que de toute autre forme d'exploitation des biens immobiliers.

4. Les dispositions des paragraphes 1 et 3 s'appliquent également aux revenus provenant des biens immobiliers d'une entreprise ainsi qu'aux revenus provenant des biens immobiliers servant à l'exercice d'une profession indépendante.

Article 7. Bénéfices des entreprises

1. Les bénéfices d'une entreprise d'un État contractant ne sont imposables que dans cet État, à moins que l'entreprise n'exerce son activité dans l'autre État contractant par l'intermédiaire d'un établissement stable qui y est situé. Si l'entreprise exerce son activité d'une telle façon, les bénéfices de l'entreprise sont imposables dans l'autre État, mais uniquement dans la mesure où ils sont imputables à cet établissement stable.

2. Sous réserve des dispositions du paragraphe 3, lorsqu'une entreprise d'un État contractant exerce son activité dans l'autre État contractant par l'intermédiaire d'un établissement stable qui y est situé, il est imputé, dans chaque État contractant, à cet établissement stable les bénéfices qu'il

aurait pu réaliser s'il avait constitué une entreprise distincte exerçant des activités identiques ou analogues dans des conditions identiques ou analogues et traitant en toute indépendance avec l'entreprise dont il constitue un établissement stable.

3. Pour déterminer les bénéfices d'un établissement stable, sont admises en déduction les dépenses exposées aux fins poursuivies par cet établissement stable, y compris les dépenses de direction et les frais généraux d'administration ainsi enregistrés, soit dans l'État où est situé cet établissement stable, soit ailleurs.

4. Nonobstant les dispositions du paragraphe 1, les bénéfices qu'une entreprise d'un État contractant tire de l'activité consistant à accorder une assurance ou une réassurance couvrant des biens situés dans l'autre État contractant ou des résidents de cet autre État, au moment de la conclusion du contrat d'assurance ou de réassurance, sont imposables dans cet autre État, que l'entreprise exerce ou non son activité dans cet autre État par l'intermédiaire d'un établissement stable qui y est situé. Toutefois, dans ce cas (en l'absence d'un établissement stable), l'impôt perçu ne doit pas dépasser :

a) 2,5 % du montant brut de la prime dans le cas des polices de réassurance ; et

b) 10 % du montant brut des primes dans le cas des autres polices d'assurance.

5. S'il est d'usage, dans un État contractant, de déterminer les bénéfices imputables à un établissement stable sur la base d'une répartition des bénéfices totaux de l'entreprise entre ses diverses composantes, aucune disposition du paragraphe 2 n'empêche cet État contractant de déterminer les bénéfices imposables selon la répartition en usage ; la méthode de répartition adoptée doit cependant être telle que le résultat obtenu soit conforme aux principes énoncés dans le présent article.

6. Aux fins des paragraphes précédents, les bénéfices à imputer à l'établissement stable sont déterminés chaque année selon la même méthode, à moins qu'il n'existe des motifs valables et suffisants de procéder autrement.

7. Lorsque les bénéfices comprennent des éléments de revenu traités séparément dans d'autres articles du présent Accord, les dispositions de ces articles ne sont pas affectées par les dispositions du présent article.

Article 8. Transport international

1. Les bénéfices qu'une entreprise d'un État contractant tire de l'exploitation, en trafic international, de navires, d'aéronefs ou de véhicules de transport terrestre ne sont imposables que dans cet État.

2. Aux fins du présent article, les bénéfices tirés de l'exploitation de navires, d'aéronefs ou de véhicules de transport terrestre en trafic international comprennent notamment :

a) Les revenus bruts provenant directement de l'exploitation de navires, d'aéronefs et de véhicules de transport terrestre en trafic international ;

b) Les bénéfices provenant de l'affrètement ou de la location coque nue de véhicules de transport terrestre, de navires ou d'aéronefs ;

c) Les bénéfices provenant de l'usage ou de la location de conteneurs (en ce compris les remorques et l'équipement y relatif utilisés pour le transport des conteneurs) utilisés pour le transport de biens ou de marchandises ; et

d) Les intérêts sur les montants générés directement par l'exploitation de navires, d'aéronefs et de véhicules de transport terrestre en trafic international ;

lorsque cette location, cette utilisation ou ces intérêts, que ce soit aux termes de l'alinéa b), c) ou d), est accessoire à l'exploitation de navires, d'aéronefs ou de véhicules de transport terrestre en trafic international.

3. Les dispositions du paragraphe 1 s'appliquent aussi aux bénéfices provenant de la participation à un consortium, à une coentreprise ou à un organisme international d'exploitation.

Article 9. Entreprises associées

1. Lorsque :

a) Une entreprise d'un État contractant participe directement ou indirectement à la direction, au contrôle ou au capital d'une entreprise de l'autre État contractant ; ou

b) Les mêmes personnes participent directement ou indirectement à la direction, au contrôle ou au capital d'une entreprise d'un État contractant et d'une entreprise de l'autre État contractant ;

et que, dans l'un et l'autre cas, les deux entreprises sont, dans leurs relations commerciales ou financières, liées par des conditions convenues ou imposées, qui diffèrent de celles qui seraient convenues entre des entreprises indépendantes, les bénéfices qui, sans ces conditions, auraient été réalisés par l'une des entreprises mais n'ont pu l'être en fait à cause de ces conditions, peuvent être inclus dans les bénéfices de cette entreprise et imposés en conséquence.

2. Lorsqu'un État contractant inclut dans les bénéfices d'une entreprise de cet État, et impose en conséquence, des bénéfices sur lesquels une entreprise de l'autre État contractant a été imposée dans cet autre État, et que les bénéfices ainsi inclus sont des bénéfices qui auraient été réalisés par l'entreprise du premier État si les conditions convenues entre les deux entreprises avaient été celles qui auraient été convenues entre des entreprises indépendantes, alors l'autre État procède à un ajustement approprié du montant de l'impôt qui y a été perçu sur ces bénéfices. Pour déterminer cet ajustement, il est tenu compte des autres dispositions du présent Accord et, si c'est nécessaire, les autorités compétentes des États contractants se consultent.

3. Les dispositions du paragraphe 2 ne s'appliquent pas en cas de fraude, d'omission volontaire ou de négligence.

Article 10. Dividendes

1. Les dividendes payés par une société qui est résidente d'un État contractant à un résident de l'autre État contractant sont imposables dans cet autre État.

2. Toutefois, ces dividendes sont aussi imposables dans l'État contractant dont la société qui paie les dividendes est résidente, et selon la législation de cet État, mais si le bénéficiaire effectif des dividendes est un résident de l'autre État contractant, l'impôt ainsi établi ne peut excéder :

a) 10 % du montant brut des dividendes si le bénéficiaire effectif est une société qui détient directement au moins 25 % du capital de la société qui paie les dividendes ;

b) 15 % du montant brut des dividendes, dans tous les autres cas.

Le présent paragraphe n'affecte pas l'imposition de la société au titre des bénéfices qui servent au paiement des dividendes.

3. Le terme « dividendes » employé dans le présent article désigne les revenus provenant d'actions ou bons de jouissance ou autres parts bénéficiaires à l'exception des créances, ainsi que les revenus d'autres parts sociales soumis au même régime fiscal que les revenus d'actions par la législation de l'État dont la société distributrice est résidente.

4. Les dispositions des paragraphes 1 et 2 ne s'appliquent pas lorsque le bénéficiaire effectif des dividendes, résident d'un État contractant, exerce dans l'autre État contractant dont la société qui paie les dividendes est résidente, soit une activité industrielle ou commerciale par l'intermédiaire d'un établissement permanent qui y est situé, soit une profession indépendante au moyen d'une base fixe qui y est située, et que la participation génératrice des dividendes s'y rattache effectivement. Dans ce cas, les dispositions de l'article 7 ou de l'article 14, selon le cas, sont applicables.

5. Lorsqu'une société qui est résidente d'un État contractant tire des bénéfices ou des revenus de l'autre État contractant, cet autre État ne peut percevoir aucun impôt sur les dividendes payés par la société, sauf dans la mesure où ces dividendes sont payés à un résident de cet autre État ou dans la mesure où la participation génératrice des dividendes se rattache effectivement à un établissement stable ou à une base fixe situés dans cet autre État, ni soumettre les bénéfices non distribués de la société à un impôt sur les bénéfices non distribués de la société, même si les dividendes versés ou les bénéfices non distribués consistent en tout ou partie en bénéfices ou en revenus provenant de cet autre État.

Article 11. Intérêts

1. Les intérêts provenant d'un État contractant et payés à un résident de l'autre État contractant sont imposables dans cet autre État.

2. Toutefois, ces intérêts sont aussi imposables dans l'État contractant d'où ils proviennent et selon la législation de cet État, mais si le bénéficiaire effectif des intérêts est un résident de l'autre État contractant, l'impôt ainsi établi ne peut excéder :

- a) 4 % du montant brut des intérêts provenant d'une vente à crédit versés par l'acheteur de la machine et de l'équipement au bénéficiaire effectif qui est le vendeur de la machine et de l'équipement ;
- b) 12 % du montant brut des intérêts générés par :
  - i) Des prêts accordés par des banques et des compagnies d'assurance ;
  - ii) Des obligations et des titres qui sont régulièrement et substantiellement négociés sur un marché de valeurs mobilières reconnu ;
- c) 15 % du montant brut des intérêts, dans tous les autres cas.

Les autorités compétentes des États contractants règlent d'un commun accord les modalités d'application de ces limitations.

3. Le terme « intérêts » employé dans le présent article désigne les revenus des créances de toute nature, et notamment les revenus des fonds publics et des obligations d'emprunts, ainsi que tous autres revenus que la législation fiscale de l'État d'où ils proviennent assimile aux revenus des sommes prêtées. Le terme « intérêts » ne comprend pas les revenus visés à l'article 10.

4. Les dispositions des paragraphes 1 et 2 ne s'appliquent pas lorsque le bénéficiaire effectif des intérêts, résident d'un État contractant, exerce dans l'autre État contractant d'où proviennent les intérêts, soit une activité industrielle ou commerciale par l'intermédiaire d'un établissement stable qui y est situé, soit une profession indépendante au moyen d'une base fixe qui y est située, et que la

créance génératrice des intérêts se rattache effectivement à cet établissement stable ou à cette base fixe. Dans ce cas, les dispositions de l'article 7 ou de l'article 14, selon le cas, sont applicables.

5. Les intérêts sont considérés comme provenant d'un État contractant lorsque le débiteur est un résident de cet État. Toutefois, lorsque le débiteur des intérêts, qu'il soit ou non résident d'un État contractant, a dans un État contractant un établissement stable ou une base fixe pour lesquels la dette donnant lieu au paiement des intérêts a été contractée et qui supportent la charge de ces intérêts, ceux-ci sont considérés comme provenant de l'État dans lequel l'établissement stable, ou la base fixe, est situé.

6. Lorsque, en raison de relations particulières entre le débiteur et le bénéficiaire effectif ou entre l'une et l'autre et toute tierce personne, le montant des intérêts excède celui dont seraient convenus le débiteur et le bénéficiaire effectif en l'absence de pareilles relations, les dispositions du présent article ne s'appliquent qu'à ce dernier montant. Dans ce cas, la partie excédentaire des redevances reste imposable selon la législation de chaque État contractant, compte tenu des autres dispositions du présent Accord.

7. Les dispositions du présent article ne s'appliquent pas si l'objectif principal ou l'un des objectifs de toute personne concernée par la création ou la cession de la créance au titre de laquelle les intérêts sont payés est de tirer parti du présent article au moyen de cette création ou cession.

Article 12. Redevances

1. Les redevances générées dans un État contractant et payées à un résident de l'autre État contractant sont imposables dans cet autre État.

2. Toutefois, ces redevances sont aussi imposables dans l'État contractant de la source et selon la législation de cet État, mais si le bénéficiaire effectif des redevances est un résident de l'autre État contractant, l'impôt ainsi établi ne peut excéder :

a) 3 % du montant brut payé pour l'usage ou la concession de l'usage d'informations ;

b) 10 % du montant brut versé pour l'usage ou la concession de l'usage d'un droit d'auteur sur une œuvre littéraire, artistique ou scientifique (ne sont pas incluses les redevances pour les films cinématographiques, le cinéma, les bandes magnétiques ou autres moyens de reproduction en rapport avec les émissions de télévision), pour l'usage ou la concession de l'usage d'un brevet, d'une marque, d'un dessin ou modèle, d'un plan, d'une formule ou d'un procédé secrets, ou pour l'usage ou la concession de l'usage d'un équipement industriel, commercial ou scientifique, ainsi que pour les informations ayant trait à une expérience acquise dans le domaine industriel, commercial ou scientifique et les honoraires de service technique ;

c) 15 % du montant brut des redevances dans tous les autres cas.

3. Le terme « redevances » employé dans le présent article, désigne les paiements de toute nature reçus en contrepartie de l'usage ou de la concession de l'usage d'informations, d'un droit d'auteur sur une œuvre littéraire, artistique ou scientifique (y compris les programmes informatiques), de films cinématographiques ou de films, bandes et autres moyens de reproduction de l'image ou du son, de brevets, d'une marque de fabrique ou de commerce, d'un dessin ou d'un modèle, d'un plan, d'une formule ou d'un procédé secrets ou d'autres biens incorporels, ou pour l'usage ou la concession de l'usage d'un équipement industriel, commercial ou scientifique, ou pour des informations ayant trait à une expérience industrielle, commerciale ou scientifique, ainsi que les honoraires de services techniques.

4. Les dispositions des paragraphes 1 et 2 ne s'appliquent pas lorsque le bénéficiaire effectif des redevances, résident d'un État contractant, exerce dans l'autre État contractant source des redevances, soit une activité industrielle ou commerciale par l'intermédiaire d'un établissement stable qui y est situé, soit une profession indépendante au moyen d'une base fixe qui y est située, et que le droit ou le bien générateur des redevances se rattache effectivement à cet établissement stable ou à cette base fixe. Dans ce cas, les dispositions de l'article 7 ou de l'article 14, selon le cas, sont applicables.

5. Les redevances sont considérées comme provenant d'un État contractant lorsque le débiteur est un résident de cet État. Toutefois, lorsque le débiteur des redevances, qu'il soit ou non résident d'un État contractant, a dans un État contractant un établissement stable ou une base fixe pour lequel l'engagement donnant lieu aux redevances a été contracté et qui supportent la charge de ces redevances, celles-ci sont considérées comme provenant de l'État où l'établissement stable, ou la base fixe, est situé.

6. Lorsque, en raison de relations spéciales existant entre le débiteur et le bénéficiaire effectif ou entre l'une et l'autre et une autre personne, le montant des redevances, compte tenu de l'usage, du droit ou de l'information pour lesquels elles sont payées, excède le montant dont seraient convenus le débiteur et le bénéficiaire effectif en l'absence de telles relations, les dispositions du présent article ne s'appliquent qu'à ce dernier montant. Dans ce cas, la partie excédentaire des redevances reste imposable selon la législation de chaque État contractant, compte tenu des autres dispositions du présent Accord.

Article 13. Gains en capital

1. Les gains qu'un résident d'un État contractant tire de l'aliénation de biens immobiliers situés dans l'autre État contractant sont imposables dans cet autre État.

2. Les gains provenant de l'aliénation de biens mobiliers qui font partie de l'actif d'un établissement stable qu'une entreprise d'un État contractant a dans l'autre État contractant ou de biens mobiliers qui appartiennent à une base fixe dont un résident d'un État contractant dispose dans l'autre État contractant pour l'exercice d'une profession indépendante, y compris de tels gains provenant de l'aliénation de cet établissement stable (seul ou avec l'ensemble de l'entreprise) ou de cette base fixe, sont imposables dans cet autre État.

3. Les gains qu'une entreprise d'un État contractant qui exploite, en trafic international, des navires, aéronefs ou véhicules terrestres, tire de l'aliénation de ces navires, aéronefs ou véhicules terrestres, ou de biens mobiliers affectés à l'exploitation de ces navires ou aéronefs, ne sont imposables que dans cet État.

4. Les gains qu'un résident d'un État contractant tire de l'aliénation d'actions ou d'autres participations qui tirent, directement ou indirectement, au moins 50 % de leur valeur, à tout moment au cours des 365 jours précédant l'aliénation, de biens immobiliers situés dans l'autre État contractant, sont imposables dans cet autre État contractant.

5. Les gains qu'un résident d'un État contractant tire de l'aliénation d'actions d'une société, ou de participations, autres que ceux auxquels s'applique le paragraphe 4, qui constituent des participations dans une société de personnes ou une fiducie, qui est résidente de l'autre État contractant, sont imposables dans cet autre État, si le résident mentionné en premier lieu a détenu directement ou indirectement, à un moment quelconque au cours des 365 jours précédant cette aliénation, au moins 20 % du capital de cette société ou entité. Toutefois, si cette participation au capital de la société est inférieure à 20 %, l'impôt ainsi perçu ne peut excéder 16 % du gain.

6. Les gains provenant de l'aliénation de tous biens, autres que ceux mentionnés aux paragraphes précédents, sont imposables dans l'État contractant dont le cédant est un résident.

Article 14. Professions indépendantes

1. Les revenus qu'une personne physique qui est un résident d'un État contractant tire d'une profession libérale ou de toute autre activité de caractère indépendant ne sont imposables que dans cet État, toutefois, ces revenus sont également imposables dans l'autre État contractant dans les cas suivants :

a) Si ce résident dispose de façon habituelle dans l'autre État contractant d'une base fixe pour l'exercice de ses activités ; dans ce cas, seule la fraction des revenus qui est imputable à ladite base fixe est imposable dans l'autre État ; ou

b) Si son séjour dans l'autre État contractant s'étend sur une période ou des périodes d'une durée totale ou supérieure à 183 jours au cours de toute période de 12 mois commençant ou se terminant dans l'année civile concernée ; dans ce cas, seule la partie des revenus qui provient de ses activités exercées dans cet autre État est imposable dans cet autre État.

2. L'expression « profession indépendante » se rapporte notamment aux activités indépendantes d'ordre scientifique, littéraire, artistique, éducatif ou pédagogique ainsi qu'aux activités indépendantes des médecins, avocats, ingénieurs, architectes, dentistes et comptables.

Article 15. Professions dépendantes

1. Sous réserve des dispositions des articles 16, 18 et 19, les salaires, traitements et autres rémunérations similaires qu'un résident d'un État contractant reçoit au titre d'un emploi salarié ne sont imposables que dans cet État, à moins que l'emploi ne soit exercé dans l'autre État contractant. Si l'emploi y est exercé, les rémunérations reçues à ce titre sont imposables dans cet autre État.

2. Nonobstant les dispositions du paragraphe 1, les rémunérations qu'un résident d'un État contractant reçoit au titre d'un emploi salarié exercé dans l'autre État contractant ne sont imposables que dans le premier État si :

a) Le bénéficiaire séjourne dans l'autre État pendant une période ou plusieurs périodes n'excédant pas au total 183 jours au cours de toute période de 12 mois commençant ou se terminant dans l'année civile concernée ; et

b) Les rémunérations sont payées par un employeur ou pour le compte d'un employeur qui n'est pas un résident de l'autre État ; et

c) La charge des rémunérations n'est pas supportée par un établissement stable ou une base fixe que l'employeur a dans l'autre État.

3. Nonobstant les dispositions précédentes du présent article, les rémunérations qu'un résident d'un État contractant reçoit au titre d'un emploi salarié exercé à bord d'un navire, d'un aéronef ou d'un véhicule terrestre exploité en trafic international par une entreprise d'un État contractant ne sont imposables que dans cet État. Toutefois lorsque ces rémunérations sont reçues par un résident de l'autre État contractant, elles sont aussi imposables dans cet autre État.

Article 16. Tantièmes

Les tantièmes, jetons de présence et autres rétributions similaires qu'un résident d'un État contractant reçoit en sa qualité de membre du conseil d'administration ou d'un organe analogue d'une société qui est résidente de l'autre État contractant, sont imposables dans cet autre État.

Article 17. Artistes et athlètes

1. Nonobstant les dispositions des articles 14 et 15, les revenus qu'un résident d'un État contractant tire de ses activités personnelles exercées dans l'autre État contractant en tant qu'artiste du spectacle (artiste de théâtre, de cinéma, de la radio ou de la télévision) ou musicien, ou en tant qu'athlète, sont imposables dans cet autre État.

2. Lorsque les revenus d'activités qu'un artiste du spectacle ou un athlète exerce personnellement et en cette qualité sont attribués non pas à l'artiste ou à l'athlète lui-même, mais à une autre personne, ces revenus sont, nonobstant les dispositions des articles 7, 14 et 15, imposables dans l'État contractant où les activités de l'artiste du spectacle ou de l'athlète sont exercées.

Article 18. Pensions

1. Les pensions provenant d'un État contractant et payées à un résident de l'autre État contractant sont imposables dans le premier État, mais l'impôt ainsi établi ne peut excéder 15 % du montant brut des pensions.

2. Les pensions alimentaires et autres, payées à un résident d'un des États contractants, ne sont imposables que dans cet État. Toutefois, les pensions alimentaires et autres paiements d'entretien payés par un résident d'un État contractant à un résident de l'autre État contractant, dans la mesure où ils ne sont pas admis comme dégrèvement fiscal déductible pour le payeur, ne sont imposables que dans le premier État.

Article 19. Fonction publique

1. a) Les salaires, traitements et autres rémunérations similaires versés par un État contractant, une de ses subdivisions politiques ou une de ses collectivités locales à une personne physique au titre de services rendus à cet État, à cette subdivision politique ou à cette collectivité locale ne sont imposables que dans cet État ;

   b) Toutefois, ces salaires, traitements et autres rémunérations similaires ne sont imposables que dans l'autre État contractant si les services sont rendus dans cet État et si la personne physique est un résident de cet État qui :

      i) Possède la nationalité de cet État ; ou

      ii) N'est pas devenu un résident de cet État à seule fin d'exécuter les services en question.

2. Les dispositions des articles 15, 16 et 17 s'appliquent aux salaires, honoraires, et autres rémunérations payées au titre de services rendus dans le cadre d'une activité industrielle ou commerciale exercée par un État contractant ou par une de ses subdivisions politiques ou collectivités locales.

Article 20. Étudiants

Les sommes qu'un étudiant ou un stagiaire qui est ou qui était immédiatement avant de se rendre dans un État contractant un résident de l'autre État contractant et qui séjourne dans le premier État à seule fin d'y poursuivre ses études ou sa formation, reçoit pour couvrir ses frais d'entretien, d'études ou de formation ne sont pas imposables dans cet État, à condition qu'elles proviennent de sources situées en dehors de cet État.

Article 21. Autres revenus

1. Les éléments du revenu d'un résident d'un État contractant, d'où qu'ils proviennent, qui ne sont pas traités dans les articles précédents du présent Accord ne sont imposables que dans cet État.

2. Les dispositions du paragraphe 1 ne s'appliquent pas aux revenus, autres que les revenus provenant de biens immobiliers, lorsque le bénéficiaire de ces revenus, résident d'un État contractant, exerce dans l'autre État contractant soit une activité industrielle ou commerciale par l'intermédiaire d'un établissement stable qui y est situé, soit une profession indépendante au moyen d'une base fixe qui y est située, et que le droit ou le bien générateur des revenus se rattache effectivement à cet établissement stable ou à cette base fixe. Dans ce cas, les dispositions de l'article 7 ou de l'article 14, selon le cas, sont applicables.

3. Nonobstant les dispositions des paragraphes 1 et 2 du présent article, les éléments du revenu d'un résident d'un État contractant qui ne sont pas visés dans les articles précédents du présent Accord et qui proviennent de l'autre État contractant sont également imposables dans cet autre État.

IMPÔT SUR LA FORTUNE

Article 22. Fortune

1. La fortune constituée par des biens immobiliers que possède un résident d'un État contractant et qui sont situés dans l'autre État contractant, est imposable dans cet autre État.

2. La fortune constituée par des biens mobiliers qui font partie de l'actif d'un établissement stable qu'une entreprise d'un État contractant a dans l'autre État contractant ou par des biens mobiliers qui appartiennent à une base fixe dont un résident d'un État contractant dispose dans l'autre État contractant pour l'exercice d'une profession indépendante, est imposable dans cet autre État.

3. La fortune constituée par des navires, aéronefs ou véhicules terrestres exploités en trafic international, et par les biens mobiliers affectés à l'exploitation de ces navires, aéronefs ou véhicules terrestres, n'est imposable que dans l'État dont l'entreprise qui exploite ces navires, aéronefs ou véhicules de transport terrestre est résidente.

4. Tous les autres éléments de la fortune d'un résident d'un État contractant, situés dans l'autre État contractant, ne sont imposables que dans cet autre État.

MÉTHODES POUR ÉLIMINER LES DOUBLES IMPOSITIONS

Article 23. Méthodes pour éliminer les doubles impositions

1. Lorsqu'un résident de l'Argentine perçoit des revenus ou possède de la fortune qui, conformément aux dispositions du présent Accord, sont imposables au Chili, l'Argentine autorise :

a) La déduction de l'impôt sur le revenu de ce résident d'un montant égal à l'impôt sur le revenu payé au Chili ;

b) En déduction de l'impôt sur la fortune de ce résident, un montant égal à l'impôt sur la fortune payé au Chili.

Dans l'un ou l'autre cas, cette déduction ne peut toutefois excéder la fraction de l'impôt sur le revenu ou de l'impôt sur la fortune, calculé avant déduction, correspondant selon le cas aux revenus ou à la fortune imposables au Chili.

Lorsque, conformément à une disposition quelconque du présent Accord, les revenus qu'un résident de l'Argentine reçoit ou la fortune qu'elle possède sont exonérés d'impôt en Argentine, l'Argentine peut néanmoins, pour calculer le montant de l'impôt sur le reste des revenus ou de la fortune de ce résident, tenir compte des revenus ou de la fortune exonérés.

2. En ce qui concerne le Chili, les doubles impositions sont évitées de la façon suivante :

a) Les résidents du Chili qui perçoivent des revenus ou possèdent une fortune qui, conformément aux dispositions du présent Accord, sont imposables en Argentine, peuvent imputer l'impôt ainsi payé sur tout impôt chilien exigible à l'égard des mêmes revenus ou de la même fortune, sous réserve des dispositions applicables de la législation chilienne. Le présent paragraphe s'applique à tous les revenus visés par le présent Accord ;

b) Lorsque, conformément à une disposition quelconque du présent Accord, les revenus qu'un résident du Chili reçoit ou la fortune qu'il possède sont exonérés d'impôt au Chili, le Chili peut néanmoins, pour calculer le montant de l'impôt sur le reste des revenus ou de la fortune de ce résident, tenir compte des revenus ou de la fortune exonérés.

3. Nonobstant les dispositions des paragraphes 1 et 2 du présent article, en ce qui concerne les gains visés au paragraphe 5 de l'article 13 qu'un résident d'un État contractant tire de l'aliénation d'actions ou autres participations, autres que ceux visés au paragraphe 4 de cet article, qui représentent indirectement une part du capital d'une société qui est résidente de l'autre État contractant, le premier État n'est pas tenu par le présent Accord de prévoir les méthodes d'élimination des doubles impositions établies dans le présent article.

Article 24. Limitation des avantages

1. Sauf disposition contraire du présent article, un résident d'un État contractant ne peut bénéficier d'un avantage qui lui serait autrement accordé par le présent Accord (autre qu'un avantage en vertu du paragraphe 3 de l'article 4, du paragraphe 2 de l'article 9 ou de l'article 26) que si ce résident est une « personne qualifiée », telle que définie au paragraphe 2, au moment où cet avantage lui serait accordé.

2. Un résident d'un État contractant est une personne qualifiée au moment où les avantages prévus par le présent Accord s'appliquent si ce résident est :

a) Une personne physique ;

b) Un État contractant ou une de ses subdivisions politiques ou collectivités locales, ou une entité entièrement détenue par cet État, cette subdivision politique ou cette collectivité locale ;

c) Une société ou une autre entité, si tout au long de la période imposable qui inclut cette période :

i) Sa principale catégorie d'actions (et toute autre catégorie d'actions privilégiées) est régulièrement négociée sur une ou plusieurs bourses de valeurs reconnues ; et :

A) Sa principale catégorie d'actions est principalement négociée sur un ou plusieurs marchés boursiers reconnus situés dans l'État contractant dont la société ou l'entité est résidente ;

B) Le principal siège de direction effective et de contrôle de la société ou de l'entité se trouve dans l'État contractant dont elle est résidente ;

ii) Au moins 50 % du total des droits de vote et de la valeur des actions (et au moins 50 % de toute catégorie d'actions privilégiées) de la société ou de l'entité sont détenues directement ou indirectement par, au maximum, cinq sociétés ou entités ayant droit aux avantages prévus au sous-alinéa i) ci-dessus du présent Accord, à condition que, dans le cas d'une propriété indirecte, chaque propriétaire intermédiaire soit un résident de l'un ou l'autre État contractant ;

d) Une personne autre qu'une personne physique, qui :

i) Est une institution sans but lucratif, établie et maintenue dans cet État exclusivement à des fins religieuses, caritatives, éducatives ou scientifiques ;

ii) Est constituée et exploitée uniquement pour gérer et accorder des pensions et autres avantages, à condition que plus de 50 % des bénéficiaires de cette personne soient détenus par des personnes physiques résidentes de l'un ou l'autre des États contractants ; ou

iii) Est constituée et exploitée en tant qu'instrument de placement au profit des personnes visées au sous-alinéa ii) ci-dessus, à condition que la quasi-totalité des revenus de cette personne proviennent d'investissements réalisés pour ces personnes ;

e) Une personne autre qu'une personne physique si :

i) Pendant au moins la moitié des jours de la période imposable qui comprend ce moment, les personnes qui sont résidentes de cet État contractant et qui ont droit aux avantages du présent Accord en vertu des alinéas a), b) ou d) ou du sous-alinéa i) de l'alinéa c) du présent paragraphe, possèdent, directement ou indirectement, des actions représentant au moins 50 % du total des droits de vote et de la valeur (et au moins 50 % de toute catégorie disproportionnée d'actions) des actions de la personne, à condition que, dans le cas d'une propriété indirecte, chaque propriétaire intermédiaire soit un résident de cet État contractant ;

ii) Moins de 50 % des revenus bruts de cette personne, déterminés dans l'État contractant dont elle est résidente pour la période imposable qui comprend ce moment, sont payés ou acquis, directement ou indirectement, à des personnes qui ne sont pas des résidentes de l'un ou l'autre des États contractants ayant droit aux avantages du présent Accord en vertu des alinéas a), b) ou d) ou du sous-alinéa i) de l'alinéa c) du présent paragraphe, sous forme de paiements déductibles aux fins des impôts visés par le présent Accord dans l'État contractant de résidence de cette personne (à l'exclusion des paiements à la valeur du marché réalisés dans le cours normal d'un commerce de services ou de biens corporels).

3. a) Un résident d'un État contractant a droit aux avantages en vertu du présent Accord à l'égard d'un élément de revenu provenant de l'autre État contractant, que ce résident soit ou non une personne qualifiée, s'il exerce une activité industrielle ou commerciale dans l'État contractant dont il est un résident (une activité autre que l'activité consistant à réaliser ou à gérer des placements pour son propre compte, à moins que ces activités ne soient des activités bancaires, d'assurance ou de valeurs mobilières exercées par une banque, une entreprise d'assurance ou un courtier en valeurs mobilières agréé) et si le revenu provenant de l'autre État contractant provient de cette activité ou y est accessoire.

b) Si un résident d'un État contractant tire des revenus d'une activité industrielle ou commerciale qu'il exerce dans l'autre État contractant, ou s'il tire des revenus de l'autre État contractant par une entreprise associée, les conditions décrites à l'alinéa a) ne sont considérées comme satisfaites à l'égard de ces revenus que si l'activité industrielle ou commerciale exercée par ce résident dans l'État contractant où il réside, est substantielle par rapport à l'activité industrielle ou commerciale exercée par ce résident ou l'entreprise associée, dans l'autre État contractant. La question de savoir si une activité commerciale est substantielle aux fins du présent paragraphe est déterminée en fonction de tous les faits et circonstances.

c) Pour l'application du présent paragraphe, les activités industrielles ou commerciales exercées par des personnes liées à un résident d'un État contractant sont considérées comme étant exercées par cette personne. Une personne est une « personne liée » si elle possède au moins 50 % des bénéfices de l'autre personne (ou, dans le cas d'une société, au moins 50 % du total des droits de vote et de la valeur des actions de la société ou de ses dividendes), ou si une autre personne possède au moins 50 % des bénéfices (ou, dans le cas d'une société, au moins 50 % du total des droits de vote et de la valeur des actions de la société ou de ses dividendes) de l'une et l'autre personne. En tout état de cause, une personne est considérée comme liée à une autre si, tenant compte de tous les faits et circonstances pertinents, une personne détient le contrôle de l'autre ou si les deux sont sous le contrôle d'une autre personne ou d'autres personnes.

4. Si un résident d'un État contractant n'a pas droit aux avantages du présent Accord en vertu des paragraphes précédents du présent article, l'autorité compétente de l'État contractant qui aurait autrement accordé ces avantages peut néanmoins traiter ce résident comme s'il disposait des droits ou avantages du présent Accord à l'égard d'un élément spécifique du revenu ou de la fortune, si ce résident démontre à la satisfaction de cette autorité compétente, compte tenu de tous les faits et circonstances pertinents, que ni son établissement, son acquisition ou son maintien, ni la conduite de ses opérations, n'ont eu pour but principal d'obtenir des avantages en vertu du présent Accord.

L'autorité compétente de l'État contractant à laquelle une demande a été présentée, en vertu du présent paragraphe, par un résident de l'autre État, consulte l'autorité compétente de cet autre État contractant avant de faire droit ou de rejeter la demande présentée en vertu du présent paragraphe.

5. Aux fins de l'application des paragraphes précédents du présent article :

a) L'expression « bourse de valeurs reconnue » signifie :

i) Au Chili, les bourses « Bolsa de Comercio de Santiago », « Bolsa Electrónica de Chile » et « Bolsa de Corredores », ainsi que toute autre bourse reconnue par la surintendance des valeurs mobilières et des assurances conformément à la législation nationale ; en Argentine, les marchés boursiers qui fonctionnent sous le contrôle de la Commission nationale des valeurs mobilières ; et

ii) Toute autre bourse de valeurs convenue par les autorités compétentes des États contractants ;

b) L'expression « catégorie principale d'actions » désigne les actions ordinaires ou courantes de la société, à condition que cette catégorie d'actions représente la majorité des droits de vote et de la valeur de la société. Si aucune catégorie d'actions ordinaires ou courantes ne représente la majorité des droits de vote et de la valeur de la société, la « catégorie principale d'actions » est composée des classes d'actions qui, ensemble, représentent la majorité des droits de vote et de la valeur de la société. Dans le cas d'une société participant à un dispositif de société à double cotation, la catégorie principale d'actions est déterminée après exclusion des actions à droit de vote spécial émises pour la mise en place de ce dispositif ;

c) L'expression « catégorie d'actions privilégiées » désigne toute catégorie d'actions d'une société résidente d'un des États contractants qui donne à l'actionnaire le droit à une participation disproportionnée, par le biais de dividendes, de paiements de rachat ou autrement, aux revenus générés dans l'autre État contractant par des actifs ou des activités particuliers de la société ;

d) L'expression « siège principal de direction et de contrôle » d'une société est situé dans l'État contractant dont elle est résidente uniquement si les dirigeants et les cadres supérieurs de la société exercent dans cet État contractant les responsabilités quotidiennes en ce qui concerne les décisions stratégiques, financières et opérationnelles de la société (y compris les filiales directes et indirectes), davantage que dans tout autre État, et si ces dirigeants et cadres supérieurs exercent les activités quotidiennes nécessaires à la préparation et à la mise en œuvre de ces décisions, davantage dans cet État contractant que dans tout autre État ;

e) L'expression « structure de sociétés à cotation double » désigne une structure selon laquelle deux sociétés cotées en bourse, bien qu'elles conservent leur personnalité juridique, leurs actions et leurs inscriptions séparées, harmonisent leur gestion stratégique et les intérêts économiques de leurs actionnaires respectifs par :

i) La désignation de conseils d'administration communs (ou presque identiques), sauf si la règlementation applicable ne le permet pas ;

ii) La gestion unifiée des opérations des deux sociétés ;

iii) Des distributions égales aux actionnaires suivant un ratio d'égalisation applicable aux deux sociétés, permettant la possibilité de liquidation de l'une ou des deux sociétés ;

iv) Le vote effectif par les actionnaires des deux sociétés en tant qu'entité décisionnelle unique sur des questions substantielles affectant leurs intérêts combinés, et les garanties croisées, ou un soutien financier similaire, pour des obligations et des opérations substantielles, sauf lorsque ces garanties ou ce soutien financier sont empêchés par des exigences réglementaires ; et

f) En ce qui concerne les autres types de sociétés et d'entités, le terme « actions » comprend les droits, intérêts ou participations qui sont comparables à des actions.

6. Nonobstant les autres dispositions du présent Accord, un avantage au titre du présent Accord n'est pas accordé à l'égard d'un élément de revenu ou de la fortune s'il est raisonnable de conclure, compte tenu de tous les faits et circonstances pertinents, que l'obtention de cet avantage était l'un des principaux objectifs d'une structure ou d'une transaction qui a donné lieu directement ou indirectement à cet avantage, à moins qu'il ne soit établi que l'octroi de cet avantage dans ces circonstances serait conforme à l'objet et au but des dispositions pertinentes du présent Accord.

7. Considérant que les principaux objectifs du présent Accord sont d'éviter les doubles impositions et de prévenir la fraude fiscale, les États contractants conviennent que, dans le cas où les dispositions de l'Accord sont utilisées de manière à accorder des avantages qui n'y sont pas envisagés ou voulus, les autorités compétentes des États contractants doivent, conformément à la procédure amiable prévue à l'article 26, recommander des modifications spécifiques à l'Accord. Les États contractants conviennent également que toute recommandation de ce type sera examinée et discutée rapidement en vue d'apporter les modifications nécessaires au présent Accord.

8. Lorsqu'une entreprise d'un État contractant perçoit des revenus de l'autre État contractant et que le premier État considère ces revenus comme imputables à un établissement stable de l'entreprise a sur un territoire tiers, les avantages fiscaux qui auraient autrement été applicables en vertu d'autres dispositions de l'Accord ne s'appliquent pas à cet élément de revenu si l'impôt total effectivement payé sur cet élément de revenu dans le premier État contractant et sur le territoire tiers est inférieur à 60 % de l'impôt qui serait perçu si l'élément de revenu était payé ou reçu dans cet État par l'entreprise et n'était pas imputable à l'établissement stable situé dans le territoire tiers. Les revenus auxquels s'appliquent les dispositions du présent paragraphe restent imposables selon la législation interne de l'autre État, nonobstant toute autre disposition de l'Accord.

9. Nonobstant les dispositions du présent Accord, un État contractant conserve le droit de grever, conformément à sa législation interne, tout élément de revenu provenant de cet État et payé par un résident de l'autre État contractant (à moins que cette personne ne soit l'une des personnes visées aux sous-alinéas i) et ii) des alinéas b) et d) du paragraphe 2 du présent article, et ne remplisse les conditions requises pour avoir droit aux avantages de l'Accord), lorsque cet élément de revenu n'est pas effectivement imposable dans l'autre État contractant. Les États contractants recensent, par un échange de notes, les lois d'allégement fiscal auxquelles cette règle s'applique. En outre, ils s'engagent à s'informer mutuellement de toute loi ultérieure qui produirait le même effet.

Dispositions particulières

Article 25. Non-discrimination

1. Les ressortissants d'un État contractant ne sont soumis dans l'autre État contractant à aucune imposition ou obligation correspondante, qui est autre ou plus lourde que celles auxquelles sont ou pourront être assujetties les ressortissants de cet autre État qui se trouvent dans la même situation, notamment au regard de la résidence.

2. L'imposition d'un établissement stable qu'une entreprise d'un État contractant a dans l'autre État contractant n'est pas établie dans cet autre État d'une façon moins favorable que l'imposition des entreprises de cet autre État qui exercent la même activité. Les dispositions du présent article ne peuvent être interprétés comme obligeant un État contractant à accorder aux résidents de l'autre État contractant les déductions personnelles, abattements et réductions d'impôt en fonction de la situation ou des charges de famille qu'il accorde à ses propres résidents.

3. À moins que les dispositions de l'article 9, du paragraphe 6 de l'article 11 ou du paragraphe 6 de l'article 12 ne soient applicables, les intérêts, redevances et autres montants payés par une entreprise d'un État contractant à un résident de l'autre État contractant sont déductibles, pour la détermination des bénéfices imposables de cette entreprise, dans les mêmes conditions que s'ils avaient été payés à un résident du premier État.

4. Les entreprises d'un État contractant dont le capital est en totalité ou en partie, directement ou indirectement, détenu ou contrôlé par un ou plusieurs résidents de l'autre État contractant, ne sont soumises dans le premier État à aucune imposition ou obligation correspondante, qui est autre ou plus lourde que celles auxquelles sont ou pourront être assujetties les autres entreprises similaires du premier État.

5. Dans le présent article, le terme « impôt » s'entend des impôts visés par le présent Accord.

Article 26. Procédure amiable

1. Lorsqu'une personne estime que les mesures prises par un État contractant ou par les deux États contractants entraînent ou entraîneront pour elle une imposition non conforme aux dispositions du présent Accord, elle peut, indépendamment des recours prévus par le droit interne de ces États, soumettre son cas à l'autorité compétente de l'État contractant dont elle est résidente ou, si son cas relève du paragraphe 1 de l'article 25, à celle de l'État contractant dont elle possède la nationalité. Le cas doit être soumis dans un délai de trois ans à partir de la première notification de la mesure qui entraîne une imposition non conforme aux dispositions de l'Accord.

2. L'autorité compétente s'efforce, si la réclamation lui paraît fondée et si elle n'est pas elle-même en mesure d'y apporter une solution satisfaisante, de résoudre le cas par voie d'accord amiable avec l'autorité compétente de l'autre État contractant, en vue d'éviter une imposition non conforme au présent Accord.

3. Les autorités compétentes des États contractants s'efforcent, par voie d'accord amiable, de résoudre les difficultés ou de dissiper les doutes auxquels peuvent donner lieu l'interprétation ou l'application de l'Accord.

4. Les autorités compétentes des États contractants peuvent communiquer entre elles directement en vue de parvenir à un accord au sens des paragraphes précédents.

Article 27. Échange de renseignements

1. Les autorités compétentes des États contractants échangent les renseignements vraisemblablement pertinents pour appliquer les dispositions du présent Accord ou celles de la législation interne des États contractants relative aux impôts de toute nature ou dénomination perçus pour le compte des États contractants, de leurs subdivisions politiques ou de leurs collectivités locales dans la mesure où l'imposition qu'elle prévoit n'est pas contraire à l'Accord. L'échange de renseignements n'est pas limité par les articles premier et 2.

2. Les renseignements reçus en vertu du paragraphe 1 par un État contractant sont tenus secrets de la même manière que les renseignements obtenus en application de la législation interne de cet État et ne sont communiqués qu'aux personnes ou autorités (y compris les tribunaux et organes administratifs) concernées par l'établissement ou le recouvrement des impôts mentionnés au paragraphe 1, par les procédures ou poursuites concernant ces impôts, par les décisions sur les recours relatifs à ces impôts, ou par le contrôle de ce qui précède. Ces personnes ou autorités n'utilisent ces renseignements qu'à ces fins. Elles peuvent faire état de ces renseignements dans le cadre de procédures judiciaires publiques ou dans des décisions judiciaires. Nonobstant ce qui précède, les renseignements reçus par un État contractant peuvent être utilisés à d'autres fins si la législation des deux États l'autorise et si l'autorité compétente de l'État qui fournit ces renseignements autorise cette utilisation.

3. Les dispositions des paragraphes 1 et 2 ne peuvent en aucun cas être interprétées comme imposant à un État contractant l'obligation :

a) De prendre des mesures administratives dérogeant à sa législation et à sa pratique administrative ou à celles de l'autre État contractant ;

b) De fournir des renseignements qui ne pourraient être obtenus sur la base de sa législation ou dans le cadre de sa pratique administrative normale ou de celles de l'autre État contractant ;

c) De fournir des renseignements qui révéleraient un secret commercial, industriel ou professionnel, ou un procédé commercial ou des renseignements dont la communication serait contraire à l'ordre public.

4. Si des renseignements sont demandés par un État contractant conformément au présent article, l'autre État contractant utilise ses mesures de collecte de renseignements pour obtenir les renseignements demandés, quand bien même il n'aurait pas besoin de ces renseignements à ses propres fins fiscales. L'obligation contenue dans la phrase précédente est soumise aux limitations prévues au paragraphe 3, mais en aucun cas ces limitations ne doivent être interprétées comme autorisant un État contractant à refuser de fournir des renseignements au seul motif qu'il ne détient aucun intérêt national dans de tels renseignements.

5. Les dispositions du paragraphe 3 ne peuvent en aucun cas être interprétées comme autorisant un État contractant à refuser de communiquer des renseignements uniquement parce que ceux-ci sont détenus par une banque, une autre institution financière, un mandataire ou une personne agissant en tant qu'agent ou à titre fiduciaire ou parce que ces renseignements concernent les droits de propriété d'une personne.

Article 28. Assistance en matière de recouvrement des impôts

Les États contractants s'engagent à se prêter mutuellement assistance pour le recouvrement de leurs créances fiscales. Cette assistance n'est pas limitée par les articles premier et 2. Les autorités compétentes des États contractants peuvent, d'un commun accord, régler les modalités d'application du présent article conformément à leurs législations respectives.

Article 29. Membres des missions diplomatiques et de postes consulaires

Les dispositions du présent Accord ne portent pas atteinte aux privilèges fiscaux dont bénéficient les membres des missions diplomatiques ou postes consulaires en vertu soit des règles générales du droit international, soit des dispositions d'accords particuliers.

Article 30. Dispositions diverses

1. Aux fins du paragraphe 3 de l'article XXII (Concertation) de l'Accord général sur le commerce des services, les États contractants conviennent que, nonobstant les dispositions de ce paragraphe, tout différend entre eux sur la question de savoir si une mesure relève du présent Accord peut être porté devant le Conseil sur le commerce des services, conformément aux dispositions de ce paragraphe, mais uniquement avec le consentement des deux États contractants. Tout doute au sujet de l'interprétation du présent paragraphe est réglé conformément au paragraphe 3 de l'article 26 ou, en l'absence d'un accord en vertu de cette procédure, en vertu de toute autre procédure acceptée par les deux États contractants.

2. Aucune disposition du présent Accord n'affecte l'application des dispositions existantes de la législation chilienne DL 600 (statut de l'investissement étranger) telles qu'elles sont en vigueur au moment de la signature du présent Accord et telles qu'elles peuvent être modifiées de temps à autre sans en changer le principe général.

3. a) Aucune disposition du présent Accord n'affecte l'imposition au Chili d'un résident de l'Argentine à l'égard des bénéfices imputables à un établissement stable situé en Argentine, tant au titre de l'impôt de première catégorie que de l'impôt additionnel, mais seulement dans la mesure où l'impôt de première catégorie est déductible de l'impôt additionnel ;

   b) Nonobstant toute autre disposition du présent Accord, lorsqu'une société qui est résidente du Chili a un établissement stable en Argentine, les bénéfices imposables en vertu du paragraphe 1 de l'article 7 peuvent faire l'objet d'une retenue supplémentaire en Argentine au moment du paiement des bénéfices, conformément à sa législation fiscale, mais la retenue ne doit pas dépasser 10 % du montant de ces bénéfices, après déduction des impôts argentins sur le revenu.

DISPOSITIONS FINALES

Article 31. Entrée en vigueur

1. Les États contractants se notifient mutuellement, par la voie diplomatique, l'accomplissement des procédures requises par son droit interne pour l'entrée en vigueur du présent Accord. Le présent Accord entre en vigueur à la date de la dernière notification.

2. Les dispositions du présent Accord s'appliquent :

   a) En Argentine :

      i) En ce qui concerne les impôts retenus à la source, sur les montants payés à partir du 1er janvier de l'année civile suivant celle de l'entrée en vigueur de l'Accord ; et

      ii) À l'égard des autres impôts sur le revenu et sur la fortune pour les années fiscales commençant à partir du 1er janvier de l'année civile suivant celle de l'entrée en vigueur de l'Accord ;

b) Au Chili :

i) En ce qui concerne les impôts sur le revenu perçus et les montants payés, portés au crédit d'un compte, mis à la disposition ou comptabilisés comme une dépense, le ou après le 1er janvier de l'année civile suivant immédiatement celle de l'entrée en vigueur du présent Accord ; et

ii) À l'échange de renseignements visé au paragraphe 5 de l'article 27 de l'Accord, dans la mesure où ces renseignements sont couverts par l'article 1 du DFL nº 707 et l'article 154 du DFL nº 3, qui n'est disponible que pour les opérations bancaires effectuées à partir du 1er janvier 2010.

3. Nonobstant les paragraphes précédents, l'article 8 s'applique aux années fiscales ou aux exercices fiscaux commençant à partir du 30 juin 2012.

Article 32. Dénonciation

1. Le présent Accord reste en vigueur pour une durée indéterminée, mais chacun des États contractants peut, au plus tard le 30 juin de chaque année civile suivant l'année d'entrée en vigueur de l'Accord, adresser à l'autre État contractant une notification écrite de dénonciation par la voie diplomatique.

2. Dans ce cas, l'Accord cesse de produire ses effets :

a) En Argentine :

i) En ce qui concerne les impôts retenus à la source, sur les montants payés à partir du 1er janvier, inclus, de l'année civile suivant l'année au cours de laquelle la notification a été donnée ; et

ii) En ce qui concerne les autres impôts sur le revenu et sur la fortune pour les années fiscales commençant le ou après le 1er janvier de l'année civile suivant immédiatement celle où la notification est donnée ;

b) Au Chili :

En ce qui concerne les impôts sur le revenu perçus et les montants payés, portés au crédit d'un compte, mis à la disposition ou comptabilisés comme une dépense, le ou après le 1er janvier de l'année civile suivant immédiatement celle où la notification est donnée.

3. En ce qui concerne les situations qui ne sont pas couvertes par les alinéas a) ou b) du paragraphe 2 du présent article, le présent Accord cesse de produire ses effets le 1er janvier de l'année civile qui suit immédiatement l'année au cours de laquelle la notification de dénonciation est donnée. Les demandes de renseignements reçues avant la date de notification de la dénonciation sont soumises aux dispositions du présent Accord. Les États contractants restent liés par les obligations de confidentialité énoncées à l'article 27 du présent Accord en ce qui concerne tout renseignement obtenu dans le cadre du présent Accord.

EN FOI DE QUOI, les soussignés, à ce dûment autorisés, ont signé le présent Accord.

FAIT à Santiago, le 15 mai 2015, en deux exemplaires originaux en espagnol.

Pour la République argentine :

ANÍBAL FERNÁNDEZ

Chef du Cabinet des Ministres

Pour la République du Chili :

RODRIGO VALDÉS

Ministre des finances

PROTOCOLE

Au moment de la signature de l'Accord entre la République argentine et la République du Chili tendant à éviter les doubles impositions et à prévenir la fraude fiscale en matière d'impôts sur le revenu et sur la fortune, les soussignés sont convenus des dispositions suivantes, qui font partie intégrante de l'Accord.

1. En ce qui concerne le paragraphe 4 de l'article 2 :

Si le Chili établit un impôt sur la fortune après la date de signature du présent Accord, cet impôt sera dans celui-ci.

2. En ce qui concerne au sous-alinéa i) de l'alinéa g) paragraphe 1 de l'article 3 :

Il est entendu que le Ministère de l'économie et des finances publiques (Ministère des finances) agit par l'intermédiaire du Ministre de l'économie et des finances publiques, ou du Secrétaire aux finances, ou de leurs représentants autorisés.

3. En ce qui concerne l'article 4 :

a) L'expression « résident d'un État contractant » comprend :

i) Une association à but non lucratif établie et maintenue dans un État contractant uniquement à des fins religieuses, caritatives, éducatives, scientifiques ou à d'autres fins similaires à convenir entre les autorités compétentes ; et

ii) Un fonds de pension établi et réglementé conformément au système de sécurité sociale d'un État contractant, principalement au profit des résidents de cet État ;

bien que tout ou partie de ses revenus ou bénéfices puisse être exonéré d'impôts dans cet État conformément à sa législation interne.

Aux fins du présent Accord, un fonds de pension établi et réglementé conformément au système de sécurité sociale d'un État contractant principalement au profit des résidents de cet État est considéré comme un bénéficiaire effectif de tout revenu qu'il perçoit ;

b) En ce qui concerne les comptes ou les fonds d'investissement (véhicules de placement collectif) établis dans un État contractant qui ne répondent pas à la définition donnée au paragraphe 1 de l'article 4 du présent Accord et qui ne sont pas couverts par l'alinéa a) du présent paragraphe, les dispositions du présent Accord ne peuvent être interprétées comme restreignant l'imposition dans l'un ou l'autre État contractant, conformément à son droit interne, des transferts de fonds effectués par ces comptes ou fonds d'investissement ou des revenus provenant du recouvrement ou du transfert des frais imputés aux participants à ces comptes ou fonds d'investissement.

4. En ce qui concerne l'alinéa b) du paragraphe 3 de l'article 5 :

Il est entendu que les activités menées dans un État doivent être poursuivies par le biais d'employés ou d'autres personnes présentes dans cet État.

5. En ce qui concerne le paragraphe 1 de l'article 7 :

Il est entendu que les bénéfices d'une entreprise d'un État contractant sont considérés comme imputables à l'établissement stable situé dans l'autre État contractant si la société vend des biens ou des marchandises ou exerce des activités commerciales dans cet autre État qui sont identiques ou analogues aux ventes ou aux activités commerciales exercées par l'intermédiaire de cet établissement stable, à moins que l'entreprise ne démontre qu'elles ont été effectuées de cette façon pour des raisons autres que celle de tirer un avantage du présent Accord ou que l'entreprise a effectué ces ventes ou exercé ces activités sans que l'établissement stable y ait joué un rôle actif.

6. En ce qui concerne le paragraphe 2 de l'article 7 :

Il est entendu que, dans chaque État contractant, il est imputé à l'établissement stable, les bénéfices que l'établissement stable aurait pu réaliser s'il avait constitué une entreprise distincte exerçant des activités identiques ou analogues dans des conditions identiques ou analogues et traitant en toute indépendance avec l'entreprise dont il constitue un établissement stable et avec toute autre personne.

7. En ce qui concerne le paragraphe 3 de l'article 7 :

Il est entendu que les dispositions du paragraphe 3 de l'article 7 ne s'appliquent qu'aux dépenses qui pourraient être attribuées à l'établissement stable et que, par conséquent, l'établissement stable peut déduire, conformément aux dispositions de la législation fiscale de l'État contractant dans lequel l'établissement stable est situé.

8. En ce qui concerne les articles 7 et 21 :

Nonobstant les dispositions de l'article 7, les revenus des activités de pêche relèvent de l'article 21 de l'Accord.

9. En ce qui concerne l'article 8 :

a) Il est entendu que les services de transport effectués aux fins de l'exploitation minière comprennent le chargement et sont assujettis aux taxes prévues à l'article 8 de l'Accord ;

b) Tout accord antérieur entre les Parties concernant les doubles impositions cesse de produire ses effets à partir de la date d'entrée en vigueur du présent Accord.

10. En ce qui concerne l'article 9 :

Il est entendu que les dispositions du paragraphe 2 de l'article 9 ne peuvent être interprétées comme obligeant un État contractant à ajuster le montant des bénéfices soumis à l'impôt dans cet État, à moins qu'il ne soit convenu que les mesures prises par l'autre État, conformément au paragraphe 1 de l'article 9, sont justifiées tant en elles-mêmes qu'en ce qui concerne le montant de l'ajustement des bénéfices par l'autre État.

11. En ce qui concerne l'article 10 :

Les dispositions du paragraphe 2 de l'article 10 ne limitent pas l'application de l'impôt supplémentaire payable au Chili, à condition que l'impôt de première catégorie soit déductible de l'impôt supplémentaire.

Lorsqu'une société résidente de l'Argentine verse des dividendes ou distribue des bénéfices qui dépassent l'excédent cumulé imposable à la fin de l'exercice fiscal précédant immédiatement la date du versement ou de la distribution, déterminé conformément aux dispositions de la loi argentine sur l'impôt sur le revenu, la limitation prévue au paragraphe 2 de l'article 10 ne s'applique pas au montant de la retenue correspondante par l'application des dispositions de la loi susmentionnée. À cet égard, cette retenue est considérée comme ayant le même effet que l'imposition de la société au titre des bénéfices utilisés pour payer les dividendes.

12. En ce qui concerne l'article 11 :

Si un accord entre le Chili et un État tiers prévoit un taux inférieur à celui qui est prévu à l'alinéa c) du paragraphe 2 de l'article 11, ce taux inférieur s'applique automatiquement aux intérêts provenant du Chili dont un résident de l'Argentine est le bénéficiaire et aux intérêts provenant de l'Argentine dont un résident du Chili est le bénéficiaire, dans les mêmes conditions que si ce taux réduit était précisé dans ce paragraphe et à compter de la date à laquelle le taux inférieur commence à s'appliquer conformément à cet autre accord. L'autorité compétente du Chili informe rapidement l'autorité compétente de l'Argentine que les conditions ont été remplies pour la mise en œuvre du présent paragraphe. Ce taux inférieur ne doit pas être inférieur à 12 %.

13. En ce qui concerne l'article 12 :

a) Dans le cas des redevances prévues à l'alinéa b) du paragraphe 2 de l'article 12, la limitation de l'imposition à la source s'applique dans la mesure où les contrats respectifs de transfert de technologie sont dûment enregistrés conformément aux dispositions législatives en vigueur en Argentine au moment de la signature de l'Accord. Dans le cas où, par l'application des lois argentines susmentionnées, l'enregistrement du contrat de transfert de technologie n'est pas finalisé et que cette situation entraîne l'inapplicabilité des limitations de l'imposition à la source prévues à l'alinéa b) du paragraphe 2 de l'article 12 susmentionné, à condition qu'une solution satisfaisante n'ait pu être trouvée unilatéralement, la personne concernée peut présenter son cas à l'autorité compétente du Chili pour tenter de résoudre la question par la procédure prévue à l'article 26 ;

b) Il est entendu que les paiements pour l'usage ou la concession de l'usage d'un logiciel relèvent de l'alinéa b) du paragraphe 2 de l'article 12, De même, il est entendu que lorsque les paiements effectués visent à acquérir une partie du droit d'auteur d'un logiciel (sans que l'auteur ou le cédant ne transfère ses droits de propriété intellectuelle) et que les paiements sont effectués en échange du droit d'utiliser les droits (y compris partiellement) sur le logiciel, ces paiements constituent une redevance si, en l'absence d'une licence achetée, il y avait une violation des lois sur les droits d'auteur. Toutefois, si les droits acquis à l'égard d'un programme informatique standardisé (logiciel sous emballage) sont limités à ceux qui sont nécessaires pour permettre à l'usager d'exploiter le programme, les paiements reçus au titre du transfert de ces droits sont traités comme des bénéfices commerciaux, auxquels l'article 7 s'applique ;

c) L'expression « assistance technique » désigne la fourniture de services indépendants impliquant l'application, par le prestataire de services, de connaissances, de compétences ou d'expériences non brevetables, à un client ;

d) La limitation de l'impôt exigible dans l'État d'où proviennent les redevances, établie à l'alinéa b) du paragraphe 2 de l'article 12, ne s'applique que lorsque ces redevances sont versées à l'auteur lui-même ou à ses ayants droit. Dans le cas où le bénéficiaire n'est pas l'auteur lui-même ou ses ayants droit, la limitation prévue à l'alinéa c) du paragraphe 2 de l'article 12 est applicable ;

e) Il est entendu que les revenus qu'une personne physique qui est résidente d'un État contractant tire d'une profession libérale ou d'autres activités de caractère indépendant qui constituent une « assistance technique » au sens de l'alinéa c) ci-dessus, relèvent des dispositions de l'article 12 de l'Accord et non de l'article 14, sauf lorsque les circonstances prévues au paragraphe 4 de l'article 12 ou à l'alinéa b) de l'article 14 se produisent, auquel cas ce dernier article s'applique.

14. En ce qui concerne l'article 13 :

a) Nonobstant les dispositions du paragraphe 6 de l'article 13, en cas d'aliénation de biens autres que ceux visés aux paragraphes 1 à 5 de l'article 13, portant sur des biens soumis à immatriculation (entendus comme les aéronefs, les véhicules à moteur et les navires non couverts par le paragraphe 3 de l'article 13), les gains sont imposables dans l'un ou l'autre des États contractants conformément à leur législation interne respective ;

b) Les simples transferts d'actifs effectués par un résident d'un État contractant dans le cadre de la réorganisation d'une entreprise n'ont pas d'effets fiscaux, conformément au droit interne de chacun des États contractants.

15. En ce qui concerne l'article 17 :

Il est entendu que les revenus visés au paragraphe 1 de l'article 17 comprennent les revenus provenant de toutes les activités personnelles exercées par un résident d'un État contractant dans l'autre État contractant et liées à sa réputation ou sa renommée en tant qu'artiste du spectacle ou en tant qu'athlète.

16. En ce qui concerne les articles 18 et 19 :

Le terme « pensions » s'entend conformément à la législation interne de chaque Partie et, dans le cas de l'Argentine, couvre notamment les retraites.

17. En ce qui concerne l'article 22 :

Si, à une date postérieure à la signature de l'Accord et du présent protocole, l'Argentine signe avec un État tiers un accord par lequel elle accepte d'exonérer d'impôt ou de réduire le taux de l'impôt visé à l'article 22, elle en informe l'autorité compétente du Chili et les États contractants s'engagent à entamer des négociations en vue de modifier le présent Accord.

18. En ce qui concerne l'article 24 :

L'expression « lorsque cet élément de revenu n'est pas effectivement imposable » contenue dans le paragraphe 9 de l'article 24 relatif à la limitation des avantages couvre à la fois les revenus totalement exonérés d'impôt sur le revenu et les revenus soumis à une imposition substantiellement inférieure à celle qui serait applicable selon les règles générales de l'État de résidence du bénéficiaire des revenus. En particulier, il est entendu que les revenus soumis à un impôt substantiellement inférieur à celui qui est généralement applicable comprennent les revenus qui, en raison de l'application de dispositions spéciales établissant des exonérations ou des réductions d'impôt, d'une réduction de la base d'imposition ou du taux d'imposition, ou d'un autre avantage fiscal, sont soumis à des impôts s'élevant à moins de 60 % du montant qui serait applicable en l'absence de telles règles.

19. En ce qui concerne l'article 25 :

1) Il est entendu que les dispositions du paragraphe 3 de l'article 25 s'appliquent, dans le cas de l'Argentine, à condition que les conditions d'enregistrement visées à l'alinéa a) du paragraphe 13 du présent Protocole soient remplies ;

2) Il est entendu que les dispositions de la législation interne d'un État contractant qui refusent ou annulent toute exonération ou tout allégement total ou partiel que la législation interne de cet État accorde ou a accordé à l'égard des impôts visés par l'Accord, s'il y a transfert de revenus au trésor de l'autre État contractant, ne violent pas l'article 25 de l'Accord.

20. En ce qui concerne l'article 26 :

Si l'Argentine modifie sa politique en ce qui concerne l'arbitrage en tant que procédure mutuellement acceptable pour le règlement des différends, les autorités compétentes se consultent afin d'envisager la négociation d'un accord visant à modifier le présent Accord. En outre, les autorités compétentes s'efforcent de mettre en œuvre aussi efficacement que possible la procédure convenue d'un commun accord prévue à l'article 26.

21. Dispositions générales

Considérant que les principaux objectifs du présent Accord sont d'éliminer les doubles impositions internationales et de prévenir la fraude et l'évasion fiscales, afin d'éliminer leurs effets négatifs sur l'échange de biens et de services et la libre circulation des capitaux, des technologies et des personnes, si la mise en œuvre de l'Accord ne conduit pas à la promotion de leurs relations économiques, les États contractants conviennent que, à tout moment après l'expiration de la période de trois ans suivant la date d'entrée en vigueur du présent Accord, les autorités compétentes peuvent se réunir pour examiner rapidement la nécessité d'apporter d'éventuelles modifications à l'Accord, en tenant compte de l'expérience acquise dans sa mise en œuvre au cours des années précédentes et des modifications apportées à leur législation fiscale interne.

Pour la République argentine :

ANÍBAL FERNÁNDEZ

Chef du Cabinet des Ministres

Pour la République du Chili :

RODRIGO VALDÉS

Ministre des finances

No. 54613

Argentina
and
Brazil

Memorandum of Understanding on consular and political cooperation for the communities of compatriots abroad between the Argentine Republic and the Federative Republic of Brazil. Brasília, 7 February 2017

Entry into force: *7 February 2017 by signature, in accordance with article 8*

Authentic texts: *Portuguese and Spanish*

Registration with the Secretariat of the United Nations: *Argentina, 14 August 2017*

Argentine
et
Brésil

Mémorandum d'accord sur la coopération consulaire et politique pour les communautés de compatriotes à l'étranger entre la République argentine et la République fédérative du Brésil. Brasilia, 7 février 2017

Entrée en vigueur : *7 février 2017 par signature, conformément à l'article 8*

Textes authentiques : *portugais et espagnol*

Enregistrement au Secrétariat de l'Organisation des Nations Unies : *Argentine, 14 août 2017*

[TEXT IN PORTUGUESE – TEXTE EN PORTUGAIS]

MEMORANDO DE ENTENDIMENTO SOBRE COOPERAÇÃO CONSULAR E POLÍTICAS PARA COMUNIDADES EMIGRADAS ENTRE A REPÚBLICA ARGENTINA E A REPÚBLICA FEDERATIVA DO BRASIL

A República Argentina

e

A República Federativa do Brasil,
(doravante denominadas "as Partes").

Tendo presentes:

O Memorando de Entendimento entre o Governo da República Federativa do Brasil e o Governo da República Argentina sobre Cooperação Consular, assinado em Brasilia, em 10 de novembro de 1997.

O Mecanismo de Cooperação Consular entre os países do MERCOSUL, Bolívia e Chile, Dec. CMC 35/00.

Considerando:

A importância de se fortalecerem os laços de amizade e cooperação que unem os povos brasileiro e argentino;

O peso específico que possuem as respectivas comunidades emigradas e radicadas em diversos países;

A conveniência de se estenderem às respectivas comunidades emigradas políticas e serviços que promovam seu autodesenvolvimento e melhoria permanente das condições de vida e inserção social e laboral nos países de acolhimento;

O amplo potencial de aperfeiçoamento das políticas consulares, tanto em seu aspecto tradicional como na prestação de serviços consulares em sua mais ampla expressão, com vistas ao bem estar social, em matéria de saúde, entre outros, de nossas comunidades emigradas; e

A utilidade de compartilhar experiências e de prestar apoio recíproco em aspectos de interesse comum, otimizando os recursos disponíveis.

Acordam o que segue:

Artigo 1
Objetivos

O presente Memorando de Entendimento tem como objetivo o estabelecimento de mecanismos de cooperação e coordenação consular entre as Partes, visando ao bem-estar e fortalecimento de suas respectivas comunidades emigradas.

Artigo 2
Criação de Grupo de Trabalho Consular

Para atingirem o objetivo indicado no Artigo 1, as Partes decidem criar um Grupo de Trabalho Consular, a ser formado por integrantes das áreas consulares das respectivas Chancelarias, o qual será coordenado pelos Diretores de Assuntos Consulares de ambas as Partes.

(a) Cada Chancelaria enviará à outra por canais diplomáticos, até trinta dias após a assinatura deste Memorando, relação dos integrantes do grupo;

(b) Mudanças na composição dos respectivos integrantes serão igualmente comunicadas à outra Parte, tão logo ocorram;

(c) Poderão ser convidados para as reuniões do Grupo de Trabalho, após entendimentos entre as Partes, integrantes das respectivas redes consulares e representantes de quaisquer outros órgãos governamentais ou da sociedade civil que tenham atuação relevante em temas discutidos pelo Grupo;

(d) As deliberações do Grupo serão registradas em Atas.

Artigo 3
Escopo da Atuação do Grupo de Trabalho Consular

O Grupo de Trabalho será incumbido das ações elencadas a seguir:

(a) Fomento ao conhecimento recíproco:

a1. Intercâmbio de informações sobre as respectivas redes consulares, incluindo distribuição geográfica e jurisdição das Repartições Consulares, esferas de atuação, sistemas informáticos de produção de documentos e procedimentos de rotina, programas de vinculação com as comunidades emigradas, entre outras;

a2. Intercâmbio de informações sobre as respectivas diásporas, incluindo dados estatísticos ou estimativas, espraiamento geográfico e principais desafios e dificuldades;

a3. Compartilhamento de experiências sobre os canais de comunicação mantidos entre os órgãos governamentais e suas diásporas, bem como sobre serviços consulares em sua mais ampla expressão, visando ao bem-estar e ao empoderamento daqueles grupos;

(b) Exame de convergências e possibilidades de atuação conjunta:

b1. Identificação de ações de cooperação na esfera do serviço consular tradicional, visando ao estreitamento gradual da cooperação consular, a partir de ações consulares de caráter piloto a serem realizadas em localidades selecionadas segundo critérios a serem adotados pelo Grupo;

b2. Identificação de ações de cooperação na esfera de políticas para as respectivas comunidades emigradas;

b3. Identificação de ações coordenadas e/ou conjuntas em favor das comunidades brasileira e argentina em terceiros países;

b4. Estabelecimento de ações de coordenação entre consulados brasileiros e argentinos localizados em cidades com presença de residentes de ambas as nacionalidades, com vistas ao aprendizado mútuo;

b5. Identificação de projetos conjuntos de capacitação e formação de funcionários públicos;

(c) Instalação e implementação de experiências-piloto e, posteriormente, de programas de trabalho:

c1. Implementação, a partir do trabalho preparatório delineado nos itens (a) e (b) acima, de projetos conjuntos em terceiros países ou nos territórios das Partes, podendo-se, neste último caso, envolver pares de consulados brasileiros e argentinos localizados em cidades em terceiros países com presença de residentes de ambas as nacionalidades;

c2. Avaliação da possibilidade de prestar assistência consular em cidades onde uma das Partes careça de Representação Consular, ainda que tenha representação diplomática ou consular em outra cidade do mesmo país;

c3. Estabelecer experiências-piloto de Consulados Conjuntos ou Unificados em cidades onde o justifiquem a própria dimensão das comunidades de emigrados, o volume das atividades consulares e diferentes atividades no âmbito econômico, comercial, social, cultural, turístico, etc.

Artigo 4
Custeio das ações e projetos

As Partes buscarão, mediante prévia avaliação das áreas consulares e das áreas competentes das Chancelarias, priorizar projetos que não necessitem de aportes orçamentários adicionais, utilizando os meios já disponíveis - redes consulares respectivas, lideranças comunitárias e parceiros já estabelecidos no exterior. Casos excepcionais que demandem aportes financeiros específicos serão avaliados, caso a caso, pelas áreas consulares e áreas competentes das respectivas Chancelarias.

Artigo 5
Órgãos responsáveis

A implementação do presente Memorando de Entendimento ficará a cargo do Ministério de Relações Exteriores do Brasil e do Ministério de Relações Exteriores e Culto da República Argentina, por meio das respectivas áreas consulares.

Artigo 6
Reuniões e canais de coordenação do Grupo de Trabalho

1. Os integrantes do Grupo de Trabalho se reunirão, presencialmente e/ou por vídeo/ audioconferência, com periodicidade semestral ou anual, segundo calendário a ser estabelecido por seus integrantes, com vistas a cumprirem os objetivos elencados no Artigo 3 acima.

2. As Partes estabelecerão mecanismos permanentes de comunicação direta entre as Áreas Consulares das respectivas Chancelarias, a fim de atender os casos que se apresentem no intervalo existente entre as reuniões do Grupo de Trabalho e que mereçam consideração e análise dos respectivos serviços consulares.

Artigo 7
Segurança da informação

O tratamento das informações geradas no âmbito deste Memorando obedecerá ao disposto na legislação doméstica aplicável de cada Parte.

Artigo 8
Vigência

1. O presente Memorando de Entendimento terá efeito a partir da data de sua assinatura.

2. O presente Memorando de Entendimento terá vigência indefinida e qualquer das Partes poderá a qualquer momento considerá-lo encerrado por meio de notificação escrita dirigida à outra Parte, por via diplomática, com seis meses de antecedência.

3. O encerramento antecipado do presente Memorando de Entendimento não afetará a conclusão das ações de cooperação que tenham sido formalizadas durante sua vigência.

Assinado em Brasília em 7 de fevereiro de 2017, em dois originais em português e espanhol, sendo ambos os textos igualmente autênticos.

PELA REPÚBLICA ARGENTINA	PELA REPÚBLICA FEDERATIVA DO BRASIL

[TEXT IN SPANISH – TEXTE EN ESPAGNOL]

**MEMORÁNDUM DE ENTENDIMIENTO
SOBRE
COOPERACIÓN CONSULAR Y POLÍTICAS PARA LAS COMUNIDADES
DE CONNACIONALES EN EL EXTERIOR
ENTRE
LA REPÚBLICA ARGENTINA
Y
LA REPUBLICA FEDERATIVA DEL BRASIL**

La República Argentina y la República Federativa del Brasil, en adelante denominadas "las Partes",

VISTO:

El Memorándum de Entendimiento entre el Gobierno de la República Argentina y el Gobierno de la República Federativa del Brasil sobre Cooperación Consular, suscripto en Brasilia el 10 de noviembre de 1997.

El Mecanismo de Cooperación Consular entre los países del MERCOSUR, Bolivia y Chile, Dec. CMC 35/00.

CONSIDERANDO:

La importancia de que se fortalezcan los lazos de amistad y cooperación que unen a los pueblos argentino y brasileño;
La dimensión de las respectivas comunidades de connacionales radicadas en diversos países;
La conveniencia de que se brinden a las respectivas comunidades de connacionales en el exterior políticas y servicios que promuevan su autodesarrollo, su vinculación con las sociedades de origen y la mejora permanente de las condiciones de vida e inserción social y laboral en los países de acogida;
El amplio potencial de perfeccionamiento de las políticas consulares, tanto en su aspecto tradicional como en la prestación de servicios consulares en su más amplia expresión, con miras al bienestar social, en materia de salud, entre otros, de nuestros connacionales en el exterior.
La utilidad de compartir experiencias y de brindarse apoyo en aspectos de interés común, optimizando los recursos disponibles.

Acuerdan lo siguiente:

ARTÍCULO 1 – Objetivos

El presente Memorándum de Entendimiento tiene por objetivo el establecimiento de mecanismos de cooperación y coordinación consular entre las Partes, con miras al bienestar y al fortalecimiento de sus respectivas comunidades de connacionales en el exterior.

ARTÍCULO 2 – Creación del Grupo de Trabajo Consular

Para lograr el objetivo indicado en el Artículo 1, las Partes deciden crear un Grupo de Trabajo Consular, que estará compuesto por integrantes de las áreas consulares de las respectivas Cancillerías, el cual será coordinado por los Directores Generales de Asuntos Consulares de ambas Partes.

(a) Cada Cancillería enviará a la otra, por canales diplomáticos, hasta treinta días después de la firma de este Memorándum, la lista de los integrantes del Grupo de Trabajo Consular;
(b) Los cambios en la composición de los respectivos integrantes serán igualmente comunicados a la otra Parte, ni bien ocurran.
(c) Podrán ser invitados a las reuniones del Grupo de Trabajo, luego de entendimientos entre las Partes, integrantes de las respectivas redes consulares y representantes de cualesquiera otros organismos gubernamentales o de la sociedad civil que tengan una actuación relevante en temas discutidos por el Grupo;
(d) Las deliberaciones del Grupo serán registradas en Actas.

ARTÍCULO 3 – Alcance de la Actuación del Grupo de Trabajo Consular

El Grupo de Trabajo estará a cargo de las acciones enumeradas a continuación:

(a) Fomento del conocimiento recíproco:

a1. Intercambio de información sobre las respectivas redes consulares, incluyendo la distribución geográfica y las circunscripciones de cada Representación Consular, así como también el intercambio de buenas prácticas respecto de sistemas informáticos de producción de documentos, procedimientos de rutina, programas de vinculación con las comunidades de connacionales residentes en el exterior, entre otras;
a2. Intercambio de información sobre las respectivas comunidades de connacionales en el exterior, incluyendo datos estadísticos o estimaciones, dispersión geográfica y principales desafíos y dificultades;
a3. Intercambio de experiencias sobre los canales de comunicación establecidos entre los organismos gubernamentales y sus comunidades de connacionales en el exterior, así como los servicios consulares en su más amplia expresión, con miras al bienestar social, en materia de salud, entre otros, de nuestros connacionales en el exterior y al empoderamiento de estos grupos;

(b) Examen de convergencias y posibilidades de actuación conjunta:
b1. Identificación de acciones de cooperación en el ámbito del servicio consular tradicional, con miras a la profundización gradual de la cooperación consular, a

partir de acciones consulares de carácter experimental que serán llevadas a cabo en lugares seleccionados de acuerdo con criterios que sean adoptados por el Grupo;
b2. Identificación de acciones de cooperación sobre políticas para las respectivas comunidades de connacionales en el exterior;
b3. Identificación de acciones coordinadas y/o conjuntas a favor de las comunidades argentina y brasileña en terceros Estados;
b.4. Establecimiento de acciones de coordinación entre Consulados argentinos y brasileños localizados en ciudades con presencia de residentes de ambas nacionalidades, con miras al aprendizaje mutuo;
b5. Identificación de proyectos conjuntos de capacitación y formación de funcionarios públicos;

(c) Instalación e implementación de experiencias piloto y, posteriormente, de programas de trabajo:

c1. Puesta en práctica, a partir de los trabajos preparatorios indicados en (a) y (b), de proyectos conjuntos en terceros países o en los territorios de las Partes, pudiendo, en este último caso, involucrar a pares de Consulados de la Argentina y del Brasil sitos en ciudades de terceros países con presencia de residentes de ambas nacionalidades;

c2. Evaluación de la posibilidad de brindar asistencia consular en ciudades donde una de las Partes carezca de Representación Consular, aunque tuviera representación diplomática o consular en otra ciudad del mismo país;

c3. Establecer experiencias piloto de Consulados Conjuntos o Unificados en ciudades donde, por la propia dimensión de las comunidades de connacionales, por el volumen de las actuaciones consulares y por diversas actividades en el ámbito económico, comercial, social, cultural, turístico, etc, asi lo justifique.

ARTÍCULO 4 – Financiación de las acciones y proyectos

Las Partes, previa evaluación de las áreas consulares y áreas competentes de las Cancillerías, buscarán priorizar los proyectos que no requieran contribuciones presupuestarias adicionales, utilizando los medios ya disponibles - sus respectivas redes consulares, liderazgos comunitarios y socios ya establecidos en un tercer país, entre otros - Casos excepcionales que requieran contribuciones financieras específicas serán evaluados caso por caso por las áreas consulares y áreas competentes, de las respectivas Cancillerías.

ARTÍCULO 5 – Órganos responsables

La implementación de este Memorándum de Entendimiento será responsabilidad del Ministerio de Relaciones Exteriores y Culto de la República

Argentina y del Ministerio de Relaciones Exteriores de la República Federativa del Brasil, por medio de sus áreas consulares.

ARTÍCULO 6 – Reuniones y canales de coordinación del Grupo de Trabajo

Los miembros del Grupo de Trabajo se reunirán, presencialmente y/o por videoconferencia/audioconferencia, con frecuencia semestral o anual, según el programa establecido por sus miembros, con el fin de cumplir con los objetivos enumerados en el Artículo 3 supra mencionado.

Las Partes establecerán mecanismos permanentes de comunicación directa entre las Áreas Consulares de las respectivas Cancillerías, a los efectos de atender los casos que se presenten en el intervalo existente entre las reuniones del Grupo de Trabajo y que merezcan consideración y análisis de los respectivos servicios consulares.

ARTÍCULO 7 – Seguridad de la Información

El tratamiento de las informaciones generadas en el ámbito de este Memorándum obedecerá a lo dispuesto en la legislación doméstica aplicable de cada Parte.

ARTÍCULO 8 – Vigencia

El presente Memorándum de Entendimiento tendrá efecto en la fecha de su firma.

El presente Memorándum de Entendimiento tendrá vigencia indefinida y cualquiera de las Partes podrá en cualquier momento darlo por terminado mediante notificación escrita dirigida a la otra Parte, a través de la vía diplomática, con seis meses de antelación.

La terminación anticipada del presente Memorándum de Entendimiento no afectará la conclusión de las acciones de cooperación que hubieran sido formalizadas durante su vigencia.

Firmado en Brasilia el 7 de febrero de 2017, en dos originales en español y portugués, siendo ambos textos igualmente auténticos.

POR LA REPÚBLICA ARGENTINA	POR LA REPÚBLICA FEDERATIVA DEL BRASIL

[TRANSLATION IN ENGLISH – TRADUCTION EN ANGLAIS]

MEMORANDUM OF UNDERSTANDING ON CONSULAR COOPERATION AND POLICIES REGARDING COMMUNITIES OF COMPATRIOTS ABROAD BETWEEN THE ARGENTINE REPUBLIC AND THE FEDERATIVE REPUBLIC OF BRAZIL

The Argentine Republic and the Federative Republic of Brazil, hereinafter referred to as "the Parties",

Having regard to:

The Memorandum of Understanding between the Government of the Argentine Republic and the Government of the Federative Republic of Brazil on consular cooperation, signed in Brasilia on 10 November 1997,

The Mechanism for Consular Cooperation between the countries of MERCOSUR, Bolivia and Chile, Council of the Common Market Decision No. 35/00,

Considering:

The importance of strengthening the bonds of friendship and cooperation that unite the peoples of Argentina and Brazil,

The size of the respective communities of compatriots living in different countries,

The importance of providing access, for the respective communities of compatriots living abroad, to policies and services that will enhance their self-development, strengthen links to their societies of origin and ensure the continuous improvement of their living conditions, social integration and labour-market access within host countries,

The considerable potential for improving consular policies, both in their traditional forms and with regard to the provision of consular services in their broadest sense, with the aim of ensuring the social welfare, from the standpoint of health, among other aspects, of our compatriots abroad,

The value of sharing experiences and providing support in areas of common interest, thereby optimizing available resources,

Have agreed as follows:

Article 1. Objectives

The objective of this Memorandum of Understanding is to establish mechanisms for consular cooperation and coordination between the Parties with a view to ensuring the welfare and advancement of their respective communities of compatriots abroad.

Article 2. Establishment of the Consular Working Group

To achieve the objectives set out in article 1, the Parties have decided to create a Consular Working Group, composed of members of the consular affairs sections of their respective Ministries of Foreign Affairs, to be coordinated by the Parties' General Directors for Consular Affairs.

(a) Each Ministry of Foreign Affairs will send to the other, through the diplomatic channel and within thirty days following the signing of this Memorandum, a list of the Consular Working Group members.

(b) Each Party shall be notified of any changes to the membership as soon as they occur.

(c) Members of the respective consular networks and representatives of any other governmental or civil society organizations that have a relevant role in the matters discussed by the Group may be invited to the meetings of the Working Group, subject to agreement between the Parties.

(d) The Group's discussions will be recorded in the form of minutes.

Article 3. Scope of action of the Consular Working Group

The Working Group will be responsible for:

(a) Promoting knowledge-sharing:

a1. Exchanging information on the respective consular networks, including the geographical distribution and constituencies of each consular office, and exchanging good practices, including those related to computerized systems for the production of documents, routine procedures and programmes for establishing links with communities of compatriots residing abroad;

a2. Exchanging information on the respective communities of compatriots abroad, including statistical data or estimates, geographical dispersion and the most significant challenges and difficulties they face;

a3. Exchanging experiences on communication channels established between government agencies and communities of compatriots abroad, as well as consular services in their broadest sense, with the aim of ensuring the social welfare, from the standpoint of health, among other aspects, of our compatriots abroad, and of empowering those groups;

(b) Reviewing convergences and opportunities for joint action:

b1. Identifying opportunities for cooperation in the area of traditional consular services, with a view to gradually deepening consular cooperation, using trial consular exercises undertaken in locations to be decided upon on the basis of criteria adopted by the Working Group;

b2. Identifying opportunities for cooperation related to policies concerning the respective communities of compatriots abroad;

b3. Identifying opportunities for coordinated and/or joint action to support Argentine and Brazilian communities in third States;

b4. Establishing coordination mechanisms between Argentine and Brazilian consulates located in cities with residents of both nationalities, with a view to fostering shared learning;

b5. Identifying joint training and capacity-building projects for civil servants;

(c) Establishing and implementing pilot exercises and, subsequently, programmes of work:
   - c1. Implementing, on the basis of the preparatory work set out in (a) and (b), joint projects in third countries or in the territories of the Parties; in the latter case this may involve pairs of Argentine and Brazilian consulates located in cities of third countries that have residents of both nationalities;
   - c2. Assessing the possibility of providing consular assistance in cities in which one of the Parties lacks consular representation, even if it does have diplomatic or consular representation in another city in the same country;
   - c3. Establishing pilot projects for joint or unified consulates in cities in which this would be justified given the size of the compatriot communities, the volume of consular activities and the various activities undertaken, including in the economic, commercial, social, cultural and tourism fields.

Article 4. Financing of actions and projects

Following an assessment conducted by the Consular Affairs directorates and relevant sections of the Ministries of Foreign Affairs, the Parties will seek to prioritize the projects that do not require additional budgetary contributions and can be undertaken using the resources already available to them, including through their respective consular networks, community leaders, and partners already established in a third country. Exceptional cases requiring specific financial contributions will be evaluated on a case-by-case basis by the Consular Affairs directorates and relevant sections of the respective Ministries of Foreign Affairs.

Article 5. Responsible entities

The Ministry of Foreign Affairs and Worship of the Argentine Republic and the Ministry of Foreign Affairs of the Federative Republic of Brazil, through their Consular Affairs directorates, will be responsible for implementing this Memorandum of Understanding.

Article 6. Working Group coordination meetings and channels

The members of the Working Group shall meet, in person and/or by video or audio conference, on a biannual or annual basis, in accordance with the schedule established by its members, with a view to meeting the objectives set out in article 3 above.

The Parties shall establish permanent mechanisms for direct communication between the Consular Affairs directorates of the respective Ministries of Foreign Affairs for the purpose of responding to cases that arise in the interval between meetings of the Working Group and require consideration and analysis by the respective consular services.

Article 7. Information security

Information arising under this Memorandum will be treated in accordance with the applicable domestic laws of each Party.

Article 8. Validity

This Memorandum of Understanding shall enter into force on the date of its signature.

This Memorandum of Understanding shall remain in effect indefinitely and may be terminated at any time by either Party by written notification addressed to the other Party through the diplomatic channel, with a notice period of six months.

Early termination of this Memorandum of Understanding shall not affect the completion of the cooperation activities formalized while it was in force.

SIGNED at Brasilia on 7 February 2017, in two original copies in the Spanish and Portuguese languages, both texts being equally authentic.

For the Argentine Republic:
[SUSANA MALCORRA]

For the Federative Republic of Brazil:
[JOSÉ SERRA]

[TRANSLATION IN FRENCH – TRADUCTION EN FRANÇAIS]

MÉMORANDUM D'ACCORD SUR LA COOPÉRATION CONSULAIRE ET LES POLITIQUES RELATIVES AUX COMMUNAUTÉS DE COMPATRIOTES À L'ÉTRANGER ENTRE LA RÉPUBLIQUE ARGENTINE ET LA RÉPUBLIQUE FÉDÉRATIVE DU BRÉSIL

La République argentine et la République fédérative du Brésil, ci-après dénommées « Parties »,

Eu égard :

Au Mémorandum d'accord entre le Gouvernement de la République argentine et le Gouvernement de la République fédérative du Brésil sur la coopération consulaire, signé à Brasilia le 10 novembre 1997,

Au Mécanisme de coopération consulaire entre les pays du Marché commun du Sud (MERCOSUR), la Bolivie et le Chili (décision n° 35/00 du Conseil du MERCOSUR),

Considérant :

L'importance de renforcer les liens d'amitié et de coopération qui unissent les peuples d'Argentine et du Brésil,

L'ampleur des communautés respectives de compatriotes vivant dans différents pays,

L'importance de donner accès, pour les communautés respectives de compatriotes vivant à l'étranger, à des politiques et à des services qui favorisent leur autodéveloppement, renforcent les liens avec leurs sociétés d'origine et garantissent l'amélioration continue de leurs conditions de vie, de leur intégration sociale et de leur accès au marché du travail dans les pays d'accueil,

Le potentiel considérable d'amélioration des politiques consulaires, tant dans leurs formes traditionnelles qu'en ce qui concerne la prestation de services consulaires au sens large, dans le but d'assurer le bien-être social, notamment en matière de santé, de nos compatriotes à l'étranger,

L'intérêt d'une mise en commun des expériences et d'un appui mutuel dans des domaines d'intérêt commun afin d'optimiser les ressources disponibles,

Sont convenues de ce qui suit :

Article premier. Objectifs

L'objectif du présent Mémorandum d'accord est d'établir des mécanismes de coopération et de coordination consulaires entre les Parties en vue d'assurer le bien-être et le renforcement de leurs communautés respectives de compatriotes à l'étranger.

Article 2. Création du Groupe de travail consulaire

Pour atteindre les objectifs énoncés à l'article premier, les Parties conviennent de créer un groupe de travail consulaire, composé de membres des sections des affaires consulaires de leurs Ministères des affaires étrangères respectifs, et coordonné par les directeurs généraux des affaires consulaires des Parties.

a) Chaque Ministère des affaires étrangères transmet à l'autre, par la voie diplomatique et dans les 30 jours suivant la signature du présent Mémorandum, la liste des membres du Groupe de travail consulaire.

b) Chaque Partie informe l'autre de toute modification apportée aux membres de son effectif sitôt que cette modification intervient.

c) Les membres des réseaux consulaires respectifs et les représentants de tout autre organisme gouvernemental ou de la société civile qui jouent un rôle pertinent dans les questions examinées par le Groupe de travail peuvent être invités aux réunions du Groupe de travail, sous réserve d'un accord entre les Parties.

d) Les discussions du Groupe sont consignées sous la forme d'un procès-verbal.

Article 3. Champ d'action du Groupe de travail consulaire

Le Groupe de travail est chargé des tâches suivantes :

a) Favoriser le partage des connaissances :

a1. Échanger des informations sur les réseaux consulaires respectifs, y compris la répartition géographique et les circonscriptions de chaque bureau consulaire, et échanger des bonnes pratiques, notamment celles liées aux systèmes informatisés pour la production de documents, aux procédures de routine et aux programmes visant à établir des liens avec les communautés de compatriotes résidant à l'étranger ;

a2. Échanger des informations relatives aux communautés respectives de compatriotes à l'étranger, notamment des données statistiques ou des estimations, la répartition géographique ainsi que les principaux obstacles et difficultés auxquels ils sont confrontés ;

a3. Échanger les données d'expérience concernant les canaux de communication établis entre les organismes gouvernementaux et leurs communautés de compatriotes à l'étranger, ainsi que les services consulaires au sens large, dans le but d'assurer le bien-être social, notamment en matière de santé, de nos compatriotes à l'étranger, et d'autonomiser ces groupes ;

b) Examiner des convergences et des possibilités d'action conjointe :

b1. Recenser les possibilités de coopération dans le domaine des services consulaires traditionnels, en vue d'approfondir progressivement la coopération consulaire, à l'aide de mesures consulaires expérimentales réalisées dans des lieux à déterminer en fonction des critères adoptés par le Groupe ;

b2. Recenser les possibilités de coopération en ce qui concerne les politiques visant les communautés respectives de compatriotes à l'étranger ;

b3. Recenser les possibilités d'action coordonnée et/ou conjointe en faveur des communautés argentines et brésiliennes dans des États tiers ;

b4. Instituer des mécanismes de coordination entre les consulats argentins et brésiliens situés dans des villes où résident des personnes des deux nationalités, en vue de favoriser les échanges de connaissances ;

b5. Recenser des projets communs de formation et de renforcement des capacités des fonctionnaires ;

c) Mettre en place et mettre en œuvre des expériences pilotes et, par la suite, des programmes de travail :

   c1. À la suite des travaux préparatoires visés aux paragraphes a) et b), mettre en œuvre des projets communs dans des pays tiers ou sur les territoires des Parties ; dans ce dernier cas, il peut s'agir de paires de consulats argentins et brésiliens situés dans des villes de pays tiers dans lesquels des résidents des deux nationalités sont présents ;

   c2. Évaluer la possibilité de fournir une assistance consulaire dans les villes où l'une des Parties n'a pas de représentation consulaire, même si elle a une représentation diplomatique ou consulaire dans une autre ville du même pays ;

   c3. Établir des projets pilotes de consulats conjoints ou unifiés dans les villes où cela se justifie compte tenu de l'importance des communautés de compatriotes, du volume des activités consulaires et des diverses activités dans les domaines économique, commercial, social, culturel et touristique.

Article 4. Financement des mesures et des projets

Les Parties, à la suite d'une évaluation menée par les sections des affaires consulaires et les sections compétentes des Ministères des affaires étrangères, s'efforcent de donner la priorité aux projets qui ne nécessitent pas de contributions budgétaires supplémentaires et qui peuvent être entrepris en utilisant les ressources dont elles disposent déjà, notamment par l'intermédiaire de leurs réseaux consulaires respectifs, des dirigeants des communautés et des partenaires déjà établis dans un pays tiers. Les cas exceptionnels nécessitant des contributions financières spécifiques sont évalués au cas par cas par les sections des affaires consulaires et par les sections compétentes des deux Ministères des affaires étrangères.

Article 5. Entités responsables

Le Ministère des affaires étrangères et du culte de la République argentine et le Ministère des affaires étrangères de la République fédérative du Brésil, par l'intermédiaire de leurs sections des affaires consulaires, sont chargés de la mise en œuvre du présent Mémorandum d'accord.

Article 6. Réunions et canaux de coordination du Groupe de travail

Les membres du Groupe de travail se réunissent, en personne, par vidéoconférence et/ou par audioconférence, tous les six mois ou une fois par an, conformément au calendrier établi par ses membres, en vue d'atteindre les objectifs énoncés à l'article 3 ci-dessus.

Les Parties établissent des mécanismes permanents de communication directe entre les sections des affaires consulaires des deux Ministères des affaires étrangères afin de répondre aux cas qui se présentent dans l'intervalle des réunions du Groupe de travail et qui nécessitent un examen et une analyse par les services consulaires respectifs.

Article 7. Sécurité informatique

Les informations générées dans le cadre du présent Mémorandum sont traitées conformément aux lois nationales applicables de chaque Partie.

Article 8. Validité

Le présent Mémorandum d'accord entre en vigueur à la date de sa signature.

Le présent Mémorandum d'accord reste en vigueur indéfiniment et peut être dénoncé à tout moment par l'une ou l'autre des Parties par notification écrite adressée à l'autre Partie, par la voie diplomatique, avec un préavis de six mois.

La cessation anticipée du présent Mémorandum d'accord n'affecte pas l'achèvement des activités de coopération formalisées pendant qu'il était en vigueur.

SIGNÉ à Brasilia, le 7 février 2017, en deux exemplaires originaux en langues espagnole et portugaise, les deux textes faisant également foi.

Pour la République argentine :
[SUSANA MALCORRA]

Pour la République fédérative du Brésil :
[JOSÉ SERRA]

No. 54614

Argentina
and
Brazil

Memorandum of Understanding between the Government of the Argentine Republic and the Government of the Federative Republic of Brazil on consular cooperation. Brasília, 10 November 1997

Entry into force: *10 November 1997 by signature, in accordance with its provisions*

Authentic texts: *Portuguese and Spanish*

Registration with the Secretariat of the United Nations: *Argentina, 14 August 2017*

Argentine
et
Brésil

Mémorandum d'accord entre le Gouvernement de la République argentine et le Gouvernement de la République fédérative du Brésil relatif à la coopération consulaire. Brasilia, 10 novembre 1997

Entrée en vigueur : *10 novembre 1997 par signature, conformément à ses dispositions*

Textes authentiques : *portugais et espagnol*

Enregistrement au Secrétariat de l'Organisation des Nations Unies : *Argentine, 14 août 2017*

[TEXT IN PORTUGUESE – TEXTE EN PORTUGAIS]

MEMORANDO DE ENTENDIMENTO ENTRE O GOVERNO DA REPÚBLICA ARGENTINA E O GOVERNO DA REPÚBLICA FEDERATIVA DO BRASIL SOBRE COOPERAÇÃO CONSULAR

O Governo da República Argentina

e

O Governo da República Federativa do Brasil
(doravante denominados as "Partes"),

Inspirados nos laços de amizade e cooperação existentes entre os dois países;

Considerando o aumento da presença de seus nacionais em terceiros países em que somente um dos dois Estados possui representação consular;

Reconhecendo a necessidade de adotarem um quadro permanente de cooperação consular destinado a ampliar a cobertura da assistência e proteção consular aos nacionais de seus países;

Tendo presente, para a prestação de assistência consular, especialmente as situações de emergência ou comprovada necessidade, de menores de idade desprovidos de representantes legais, e de detidos ou presos que solicitem assistência;

Chegaram ao seguinte entendimento:

1. Fica criada a Comissão de Cooperação Consular Argentino-Brasileira, doravante denominada "Comissão", a qual se incumbirá da coordenação das atividades de cooperação consular entre os dois países.

2. A Comissão será presidida pelo Diretor-Geral de Assuntos Consulares do Ministério das Relações Exteriores, Comércio Internacional e Culto da Argentina e pelo Diretor-Geral de Assuntos Consulares, Jurídicos e de Assistência a Brasileiros no Exterior do Ministério das Relações Exteriores do Brasil e será integrada também por representantes de outras unidades das duas Chancelarias e de outros órgãos estatais com competência na matéria.

3. A Comissão reunir-se-á uma vez por ano, alternadamente, em um e outro país, ou quando convocada em caráter extraordinário por uma das Partes.

4. As Partes estabelecerão mecanismos permanentes de comunicação direta entre as respectivas Diretorias-Gerais Consulares, para efeitos de atenção aos casos que se apresentem no interregno entre as reuniões da Comissão e que mereçam consideração e análise dos respectivos serviços consulares.

O presente Memorando de Entendimento entrará em vigor no momento de sua assinatura, podendo ser denunciado a qualquer momento por qualquer uma das Partes, mediante notificação à outra, com antecedência mínima de 6 (seis) meses.

Feito em Brasília, em 10 de novembro de 1997, em dois exemplares originais, nos idiomas espanhol e português, sendo ambos os textos igualmente autênticos.

PELO GOVERNO DA REPÚBLICA ARGENTINA

PELO GOVERNO DA REPÚBLICA FEDERATIVA DO BRASIL

[TEXT IN SPANISH – TEXTE EN ESPAGNOL]

MEMORANDUM DE ENTENDIMIENTO
ENTRE
EL GOBIERNO DE LA REPUBLICA ARGENTINA
Y
EL GOBIERNO DE LA REPUBLICA FEDERATIVA DEL BRASIL
SOBRE
COOPERACION CONSULAR

El Gobierno de la República Argentina,

y

El Gobierno de la República Federativa del Brasil

(en adelante denominados las "Partes")

Inspirados en los lazos de amistad y cooperación existentes entre los dos países;

Considerando el aumento de la presencia de sus nacionales en terceros países en que solamente uno de los dos Estados posee Representación Consular;

Reconociendo la necesidad de adoptar un cuadro permanente de cooperación consular destinado a ampliar la cobertura de la asistencia y protección consular a los nacionales de ambos países;

Teniendo presente, para la prestación de la asistencia consular, especialmente las situaciones de emergencia o la comprobada necesidad de menores de edad desprovistos de representantes legales y de detenidos o presos que soliciten asistencia;

Llegaron al siguiente entendimiento:

1.- Se establece la Comisión de Cooperación Consular Argentino-Brasileña, en adelante denominada la "Comisión", la cual se encargará de coordinar las actividades de cooperación consular entre los dos países.

2.- La Comisión será presidida por el Director General de Asuntos Consulares del Ministerio de Relaciones Exteriores, Comercio Internacional y Culto de Argentina y por el Director General de Asuntos Consulares, Jurídicos y de Asistencia a Brasileños en el Exterior del Ministerio de Relaciones Exteriores de Brasil y será integrada asimismo por Representantes de otras áreas de ambas Cancillerías y de otros organismos estatales con competencia en la materia.

3.- La Comisión se reunirá una vez por año, en forma alternativa en uno y otro país, o cuando sea convocada con carácter extraordinario por una de las Partes.

4.- Las Partes establecerán mecanismos permanentes de comunicación directa entre las respectivas Direcciones Generales de Asuntos Consulares, a los efectos de atender los casos que se presenten en el intervalo existente entre las reuniones de la Comisión y que merezcan consideración y análisis de los respectivos servicios consulares.

El presente Memorandum de Entendimiento entrará en vigencia en el momento de su firma, pudiendo ser denunciado en cualquier momento por cualesquiera de las Partes mediante notificación a la otra con una antelación mínima de seis (6) meses.

Hecho en Brasilia, a los 10 días del mes de noviembre de 1997, en dos ejemplares originales, en lengua española y portuguesa, siendo ambos textos auténticos por igual.

Por el Gobierno de la República Argentina

Por el Gobierno de la República Federativa del Brasil

[TRANSLATION IN ENGLISH – TRADUCTION EN ANGLAIS]

MEMORANDUM OF UNDERSTANDING BETWEEN THE GOVERNMENT OF THE ARGENTINE REPUBLIC AND THE GOVERNMENT OF THE FEDERATIVE REPUBLIC OF BRAZIL ON CONSULAR COOPERATION

The Government of the Argentine Republic and the Government of the Federative Republic of Brazil (hereinafter referred to as "the Parties"),

Drawing on the existing ties of friendship and cooperation between the two countries,

Considering the increased presence of their nationals in third countries where only one of the two States has consular representation,

Recognizing the need to adopt a permanent framework for consular cooperation to expand consular assistance and protection to cover nationals of both countries,

Bearing in mind, for the provision of consular assistance in particular, emergency situations or the proven need of minors deprived of legal representation and requests for aid from detainees and prisoners,

Have agreed as follows:

1. The Argentine-Brazilian Consular Cooperation Commission, hereinafter referred to as the "Commission", is hereby established to coordinate consular cooperation activities between the two countries.

2. The Commission will be chaired by the General Director for Consular Affairs of the Ministry of Foreign Affairs, International Trade and Worship of Argentina and by the Director-General for Consular and Legal Affairs and Assistance to Brazilians Abroad of the Ministry of Foreign Affairs of Brazil. It will also include representatives from other departments of both Ministries and from other State bodies with relevant responsibilities.

3. The Commission shall meet once a year, alternating between the two countries, or when convened in an extraordinary session by one of the Parties.

4. The Parties shall establish permanent mechanisms for direct communication between their respective Consular Affairs directorates, for the purpose of dealing with cases arising in the interval between meetings of the Commission that merit consideration and analysis by the two consular services.

This Memorandum of Understanding shall enter into force at the time of its signature, and may be terminated at any time by either Party giving at least six (6) months' notice to the other.

DONE at Brasilia on 10 November 1997, in two original copies in the Spanish and Portuguese languages, both texts being equally authentic.

For the Government of the Argentine Republic:

[GUIDO DI TELLA]

For the Government of the Federative Republic of Brazil:

[LUIZ LAMPREIA]

[TRANSLATION IN FRENCH – TRADUCTION EN FRANÇAIS]

MÉMORANDUM D'ACCORD ENTRE LE GOUVERNEMENT DE LA RÉPUBLIQUE ARGENTINE ET LE GOUVERNEMENT DE LA RÉPUBLIQUE FÉDÉRATIVE DU BRÉSIL RELATIF À LA COOPÉRATION CONSULAIRE

Le Gouvernement de la République argentine et le Gouvernement de la République fédérative du Brésil (ci-après dénommés « Parties »),

S'appuyant sur les relations d'amitié et de coopération existant entre leurs deux pays,

Considérant la présence accrue de leurs ressortissants dans des pays tiers où seul l'un des deux États dispose d'une représentation consulaire,

Reconnaissant la nécessité d'adopter un cadre permanent de coopération consulaire pour étendre l'assistance et la protection consulaires aux ressortissants des deux pays,

Gardant à l'esprit, pour la fourniture de l'assistance consulaire, notamment les situations d'urgence, les besoins avérés des mineurs privés de représentation légale et des détenus et des prisonniers qui demandent une assistance,

Sont convenus de ce qui suit :

1. La Commission de coopération consulaire entre l'Argentine et le Brésil, ci-après dénommée la « Commission », est établie par la présente pour coordonner les activités de coopération consulaire entre les deux pays ;

2. La Commission est présidée par le Directeur général des affaires consulaires du Ministère des affaires étrangères, du commerce international et du culte de l'Argentine ainsi que par le Directeur général des affaires consulaires et juridiques et de l'assistance aux Brésiliens vivant à l'étranger du Ministère des affaires étrangères du Brésil. Elle comprend également des représentants d'autres départements des deux Ministères et d'autres organismes publics ayant des compétences en la matière ;

3. La Commission se réunit une fois par an, alternativement dans les deux pays, ou lorsqu'elle est convoquée en session extraordinaire par l'une des Parties ;

4. Les Parties établissent des mécanismes permanents de communication directe entre leurs Directions générales des affaires consulaires respectives afin de répondre aux cas qui se présentent dans l'intervalle des réunions de la Commission et qui nécessitent un examen et une analyse par les deux services consulaires.

Le présent Mémorandum d'accord entre en vigueur au moment de sa signature et peut être dénoncé à tout moment par l'une des Parties moyennant un préavis d'au moins six mois à l'autre Partie.

FAIT à Brasilia, le 10 novembre 1997, en deux exemplaires originaux en langues espagnole et portugaise, les deux textes faisant également foi.

Pour le Gouvernement de la République argentine :

[GUIDO DI TELLA]

Pour le Gouvernement de la République fédérative du Brésil :

[LUIZ LAMPREIA]

No. 54615

Argentina and Montenegro

Agreement between the Government of the Argentine Republic and the Government of Montenegro on economic and commercial cooperation. Buenos Aires, 6 June 2016

Entry into force: *17 January 2017 by notification, in accordance with article 6*

Authentic texts: *English, Montenegrin and Spanish*

Registration with the Secretariat of the United Nations: *Argentina, 14 August 2017*

Argentine et Monténégro

Accord de coopération économique et commerciale entre le Gouvernement de la République argentine et le Gouvernement du Monténégro. Buenos Aires, 6 juin 2016

Entrée en vigueur : *17 janvier 2017 par notification, conformément à l'article 6*

Textes authentiques : *anglais, monténégrin et espagnol*

Enregistrement au Secrétariat de l'Organisation des Nations Unies : *Argentine, 14 août 2017*

[TEXT IN ENGLISH – TEXTE EN ANGLAIS]

AGREEMENT
BETWEEN
THE GOVERNMENT OF THE ARGENTINE REPUBLIC
AND
THE GOVERNMENT OF MONTENEGRO
ON
ECONOMIC AND COMMERCIAL COOPERATION

The Government of the Argentine Republic and the Government of Montenegro, hereinafter the "Parties";

Desirous of promoting and expanding their relations of friendship and cooperation;

Seeking to develop and strengthen their bilateral economic relations on the basis of reciprocity and mutual benefit;

Conscious of the need to create an adequate legal framework for Argentine-Montenegrin relations in accordance with the laws and regulations applicable in their respective countries;

Have agreed as follows:

ARTICLE 1
Objectives

The Parties agree that the objectives of this Agreement, in accordance with the laws and regulations applicable in their respective countries, are as follows:

- To strengthen cooperation in order to foster economic and commercial relations between both countries;
- To promote activities aimed at the development of bilateral economic and commercial cooperation in different areas and sectors of both economies;

- To encourage cooperation in the field of investment by sharing experience in policies designed to foster investment and promotion activities.

ARTICLE 2
Economic and Commercial Cooperation

The Parties will create favorable conditions for the development of commerce and economic cooperation, namely:

- Exchange of economic and commercial information of interest;
- Exchange of information related to the organization of and existing possibilities in relation to trade fairs, exhibitions, trade missions and other promotional activities;
- Preparation of studies to identify products with export potential from both Parties;
- Exploration and development of new markets;
- Encouragement of participation by small- and medium-sized companies, with special emphasis on cooperation activities between them;
- Promotion of the transfer of technology;
- Promotion of industrial and agricultural cooperation, in addition to other areas of cooperation of mutual interest to both Parties.

ARTICLE 3
Joint Economic Committee

The Parties agree to form an Argentine-Montenegrin Joint Economic Committee (hereinafter "the Committee") on Economic and Commercial Cooperation, which shall be comprised of authorities of both Parties, for the purpose of supervising the implementation of this Agreement and submitting proposals and recommendations in furtherance of the objective stated in Article 1 hereof.

The Committee shall be presided over by representatives of the Ministry of Foreign Affairs and Worship of the Argentine Republic and of the Ministry of Foreign Affairs and European Integration of Montenegro.

The meetings of the Committee shall be held alternately in the Argentine Republic and Montenegro on the dates to be agreed upon through the usual diplomatic channels.

The tasks of the Committee shall include the following:

1. To analyze the development of the bilateral economic and commercial relation;

2. To identify new possibilities for further development of the economic and commercial cooperation;
3. To prepare proposals for the improvement of economic and commercial cooperation conditions between institutions and companies of both Parties.
4. To make recommendations for the implementation of this Agreement.

ARTICLE 4
Resolution of Disputes

Any dispute which may arise in connection with the interpretation or implementation of this Agreement shall be resolved through negotiations and consultations between the Parties.

ARTICLE 5
Amendment

The Parties may introduce amendments to this Agreement at any time upon mutual consent by means of additional protocols. Such protocols shall be an integral part of this Agreement and shall enter into force in accordance with Article 6 hereof.

ARTICLE 6
Final provisions

This Agreement shall enter into force on the day of the receipt of the last written notification, through diplomatic channels, by which the Parties inform each other that their internal legal procedures necessary for its entry into force have been fulfilled.

This Agreement shall be in force for a period of five years and shall be automatically extended for successive periods of five years unless one of the Parties notifies the other in writing through diplomatic channels, at least six months in advance, of its decision to terminate it.

The termination of this Agreement shall not affect the implementation of any ongoing project or program being implemented in accordance with this Agreement until such project or program is concluded, unless otherwise agreed by the Parties.

DONE IN Buenos Aires, on 6th June, 2016, in two originals, in Spanish, Montenegrin and English languages, all texts being equally authentic. In case of divergence of interpretation of this Agreement, the English text shall prevail.

**FOR
THE GOVERNMENT OF THE
ARGENTINE REPUBLLC**

**MARÍA CRISTINA BOLDORINI
SECRETARY OF INTERNACIONAL
ECONOMIC AFFAIRS OF THE
ARGENTINE REPUBLIC**

**FOR
THE GOVERNMENT OF
MONTENEGRO**

**VLADIMIR KAVARIC
MINISTRY OF ECONOMY OF
MONTENEGRO**

[TEXT IN MONTENEGRIN – TEXTE EN MONTÉNÉGRIN]

SPORAZUM

IZMEĐU

VLADE REPUBLIKE ARGENTINE

I

VLADE CRNE GORE

O

EKONOMSKOJ I TRGOVINSKOJ SARADNJI

Vlada Republike Argentine i Vlada Crne Gore,(u daljem tekstu:„Strane");

u želji da promovišu i razvijaju prijateljske odnose i međusobnu saradnju;

u nastojanju da izgrade i ojačaju bilateralne ekonomske odnose na osnovu uzajamnosti i obostrane koristi;

svjesne potrebe za uspostavljanjem adekvatnog pravnog okvira za odnose između Argentine i Crne Gore, u skladu sa zakonima i propisima primjenjivim u obje države;

saglasile su sekako slijedi:

ČLAN 1
Ciljevi

Strane su saglasne da su ciljevi ovog Sporazuma, u skladu sa zakonima i propisima primjenjivim u obje države, sljedeći:

- ojačati saradnju kako bi se podstakli ekonomski i trgovinski odnosi između dvijezemlje;

- promovisati aktivnosti usmjerene ka razvoju bilateralne ekonomske i trgovinske saradnje u različitim oblastima i sektorima dvije ekonomije;
- podstaći saradnju u oblasti investicija razmjenom iskustavau vezi politika osmišljenih radi podsticanja i promovisanja investicija.

ČLAN 2
Ekonomska i trgovinska saradnja

Strane će stvoriti povoljne uslove za razvoj trgovinske i ekonomske saradnje, odnosno za:

- razmjenu ekonomskih i trgovinskih informacija od međusobnog interesa;
- razmjenu informacija vezanih za organizaciju i postojeće mogućnosti u vezi sa trgovinskim sajmovima, izložbama, trgovinskim misijama i ostalim promotivnim aktivnostima;
- izradu studija radi utvrđivanja proizvoda koji imaju potencijal da budu izvezeni iz obje zemlje;
- istraživanje i razvoj novih tržišta;
- podsticanje učešća malih i srednjih preduzeća, sa posebnim naglaskom na međusobnu saradnju;
- promovisanjeprenosatehnologija;
- promovisanjeindustrijske i poljoprivrednesaradnje, pored ostalih oblasti saradnje od uzajamnog interesa za obje Strane.

ČLAN 3
Mješovitakomisijazaekonomsku i trgovinskusaradnju

Strane su saglasne da formiraju Mješovitu argentinsko-crnogorsku komisiju za ekonomsku i trgovinskusaradnju (u daljemtekstu: „Komisija"), koja će biti sastavljena od predstavnika obje Strane, u cilju vršenja nadzora nad sprovođenje movog Sporazuma i dostavljanja predloga i preporuka radi postizanja cilja iz člana 1 ovog Sporazuma.

Komisijom će predsjedavati predstavnici Ministarstva vanjskih poslova i vjera Republike Argentine i Ministarstva vanjskih poslova i evropskih integracija Crne Gore.

Sjednice Komisije će se održavati na izmjenično u Republici Argentini i Crnoj Gori,pri čemu će se datumi održavanja usaglasiti diplomatskim putem.

Zadaci Komisije obuhvataju sledeće:

1. Analizu razvoja bilateralnih ekonomskih i trgovinskih odnosa;
2. Utvrđivanje novih mogućnosti za dalji razvoj ekonomske i trgovinske saradnje;
3. Izradu predloga za unapređenje uslova ekonomske i trgovinske saradnje između nadležnih institucija i kompanija obje Strane;
4. Izradu preporuka za sprovođenje ovog Sporazuma.

ČLAN 4

Rješavanje sporova

Svi sporovi koji mogu proisteći u vezi sa tumačenjem ili sprovođenjem ovog Sporazuma se rješavaju putem pregovora i konsultacija između Strana.

ČLAN 5

Izmjene i dopune

Strane mogu unijeti izmjene i dopune ovog Sporazuma u svakom trenutku uz obostranu saglasnost, i to putem dodatnih protokola, koji će biti sastavni dio ovog Sporazuma i stupiće na snagu u skladu sa članom 6 ovog Sporazuma.

ČLAN 6

Završne odredbe

Ovaj Sporazum stupa na snagu na dan prijema posljednjeg pisanogobavještenja, diplomatskim kanalima, kojim Strane obavještavaju jedna drugu da su ispunjeneunutrašnje pravneprocedure potrebne za njegovo stupanje na snagu.

Ovaj Sporazum će biti na snazi pet godina i automatski će se produžavati za naredni period od pet godina, osim u slučaju da jedna od Strana obavijesti drugu u pisanom obliku, diplomatskim kanalima, najmanje šest mjeseci unaprijed, o svojoj odluci da ga raskine.

Prestanak važenja ovog Sporazuma neće uticati na sprovođenje aktuelnog projekta ili programa koji se sprovodi u skladu sa ovim Sporazumom sve do završetka tog projekta ili programa, osim ako se Strane drugačije ne dogovore.

Potpisano u Buenos Ajres, dana 06 Juna, 2016, u dva originalna primjerka, na španskom, crnogorskomi engleskom jeziku pri čemu su svi tekstovi jednakovjerodostojni.U slučaju neslaganja u vezi sa tumačenjem ovog Sporazuma, mjerodavan jetekst na engleskom jeziku.

ZA VLADU REPUBLIKE ARGENTINE	ZA VLADU CRNE GORE

[TEXT IN SPANISH – TEXTE EN ESPAGNOL]

ACUERDO
ENTRE
EL GOBIERNO DE LA REPÚBLICA ARGENTINA
Y
EL GOBIERNO DE MONTENEGRO
SOBRE
COOPERACIÓN ECONÓMICA Y COMERCIAL

El Gobierno de la República Argentina y el Gobierno de Montenegro, en adelante denominados las "Partes";

Deseosas de promover y ampliar las relaciones de amistad y cooperación;

Con la intención de desarrollar e intensificar la relación económica bilateral sobre la base de la reciprocidad y el beneficio mutuo;

Conscientes de la necesidad de crear un marco legal adecuado en el que se establezcan las relaciones argentino-montenegrinas, de conformidad con las leyes y regulaciones aplicadas en los respectivos países;

Han acordado lo siguiente:

ARTÍCULO 1
Objetivos

Las Partes coinciden que los objetivos del presente Acuerdo, en concordancia con las leyes y regulaciones vigentes en ambos países, son:

- Fortalecer la cooperación con el fin de profundizar las relaciones económicas y comerciales entre ambos países;
- Promover actividades que estimulen el desarrollo de la cooperación bilateral económica y comercial en diferentes áreas y sectores de ambas economías;

- Alentar la cooperación en el campo de las inversiones mediante el intercambio de experiencias sobre políticas de fomento de inversiones y actividades de promoción.

ARTÍCULO 2
Cooperación Económica y Comercial

Las Partes crearán condiciones favorables para el desarrollo del comercio y la cooperación económica, a saber:

- Intercambio de información económico comercial de interés;
- Intercambio de información vinculada a la realización y posibilidades existentes de consecución de ferias comerciales, exhibiciones, misiones comerciales y otras actividades de promoción;
- Elaboración de estudios para la identificación de productos con potencia exportadora en ambas Partes;
- Exploración y desarrollo de nuevos mercados;
- Estimular la participación de las pequeñas y medianas empresas, poniendo especial empeño en las acciones de cooperación entre ellas;
- Promoción de la transferencia de tecnología;
- Promoción de la cooperación industrial y agrícola y de otras áreas de cooperación que sean de mutuo interés para ambas Partes.

ARTÍCULO 3
Comisión Económica Mixta

Las Partes acuerdan establecer una Comisión Económica Mixta Argentina-Montenegrina (en adelante denominada "la Comisión") sobre Cooperación Económica y Comercial compuesta por autoridades de ambas Partes, para supervisar la implementación del presente Acuerdo y presentar propuestas y recomendaciones con el objetivo especificado en el Artículo 1 del presente Acuerdo.

La Comisión será presidida por representantes del Ministerio de Relaciones Exteriores y Culto de la República Argentina y por el Ministerio de Asuntos Exteriores e Integración Europea de Montenegro.

La Comisión se reunirá alternativamente en la República Argentina y Montenegro, en las fechas que sean acordadas por medio de los canales diplomáticos habituales.

Entre las funciones de la Comisión, se incluyen las siguientes:

1. Analizar el desarrollo de la relación económica y comercial bilateral;

2. Identificar nuevas posibilidades para profundizar el desarrollo de la cooperación económica y comercial;
3. Realizar propuestas para mejorar las condiciones de cooperación económica y comercial entre instituciones y empresas de ambas Partes;
4. Efectuar recomendaciones para la implementación del presente Acuerdo.

ARTÍCULO 4
Resolución de Disputas

Cualquier controversia que pueda surgir en relación con la interpretación o implementación del presente Acuerdo se resolverá mediante negociaciones y consultas entre las Partes.

ARTÍCULO 5
Modificaciones

Las Partes podrán introducir modificaciones al presente Acuerdo en cualquier momento mediante consentimiento mutuo a través de protocolos adicionales, los que serán parte integrante del presente Acuerdo y entrarán en vigor conforme a los términos del Artículo 6.

ARTÍCULO 6
Consideraciones Finales

El presente Acuerdo entrará en vigor el día de la recepción de la última notificación por escrito, por la cual las Partes se informen entre sí, a través de la vía diplomática, el cumplimiento de los procedimientos internos necesarios para su entrada en vigor.

El presente Acuerdo tendrá una vigencia de cinco años y se renovará automáticamente por períodos sucesivos de cinco años, salvo que una de las Partes notifique a la otra su intención de terminarlo, por escrito y a través de la vía diplomática, al menos seis meses antes de la fecha de terminación.

La terminación del presente Acuerdo no afectará la implementación de los proyectos y programas en ejecución de conformidad con el presente, hasta que tales proyectos y programas hayan sido totalmente ejecutados, salvo acuerdo en contrario de las Partes.

Hecho en Buenos Aires, a los 6 días del mes de junio de 2016, en dos originales, en los idiomas español, montenegrino e inglés, siendo ambos igualmente auténticos. En caso de divergencia en la interpretación prevalecerá el texto en idioma inglés.

POR
EL GOBIERNO DE LA
REPÚBLICA ARGENTINA

MARÍA CRISTINA BOLDORINI
SECRETARIA DE RELACIONES
ECONÓMICAS INTERNACIONALES
DE LA REPÚBLICA ARGENTINA

POR
EL GOBIERNO DE
MONTENEGRO

VLADIMIR KAVARIC
MINISTRO DE ECONOMÍA DE
MONTENEGRO

[TRANSLATION IN FRENCH – TRADUCTION EN FRANÇAIS]

ACCORD DE COOPÉRATION ÉCONOMIQUE ET COMMERCIALE ENTRE LE GOUVERNEMENT DE LA RÉPUBLIQUE ARGENTINE ET LE GOUVERNEMENT DU MONTÉNÉGRO

Le Gouvernement de la République argentine et le Gouvernement du Monténégro, ci-après dénommés « Parties »,

Désireux de promouvoir et d'élargir leurs relations d'amitié et de coopération,

Souhaitant développer et renforcer leurs relations économiques bilatérales en se basant sur les principes de réciprocité et d'intérêt mutuel,

Conscients de la nécessité de créer un cadre juridique adéquat pour les relations argentino-monténégrines, conformément aux lois et règlements applicables dans leur pays respectif,

Sont convenus de ce qui suit :

Article premier. Objectifs

Les Parties conviennent que les objectifs du présent Accord, conformément aux lois et règlements applicables dans leur pays respectif, sont les suivants :

- Renforcer la coopération afin d'encourager les relations économiques et commerciales entre les deux pays ;
- Promouvoir des activités visant à développer la coopération économique et commerciale bilatérale dans différents domaines et secteurs des deux économies ;
- Encourager la coopération dans le domaine des investissements par le partage d'expériences en matière de politiques destinées à favoriser les investissements et les activités de promotion.

Article 2. Coopération économique et commerciale

Les Parties créeront des conditions propices au développement de la coopération économique et commerciale, à savoir :

- L'échange de renseignements économiques et commerciaux présentant un intérêt ;
- L'échange d'informations relatives à l'organisation et aux possibilités existantes en matière de salons commerciaux, d'expositions, de missions commerciales et d'autres activités promotionnelles ;
- La préparation d'études pour identifier, dans les deux Parties, les produits ayant un potentiel d'exportation ;
- L'exploration et le développement de nouveaux marchés ;
- L'encouragement de la participation des petites et moyennes entreprises, en particulier la promotion d'activités de coopération entre elles ;

- La promotion du transfert de technologies ;
- La promotion de la coopération industrielle et agricole, ainsi que la coopération dans d'autres domaines d'intérêt mutuel pour les deux Parties.

Article 3. Commission économique mixte

Les Parties conviennent de créer une commission économique mixte argentino-monténégrine de coopération économique et commerciale (ci-après dénommée « Commission »), composée d'autorités des deux Parties, aux fins de superviser la mise en œuvre du présent Accord et de présenter des propositions et recommandations en vue d'atteindre l'objectif énoncé à l'article premier du présent Accord.

La Commission est présidée par des représentants du Ministère des affaires extérieures et du culte de la République argentine et du Ministère des affaires étrangères et de l'intégration européenne du Monténégro.

Les réunions de la Commission se tiennent alternativement en République argentine et au Monténégro aux dates convenues par les voies diplomatiques habituelles.

Les tâches de la Commission comprennent notamment :

1. L'analyse du développement des relations économiques et commerciales bilatérales ;
2. L'identification de nouvelles possibilités de développement de la coopération économique et commerciale ;
3. La préparation de propositions visant à améliorer les conditions de coopération économique et commerciale entre les institutions et les entreprises des deux Parties ;
4. La formulation de recommandations concernant la mise en œuvre du présent Accord.

Article 4. Règlement des différends

Les différends susceptibles de survenir en lien avec l'interprétation ou la mise en œuvre des dispositions du présent Accord sont réglés par voie de négociations et de concertations entre les Parties.

Article 5. Amendement

Les Parties peuvent à tout moment, sur consentement mutuel, introduire des amendements au présent Accord par le biais de protocoles additionnels. Ces protocoles font partie intégrante du présent Accord et entrent en vigueur conformément aux dispositions de l'article 6.

Article 6. Dispositions finales

Le présent Accord entre en vigueur à la date de la réception, par la voie diplomatique, de la dernière des notifications écrites par lesquelles les Parties s'informent que les procédures juridiques internes nécessaires à son entrée en vigueur ont été accomplies.

Le présent Accord est conclu pour une période de cinq ans, reconduite tacitement pour des périodes successives de cinq ans, à moins que l'une des Parties ne notifie à l'autre Partie, par écrit et par la voie diplomatique, au minimum six mois avant la date d'expiration de l'Accord, son intention de le dénoncer.

La dénonciation du présent Accord n'affecte pas la mise en œuvre des projets ou programmes en cours, mis en œuvre conformément au présent Accord, jusqu'à ce que ledit projet ou programme soit terminé, sauf accord contraire des Parties.

FAIT à Buenos Aires, le 6 juin 2016, en deux exemplaires originaux en langues espagnole, monténégrine et anglaise, tous les textes faisant également foi. En cas de divergence dans l'interprétation du présent Accord, le texte anglais prévaut.

Pour le Gouvernement de la République argentine :
MARÍA CRISTINA BOLDORINI
Secrétaire aux affaires économiques internationales de la République argentine

Pour le Gouvernement du Monténégro :
VLADIMIR KAVARIC
Ministre de l'économie du Monténégro

No. 54616

Argentina and Finland

Agreement between the Argentine Republic and the Republic of Finland on mutual assistance and cooperation in customs matters (with annex). Buenos Aires, 4 December 2015

Entry into force: *11 April 2017, in accordance with article 23*

Authentic texts: *English, Finnish and Spanish*

Registration with the Secretariat of the United Nations: *Argentina, 14 August 2017*

Argentine et Finlande

Accord entre la République argentine et la République de Finlande concernant l'assistance mutuelle et la coopération en matière douanière (avec annexe). Buenos Aires, 4 décembre 2015

Entrée en vigueur : *11 avril 2017, conformément à l'article 23*

Textes authentiques : *anglais, finnois et espagnol*

Enregistrement au Secrétariat de l'Organisation des Nations Unies : *Argentine, 14 août 2017*

[TEXT IN ENGLISH – TEXTE EN ANGLAIS]

AGREEMENT
BETWEEN
THE ARGENTINE REPUBLIC
AND
THE REPUBLIC OF FINLAND
ON MUTUAL ASSISTANCE AND COOPERATION IN CUSTOMS MATTERS

The Argentine Republic and the Republic of Finland, hereafter referred to as the Parties,

Considering that contraventions of customs laws are prejudicial to the economic, commercial, fiscal, social, cultural, industrial and agricultural interests of the Parties;

Convinced that actions against contraventions of customs laws can be rendered more effective by close co-operation between their customs authorities;

Considering the importance of accurate assessment of customs duties and other taxes collected at importation or exportation and of ensuring proper enforcement of measures of prohibition, restriction and control, the latter including those on the enforcement of the law and regulations on counterfeit goods and registered trade-marks;

Considering that illicit trafficking in arms, ammunition, explosives, poisonous substances, radioactive materials, narcotic drugs and psychotropic substances represents a danger for public health and society;

Taking into account the threat of transnational organized crime and terrorist groups with their substantial resources and the need to effectively combat them;

Taking into account the United Nations Convention against Transnational Organized Crime, adopted at New York on 15 November 2000, which lays down a framework for international mutual assistance in criminal matters with a view to preventing and combating transnational organized crime;

Having regard to the provisions of the Single Convention on Narcotic Drugs of 1961, as amended, and the Convention on Psychotropic substances of 1971, as amended, drawn up under the auspices of the United Nations Organisation as well as the United Nations Convention against Illicit Traffic in Narcotic Drugs and Psychotropic Substances of 1988 and its Annex, as amended;

Having regard also to the relevant instruments of the Customs Co-operation Council, in particular the Recommendation on mutual administrative assistance of 5 December 1953;

Have agreed as follows:

Article 1
Definitions

For the purposes of this Agreement:

a) "customs laws" shall mean any legal or regulatory provisions applicable by the customs authorities of the Parties in connection with the importation, exportation, transit, storage and circulation of goods, including means of payment, whether relating to customs duties, taxes or other charges levied by the customs authorities, or to measures of prohibition, restriction or control;

b) "customs authority" shall mean the Federal Administration of Public Revenue of the Argentine Republic, and the Finnish Customs for the Republic of Finland, competent for the enforcement of the provisions referred to in paragraph a) of this Article;

c) "contravention of customs laws" shall mean any violation or attempted violation of customs laws;

d) "customs duties and taxes" shall mean customs duties and all other duties, taxes and charges which are collected on or in connection with the importation or exportation of goods but not including fees and charges which are limited in amount to the approximate costs of services rendered. In the case of the Republic of Finland, the duties and taxes as set forth by the competent bodies of the European Union are included;

e) "person" shall mean any natural or legal person, unless the context otherwise requires;

f) "personal data" shall mean, for the Republic of Finland: any information relating to an identified or identifiable natural person; and for the Argentine Republic: any information relating to an identified or identifiable natural or legal person;

g) "narcotic drugs" shall mean any substance, natural or synthetic, in

Schedules I and II of the Single Convention on Narcotic Drugs, 1961, as amended, as well as any substance assimilated to narcotic drugs in national legislation;

h) "psychotropic substances" shall mean any substance, natural or synthetic, or any natural material in Schedules I, II, III and IV of the Convention on Psychotropic Substances, 1971, as amended, as well as any substance assimilated to psychotropic substances in national legislation;

i) "precursors" shall mean chemical substances listed in the Annex to the 1988 United Nations Convention against Illicit Traffic in Narcotic Drugs and Psychotropic Substances, as amended;

j) "controlled delivery" shall mean the technique of allowing illicit consignments to pass out of, through or into the territories of the Parties with the knowledge and under supervision of their competent authorities, with a view to detecting and identifying persons involved in contraventions of customs laws;

k) "requesting customs authority" shall mean the customs authority of one of the Parties which requests assistance in customs matters;

l) "requested customs authority" shall mean the customs authority of one of the Parties from which assistance in customs matters is requested.

Article 2
Scope of the Agreement

1. The Parties shall, through their customs authorities and in accordance with the provisions set out in this Agreement, afford each other assistance:

a) in order to ensure that customs laws are properly followed;

b) in order to prevent, investigate and prosecute contraventions of customs laws;

c) in cases concerning delivery/notification of documents regarding application of customs laws.

2. Assistance within the framework of this Agreement shall be rendered in accordance with the legislation in force in the territory of the Party to which the requested customs authority belongs and within the competence and available resources of the requested customs authority. If necessary, the requested customs authority can arrange for assistance to be provided by another competent authority.

3. This Agreement does not provide for the recovery of customs duties, taxes and any other charges.

4. This Agreement shall not restrict the application of international agreements on legal assistance in criminal matters or international agreements on customs co-operation into which the Parties have entered.

Article 3
Scope of assistance

1. In the context of their respective legal and regulatory provisions, the customs authorities of the Parties will exchange any information - upon request and after prior investigation if needed - enabling them to ensure the correct collection of customs duties and taxes, especially the information that facilitates:

a) the determination of dutiable value, the tariff classification and the origin of goods;

b) the enforcement of the provisions concerning prohibitions, restrictions and controls.

2. On request the requested customs authority shall provide all information about the customs laws and procedures applicable in the territory of that Party which are relevant to enquiries relating to a contravention of customs laws.

3. The customs authorities shall provide each other, either on request or on their own initiative, with information and documents which help to ensure proper application of customs laws and the prevention, investigation and repression of contraventions of customs laws.

4. Either customs authority shall, in making inquiries on behalf of the other customs authority, act as if they were being made on its own account or at the request of another authority of that Party.

5. In case the requested customs authority is not the appropriate agency to comply with the request, it shall promptly transmit it to the competent domestic agency and seek the co-operation of that agency.

Article 4
Instances of assistance

The customs authorities shall, on their own initiative or upon request, supply to each other the following information:

a) whether goods imported into the territory of one of the Parties have been lawfully exported from the territory of the other Party, and the customs procedure if any, under which the goods have been placed;

b) whether goods exported from the territory of one of the Parties have been lawfully imported into the territory of the other Party and the customs procedure, if any, under which the goods have been placed.

c) whether goods which are granted favourable treatment upon exportation from the territory of one Party have been duly imported into the territory of the other Party, it being understood that information shall also be provided on any customs control measures to which they have been subjected.

Article 5
Special surveillance

1. On request the requested customs authority shall provide information on, and maintain special surveillance over:

a) persons known to the requesting customs authority to have committed a contravention of customs laws or suspected of doing so, particularly those moving into and out of the territory of the Party to which the requested customs authority belongs;

b) movements of goods notified by the requesting customs authority as giving rise to suspected illicit traffic towards the territory of the requesting Party;

c) means of transport suspected by the requesting customs authority of being used to commit contraventions of customs laws in force in the territory of either Party;

d) places used for storing goods which are suspected by the requesting customs authority of being used to commit contraventions of customs laws in force in the territory of either Party.

2. Within their competence, the customs authorities of the Parties shall prevent:

a) the exportation of goods which are known to be or, on reasonable grounds, suspected of being exported into the territory of the other Party to be used for other purposes than in the legitimate trade between the Parties;

b) the exportation of goods the importation of which is forbidden into the territory of the other Party.

Article 6
Action against illicit traffic of goods of special importance

The customs authorities shall, on their own initiative or upon request and without delay, supply to each other all relevant information on activities, completed or planned, which constitute or appear to constitute a contravention of the customs laws in force in the territory of one of the Parties especially regarding the movement of:

a) arms, ammunition and explosives;

b) sensitive and strategic goods subject to control in accordance with the international treaties concerned and the relevant multilateral arrangements or regimes and/or concurring non-proliferation obligations;

c) narcotic drugs, psychotropic substances and precursors;

d) objects of art and antiquity which are of significant historical, cultural or archaeological value;

e) poisonous substances, radioactive materials as well as other goods and substances dangerous to environment or health;

f) goods subject to high duties or taxes, in particular, alcoholic beverages and tobacco products;

g) goods infringing Intellectual Property Rights;

h) paleontological goods.

Article 7
Controlled delivery

1. The customs authorities shall, by mutual consent and each within its competence determined by national legislation, use controlled delivery in order to identify persons involved in a contravention. When a decision on the use of

controlled delivery is not within the competence of the customs authority, it shall initiate cooperation with national authorities having such competence or transfer the case to that authority.

2. Illicit consignments whose controlled delivery is agreed to may, with the consent of the competent national authorities, be intercepted and allowed to continue with the goods intact or removed and seized or replaced in whole or in part.

3. Decisions concerning the use of controlled delivery are to be taken on a case-by-case basis, and may if necessary take into account financial arrangements and understandings between the competent national authorities.

4. Controlled delivery must not cause significant danger to the life, health or freedom of any person, or any significant danger of extensive damage to the environment, to property or to assets.

Article 8
Form and substance of requests for assistance

1. Requests pursuant to this Agreement shall be made in writing. They shall be accompanied by the documents necessary to enable compliance with the request. When required, because of the urgency of the situation, oral requests may be accepted, but must be confirmed in writing immediately.

2. Requests pursuant to paragraph 1 of this Article shall include the following information:

a) the customs authority making the request;

b) the measures requested;

c) the object of and the reason for the request;

d) the laws, rules and other legal elements involved;

e) indications as exact and comprehensive as possible on the persons who are the target of the investigations;

f) a summary of the relevant facts and of the inquiries already carried out, except in cases provided for in Article 9.

3. Requests for assistance shall be submitted in the English language.

4. If a request does not meet formal requirements, its correction or completion may be demanded; precautionary measures may, however, be ordered.

Article 9
Notification of documents

1. At the request of the customs authority of one Party, the customs authority of the other Party shall notify the persons concerned, residing or established in the territory of the Party to which it belongs, of documents relating to measures and decisions taken by the administrative authorities in application of customs laws.

2. Notification of documents shall be made in accordance with the legislation in force in the territory of the Party to which the requested customs authority belongs. Notification of documents may, however, also be made following a particular form or method contained in the request provided that this is not to be considered to be contrary to the laws of the requested Party.

3. Evidence of notification may take the form of a dated and signed acknowledgement of receipt by the person concerned or of a certificate of the requested competent authority, indicating the method and date of the notification.

Article 10
Inquiries

1. If one customs authority so requests, the other customs authority shall initiate inquiries concerning operations which are, or appear to be, contrary to the customs laws in force in the territory of the Party to which the requesting customs authority belongs, and it shall communicate the results of such inquiries to the requesting customs authority.

2. These inquiries shall be conducted under the laws in force in the territory of the Party to which the requested customs authority belongs. The requested customs authority shall proceed as if it were acting on its own account.

3. On written request, the officials specially designated by the requesting customs authority may, with the authorization of the requested customs authority and subject to conditions the latter may impose, for the purpose of investigating a contravention of customs laws:

a) obtain from the offices of the requested customs authority information in respect of that contra- vention of customs laws;
b) be present during an inquiry conducted by the requested customs authority in the territory of the other Party and relevant to the requesting customs authority.

Article 11
Files and documents

1. The customs authority of one Party shall, on its own initiative or upon request supply to the customs authority of the other Party reports, records of evidence or certified copies of documents giving all available information on transactions, completed or planned, which constitute or appear to constitute a contravention of the customs laws in force in the territory of that other Party.

2. The documents provided for in this Agreement, may be replaced by computerized information produced in any form for the same purpose. All relevant materials for the interpretation or utilization of the information and documents should be supplied at the same time.

3. Original files and documents shall be requested only in cases where certified copies would be insufficient.

4. Original files and documents received under this Agreement shall be returned at the earliest opportunity.

Article 12
Experts and witnesses

1. Upon request of a Party in connection with a contravention of customs laws, the requested customs authority may authorize its officials, whenever possible, to appear before the competent authorities of the other Party. Those officials will appear as experts or witnesses regarding facts established by them in the course of their official duties and to produce evidence. The request for the appearance must clearly indicate in what case and in what capacity the official is to appear.

2. The customs authority accepting the request shall precisely state, if required, in the authorization issued, the limits within which its officials may testify.

Article 13
Arrangements for visiting officials

When, in the circumstances provided by this Agreement, officials of the customs authority of one Party are present in the territory of the other Party, they must at all times be able to furnish proof of their official capacity. They must not be in uniform nor carry arms.

Article 14
Use of information and documents

1. Information, documents and other communications obtained shall be used for the purposes of this Agreement and may be used for other purposes only with prior written consent of the customs authority which furnished the information and shall be subject to any restrictions laid down by that authority. These provisions are not applicable to information, documents and other communications concerning contraventions relating to narcotic drugs and psychotropic substances. Such information may be communicated to other national competent authorities directly involved in combating illicit trafficking in narcotic drugs and psychotropic substances.

2. Any information communicated in whatever form pursuant to this Agreement shall be of confidential nature. It shall be covered by the obligation of official secrecy and shall enjoy the protection extended to the same kind of information and documents under the legislation in force in the territory of the Party to which the receiving customs authority belongs.

3. Paragraph 1 of this Article shall not impede the use of information in any judicial or administrative proceedings subsequently instituted for failure to comply with customs laws.

Article 15
Protection and use of personal data

1. In accordance with the legislation in force in the territories of the Parties the protection of personal data exchanged under this Agreement shall be subject at least to the following conditions:

a) notwithstanding the provisions of Article 3, personal data shall not be transmitted whenever there are reasonable grounds to believe that the transfer or the use made of the data transmitted would be contrary to the law of one of the Parties, and legislation on data protection in particular. Upon request, the receiving customs authority shall inform the furnishing customs authority of the use made of the information supplied and of the results achieved;

b) personal data may only be transmitted to customs authorities and other law enforcement authorities, and in the case of need for prosecution purposes, to public prosecution and judicial authorities. Such information shall not be communicated to persons other than those required to use it for such purposes unless the authorities supplying the information agree case-by-case and the law governing the receiving authorities allows such communication;

c) the requested customs authority must ascertain the validity and correctness of the personal data to be submitted. The customs authority which transmits data shall ensure that they are accurate and up-to-date. The requesting customs authority shall correct, destroy or delete the personal data, if so required;

d) the requested customs authority shall together with the personal data provide information on the required deadline for data deletion according to its own legislation. Personal data shall be kept for a period not exceeding that necessary for the purpose for which they were communicated;

e) the customs authorities shall keep a register on personal data submitted or received and effectively protect any personal data against unauthorised access, modification, publication, damage or destruction;

f) customs officials are bound to maintain confidentiality regarding personal data even after leaving the service, as provided for in their national legislations.

2. Where personal data are exchanged under this Agreement, the Parties shall ensure a standard of data protection at least equivalent to that resulting from the implementation of principles in the Annex to this Agreement, which is an integral part of this Agreement.

3. The Parties shall notify each other of the competent national authority to which inquiries concerning protection of personal data can be addressed.

Article 16
Use as evidence of information and documents

1. The customs authorities may, in accordance with the purposes and within the scope of this Agreement, in their records of evidence, reports and testimonies, and in proceedings brought before courts, use as evidence information and documents obtained in accordance with this Agreement.

2. The use made of such information and documents as evidence in courts and the weight to be attached thereto shall be determined in accordance with the national legislation of the Parties.

Article 17
Exceptions to the obligation to provide assistance

1. If the requested customs authority of one Party considers that compliance with the assistance requested from it would be prejudicial to the sovereignty, security, public order or other essential interests of that Party, or would involve a violation of an industrial, commercial or professional secret or would be contrary to the basic principles of its domestic legal system, it may refuse to provide assistance, or provide it partly or provide it subject to certain conditions or requirements.

2. If the requesting customs authority would be unable to comply if a similar request were made by the requested customs authority, it shall draw attention to that fact in its request. Compliance with such a request shall be at the discretion of the requested customs authority.

3. Assistance may be postponed by the requested customs authority on the grounds that it will interfere with an ongoing investigation, prosecution or proceeding. In such a case the requested customs authority shall consult the requesting customs authority to determine if assistance can be given subject to such terms or conditions as the requested customs authority may require.

4. The customs authorities shall notify each other where assistance is denied or postponed, specifying the reasons for the denial or postponement. A Party is not obliged to substantiate its denial when it is due to possible harms to its sovereignty, security, public order or other essential interests.

Article 18
Costs

1. The customs authorities shall waive all claims for reimbursement of costs incurred in the execution of this Agreement, except for expenses and allowances paid to experts and to witnesses as well as costs of translators and interpreters other than Government employees, which shall be borne by the requesting customs authority.

2. If expenses of a substantial and extraordinary nature are or will be required to execute the request, the Parties shall consult to determine the terms and

conditions under which the request will be executed, as well as the manner in which the costs shall be borne.

Article 19
Complementarity

Without prejudice to Articles 14 and 15, this Agreement shall not prejudice the European Union provisions governing the communication between the competent services of the Commission of the European Union and the customs authorities of the Republic of Finland of any information obtained in customs matters, which could be of the European Union interest, or the provisions of MERCOSUR governing the communication between the customs authorities of the Argentine Republic and the customs authorities of the other countries of MERCOSUR.

Article 20
Implementation of the Agreement

1. Assistance under this Agreement shall be carried out directly between the customs authorities of the Parties.

2. The customs authorities shall decide on detailed arrangements to facilitate the implementation of this Agreement.

3. The customs authorities may take measures so that their officials responsible for the investigation or repression of contraventions of customs laws maintain personal and direct relations with each other in accordance with their internal administrative procedures.

4. All disputable issues connected with implementation and interpretation of this Agreement shall be solved through negotiations between the customs authorities of the Parties. Conflicts for which no amicable solutions are found shall be settled through diplomatic channels.

5. The information referred to in this Agreement shall be communicated to officials who are specially designated for this purpose by each customs authority.

Article 21
Territorial application

This Agreement shall be applicable to the customs territory of the Republic of Finland and to the customs territory of the Argentine Republic, as defined in their respective national legal and administrative provisions.

Article 22
Additions and amendments

Upon mutual consent of the Parties any additions and amendments formalized in separate Protocols, which will be an integral part of this Agreement, may be introduced to this Agreement. Such Protocols will enter into force according to the procedure described in Article 23 of this Agreement.

Article 23
Entry into force and termination

1. The Parties shall notify each other through diplomatic channels by written notice when all necessary national legal requirements for the entry into force of this Agreement have been fulfilled. The Agreement shall enter into force sixty days after the last notification has been received.

2. This Agreement is signed to be of unlimited duration. Either Party may terminate it by a written notice through diplomatic channels.

3. The termination shall take effect upon expiry of six months after such a notice has been received by the other Party.

4. Ongoing proceedings at the time of termination shall, as far as possible, be completed in accordance with the provisions of this Agreement.

In witness whereof the undersigned representatives, duly authorised thereto, have signed this Agreement.

Done at Buenos Aires on December 4th, 2015 in two originals, each in the Finnish, Spanish and English languages, all texts being equally authentic. In case of divergence of interpretation, the English text shall prevail.

FOR THE ARGENTINE REPUBLIC	FOR THE REPUBLIC OF FINLAND

**ANNEX TO THE AGREEMENT BETWEEN
THE ARGENTINE REPUBLIC
AND
THE REPUBLIC OF FINLAND
ON MUTUAL ASSISTANCE AND COOPERATION IN CUSTOMS MATTERS**

BASIC PRINCIPLES OF DATA PROTECTION

1. Personal data undergoing automatic processing shall be:

a) obtained and processed fairly and lawfully;
b) stored for specified and legitimate purposes and not used in a way incompatible with those purposes;
c) adequate, relevant and not excessive in relation to the purposes for which they are stored;
d) accurate and, where necessary, kept up to date;
e) preserved in a form which permits identification of the data subjects for no longer than is required for the purpose for which those data are stored.

2. Personal data revealing racial origin, political opinions or religious or other beliefs, such as philosophical or moral beliefs as well as personal data related to labor union membership or concerning health or sexual life, may not be processed automatically unless domestic law provides appropriate safeguards. The same shall apply to personal data relating to criminal convictions.

3. Appropriate security measures shall be taken to guarantee the security and confidentiality of personal data in order to avoid their alteration, loss, unauthorized consultation or treatment, and to detect any intentional or unintentional distortion of such information, whether the risks arise from human conduct or the technical means used.

4. Any person shall be enabled:

a) to establish the existence of an automated personal data file, its main purposes, as well as the identity and habitual residence or principal place of business of the controller of the file;

b) to obtain at reasonable intervals without expense and without excessive delay, confirmation of whether personal data relating to him are stored in the automated data file as well as communication to him of such data in an intelligible form;

c) to obtain, as the case may be, rectification or erasure of such data if they have been processed contrary to the provisions of domestic law giving effect to the basic principles set out in paragraphs 1 and 2 of this Annex;

d) to have a remedy if a request for, as the case may be, communication, rectification or erasure as referred to at paragraphs b) and c) of this principle is not complied with.

5.1. No exception to the provisions under paragraphs 1, 2 and 4 of this Annex shall be allowed except within the limits defined in the following paragraph.

5.2. Derogation from the provisions under paragraphs 1, 2 and 4 of this Annex shall be allowed when such derogation is provided for by the law of the corresponding Party and constitutes a necessary measure in a democratic society according to the interest of:

a) protecting State security, public safety, the monetary interest of the State or the suppression of criminal offences;
b) protecting the data subject or the rights and freedoms of others.

5.3. Restrictions on the exercise of the rights specified in paragraph 4, subparagraphs (b), and (d) of this Annex may be provided by law with respect to automated personal data files used for statistics or for scientific research purposes where there is obviously no risk of an infringement of the data subjects.

6. Each Party undertakes to establish appropriate sanctions and remedies for violations of provisions of domestic law giving effect to the basic principles set out in this Annex.

7. None of the provisions of this Annex shall be interpreted as limiting or otherwise affecting the possibility for a Party to grant data subjects with a wider measure of protection than that stipulated in this Annex.

[TEXT IN FINNISH – TEXTE EN FINNOIS]

SOPIMUS ARGENTIINAN TASAVALLAN JA SUOMEN TASAVALLAN VÄLISESTÄ KESKINÄISESTÄ AVUNANNOSTA JA YHTEISTYÖSTÄ TULLIASIOISSA

Argentiinan tasavalta ja Suomen tasavalta, jäljempänä osapuolet, jotka

katsovat, että tullilakien vastaiset teot vahingoittavat osapuolten taloudellisia, kaupallisia, verotaloudellisia, yhteiskunnallisia ja kulttuurisia etuja sekä teollisuuden ja maatalouden etuja,

ovat vakuuttuneita siitä, että tullilakien vastaisten tekojen torjuntaa voidaan tehostaa niiden tulliviranomaisten välisellä tiiviillä yhteistyöllä,

katsovat, että on tärkeää määrätä oikein maahantuonnin tai maastaviennin yhteydessä kannettavat tullit ja muut verot sekä varmistaa kielto-, rajoitus- ja valvontatoimenpiteiden asianmukainen täytäntöönpano mukaan lukien tuoteväärennöksiä ja rekisteröityjä tavaramerkkejä koskevien lakien ja määräysten täytäntöönpanoon liittyvät toimenpiteet,

katsovat, että aseiden, ammusten, räjähteiden, myrkyllisten aineiden, radioaktiivisten aineiden, huumausaineiden ja psykotrooppisten aineiden laiton kauppa muodostaa vaaran kansanterveydelle ja yhteiskunnalle,

ottavat huomioon merkittäviä voimavaroja omaavien kansainvälisen järjestäytyneen rikollisuuden ja terroristiryhmien muodostaman uhan, sekä tarpeen torjua se tehokkaasti,

ottavat huomioon New Yorkissa 15. marraskuuta 2000 tehdyn kansainvälisen järjestäytyneen rikollisuuden vastaisen Yhdistyneiden Kansakuntien yleissopimuksen, joka luo kehyksen kansainväliselle keskinäiselle avunannolle rikosasioissa kansainvälisen järjestäytyneen rikollisuuden estämiseksi ja torjumiseksi,

ottavat huomioon määräykset, jotka sisältyvät Yhdistyneiden Kansakuntien alaisuudessa vuonna 1961 tehtyyn huumausaineyleissopimukseen, sellaisena kuin se on muutettuna, ja vuonna 1971 tehtyyn psykotrooppisia aineita koskevaan yleissopimukseen, sellaisena kuin se on muutettuna, sekä vuonna 1988 huumausaineiden ja psykotrooppisten aineiden laitonta kauppaa vastaan tehdyn Yhdistyneiden Kansakuntien yleissopimukseen ja sen liitteeseen, sellaisena kuin se on muutettuna,

ja jotka ottavat huomioon myös Tulliyhteistyöneuvoston asiaankuuluvat instrumentit, erityisesti 5. päivänä joulukuuta 1953 annetun suosituksen keskinäisestä hallinnollisesta avunannosta,

ovat sopineet seuraavaa:

1 artikla
Määritelmät

Tässä sopimuksessa tarkoitetaan

a) "tullilaeilla" niitä säännöksiä ja määräyksiä, joita osapuolten tulliviranomaiset soveltavat tavaroiden – mukaan lukien maksuvälineiden – tuontiin, vientiin, kauttakuljetukseen, varastointiin ja liikkumiseen ja jotka koskevat tulleja, veroja tai muita tulliviranomaisten kantamia maksuja taikka kielto-, rajoitus- tai valvontatoimenpiteitä;

b) "tulliviranomaisella" Argentiinan tasavallassa liittovaltion tulli- ja verohallintoa ja Suomen tasavallassa Suomen Tullia, jotka ovat toimivaltaisia panemaan täytäntöön tämän artiklan (a) kohdassa tarkoitettuja säädöksiä;

c) "tullilakien vastaisella teolla" tullilakien rikkomista tai sen yritystä;

d) "tulleilla ja veroilla" tulleja ja kaikkia muita tavaroiden tuonnissa tai viennissä tai näiden yhteydessä kannettavia maksuja, veroja ja kuluja, mutta ei kuitenkaan maksuja tai kuluja, joiden määrä vastaa likimäärin suoritetuista palveluista aiheutuneita kustannuksia; mukaan lukien Suomen tasavallan osalta Euroopan unionin toimivaltaisten elinten määräämät tullit ja verot;

e) "henkilöllä" luonnollista henkilöä tai oikeushenkilöä, ellei asiayhteys muuta edellytä;

f) "henkilötiedoilla" Argentiinan tasavallassa: mitä tahansa tietoja, jotka koskevat tunnistettua tai tunnistettavissa olevaa luonnollista tai oikeushenkilöä; ja Suomen tasavallassa: mitä tahansa tietoja, jotka koskevat tunnistettua tai tunnistettavissa olevaa luonnollista henkilöä;

g) "huumausaineilla" eloperäistä tai synteettistä ainetta, jotka mainitaan vuoden 1961 huumausaineyleissopimuksen I ja II listassa, sellaisina kuin ne ovat muutettuina, sekä ainetta, joka on rinnastettu huumausaineisiin kansallisessa lainsäädännössä;

h) "psykotrooppisilla aineilla" eloperäistä, synteettistä tai luonnosta saatavaa ainetta, joka mainitaan vuoden 1971 psykotrooppisia aineita koskevan yleissopimuksen I, II, III, ja IV listassa, sellaisina kuin ne ovat muutettuina, sekä mitä tahansa ainetta, joka on rinnastettu psykotrooppisiin aineisiin kansallisessa lainsäädännössä;

i) "huumausaineiden lähtöaineilla" kemiallisia aineita, jotka on lueteltu vuonna 1988 huumausaineiden ja psykotrooppisten aineiden laitonta kauppaa vastaan tehdyn Yhdistyneiden Kansakuntien yleissopimuksen liitteessä, sellaisena kuin se on muutettuna;

j) "valvotulla läpilaskulla" menettelytapaa, jolla laittomasti kuljetettujen tavaroiden sallitaan kulkea osapuolten alueelta, alueen kautta tai alueelle niiden toimivaltaisten viranomaisten tieten ja valvonnassa tullilakien vastaisiin tekoihin osallisten henkilöiden paljastamiseksi ja tunnistamiseksi;

k) "pyynnön esittäneellä tulliviranomaisella" sen osapuolen tulliviranomaista, joka pyytää apua tulliasioissa;

l) "pyynnön vastaanottaneella tulliviranomaisella" sen osapuolen tulliviranomaista, jolta pyydetään apua tulliasioissa;

2 artikla
Sopimuksen soveltamisala

1. Osapuolet antavat tulliviranomaistensa välityksellä ja tämän sopimuksen määräysten mukaisesti toisilleen apua

a) tullilakien asianmukaisen noudattamisen varmistamiseksi;

b) tullilakien vastaisten tekojen estämiseksi, tutkimiseksi ja niitä koskeviin syytetoimiin ryhtymiseksi;

c) tapauksissa, jotka koskevat tullilakien soveltamiseen liittyvien asiakirjojen tiedoksi antamista.

2. Tämän sopimuksen mukaista apua annetaan sen osapuolen alueella voimassa olevan lainsäädännön mukaisesti, johon pyynnön vastaanottanut tulliviranomainen kuuluu sekä pyynnön vastaanottaneen tulliviranomaisen toimivallan ja käytettävissä olevien voimavarojen rajoissa. Tarvittaessa pyynnön vastaanottanut tulliviranomainen voi siirtää avunannon muun toimivaltaisen viranomaisen hoidettavaksi.

3. Tämä sopimus ei koske tullien, verojen ja muiden maksujen perintää.

4. Tämä sopimus ei rajoita niiden rikosasioissa annettavaa oikeusapua koskevien kansainvälisten sopimusten tai tulliyhteistyötä koskevien kansainvälisten sopimusten soveltamista, joita osapuolet ovat tehneet.

3 artikla
Avunannon ala

Säännöstensä ja määräystensä mukaisesti osapuolten tulliviranomaiset toimittavat toisilleen – pyynnöstä ja tarvittaessa ennakkotutkinnan suoritettuaan – kaikki tiedot, joiden avulla ne voivat varmistaa tullien ja verojen asianmukaisen kantamisen, ja erityisesti tiedot, jotka helpottavat

a) tavaroiden tullausarvon, tariffinimikkeen ja alkuperän määrittämistä;

b) kieltoja, rajoituksia ja valvontaa koskevien säännösten täytäntöönpanoa.

2. Pyynnön vastaanottanut tulliviranomainen toimittaa pyynnöstä kaikki kyseisen osapuolen alueella sovellettavia tullilakeja ja menettelyjä koskevat tiedot, joilla on merkitystä tullilakien vastaisen teon tutkinnassa.

3. Tulliviranomaiset toimittavat toisilleen joko pyynnöstä tai oma-aloitteisesti tiedot ja asiakirjat, joiden avulla voidaan varmistaa tullilakien asianmukainen soveltaminen sekä tullilakien vastaisten tekojen estäminen, tutkinta ja torjunta.

4. Suorittaessaan tutkintaa toisen tulliviranomaisen puolesta kumpikin tulliviranomainen toimii siten kuin toimiessaan omaan lukuunsa tai oman osapuolensa toisen viranomaisen pyynnöstä.

5. Jollei pyynnön vastaanottanut tulliviranomainen ole asianmukainen virasto täyttämään pyyntöä, se lähettää pyynnön viipymättä asianmukaiselle kotimaansa virastolle pyytäen siltä yhteistyötä.

4 artikla
Avunantotapauksia

Tulliviranomaiset ilmoittavat oma-aloitteisesti tai pyynnöstä toisilleen seuraavat tiedot:

a) onko osapuolen alueelle tuodut tavarat viety laillisesti toisen osapuolen alueelta, ja mihin tullimenettelyyn tavarat oli mahdollisesti asetettu;

b) onko osapuolen alueelta viedyt tavarat tuotu laillisesti toisen osapuolen alueelle, ja mihin tullimenettelyyn tavarat oli mahdollisesti asetettu;

c) onko tavarat, joille on myönnetty etuuskohtelu vietäessä ne osapuolen alueelta, tuotu asianmukaisesti toisen osapuolen alueelle; tällöin tietoja annetaan myös kaikista tullivalvontatoimenpiteistä, joita tavaroihin on kohdistettu.

5 artikla
Erityisvalvonta

1. Pyynnön vastaanottanut tulliviranomainen toimittaa pyynnöstä tietoja ja kohdistaa erityisvalvontaa

a) henkilöihin, joiden pyynnön esittänyt tulliviranomainen tietää syyllistyneen tai epäilee syyllistyvän tullilakien vastaiseen tekoon, ja erityisesti henkilöihin, jotka liikkuvat sen osapuolen alueelle tai alueelta, johon pyynnön vastaanottanut tulliviranomainen kuuluu;

b) tavaroiden liikkeisiin, joiden pyynnön esittänyt tulliviranomainen on ilmoittanut antavan aihetta epäillä laitonta kauppaa, joka suuntautuu pyynnön esittäneen osapuolen alueelle;

c) kuljetusvälineisiin, joita pyynnön esittänyt tulliviranomainen epäilee käytettävän jommankumman osapuolen alueella voimassa olevien tullilakien vastaisissa teoissa;

d) tavaroiden varastointipaikkoihin, joita pyynnön esittänyt tulliviranomainen epäilee käytettävän jommankumman osapuolen alueella voimassa olevien tullilakien vastaisissa teoissa.

2. Toimivaltansa rajoissa osapuolten tulliviranomaiset estävät

a) sellaisten tavaroiden viennin, joita tiedetään tai todennäköisin syin epäillään vietävät toisen osapuolen alueelle käytettäväksi siellä muihin tarkoituksiin kuin osapuolten väliseen lailliseen kaupankäyntiin;

b) sellaisten tavaroiden viennin, joiden tuonti toisen osapuolen alueelle on kielletty.

6 artikla
Erityisen merkittävien tavaroiden laittoman kaupan vastaiset toimet

Tulliviranomaiset toimittavat viipymättä toisilleen oma-aloitteisesti tai pyynnöstä kaikki asiaan liittyvät tiedot suoritetuista tai suunnitelluista toimista, jotka ovat tai ilmeisesti ovat jommankumman osapuolen alueella voimassa olevien tullilakien vastaisia tekoja ja jotka koskevat erityisesti

a) aseiden, ammusten ja räjähdysaineiden liikkumista;

b) sellaisten arkaluonteisten ja strategisten tavaroiden liikkumista, joihin kohdistetaan asianomaisten kansainvälisten sopimusten ja monenvälisten järjestelyjen ja/tai niitä vastaavien asesulkupoliittisten velvoitteiden mukaista valvontaa;

c) huumausaineiden, psykotrooppisten aineiden ja huumausaineiden lähtöaineiden liikkumista;

d) sellaisten taide- ja antiikkiesineiden liikkumista, joilla on merkittävää historiallista, kulttuurista tai arkeologista arvoa;

e) myrkyllisten aineiden, radioaktiivisten aineiden sekä muiden ympäristölle tai terveydelle vaarallisten tavaroiden ja aineiden liikkumista;

f) korkeiden tullien tai verojen alaisten tavaroiden liikkumista, erityisesti alkoholijuomien ja tupakkatuotteiden liikkumista;

g) tekijän- ja teollisoikeuksia loukkaavien tavaroiden liikkumista;

h) paleontologisten tavaroiden liikkumista.

7 artikla
Valvottu läpilasku

1. Tulliviranomaiset käyttävät yhteisymmärryksessä ja kukin kansallisen lainsäädännön määräämän toimivaltansa puitteissa valvottua läpilaskua tunnistaakseen rikkomukseen osallistuvat henkilöt. Jollei valvotun läpilaskun käytöstä päättäminen kuulu tulliviranomaisen toimivaltaan, se ryhtyy yhteistyöhön kyseisen toimivallan omaavien kansallisten viranomaisten kanssa tai siirtää asian käsittelyn näille viranomaisille.

2. Laittomat lähetykset, joiden valvotusta läpilaskusta on sovittu, voidaan toimivaltaisten kansallisten viranomaisten suostumuksella joko pysäyttää ja laskea eteenpäin koskematta tavaroihin tai poistaen ne taikka korvaten ne

kokonaan tai osittain.

3. Valvotun läpilaskun käyttöä koskevat päätökset tehdään tapauskohtaisesti, ja tarvittaessa niihin voi liittyä toimivaltaisten kansallisten viranomaisten välisiä taloudellisia järjestelyitä ja sopimuksia.

4. Valvottu läpilasku ei saa aiheuttaa merkittävää vaaraa kenenkään henkilön hengelle, terveydelle tai vapaudelle tai mitään merkittävää vaaraa laajamittaisesta vahingosta ympäristölle, omaisuudelle tai varallisuudelle.

8 artikla
Avunantoa koskevien pyyntöjen muoto ja sisältö

1. Tässä sopimuksessa tarkoitetut pyynnöt tehdään kirjallisesti. Pyynnön täyttämiseen tarvittavat asiakirjat liitetään pyyntöön. Myös suulliset pyynnöt voidaan hyväksyä, jos se tilanteen kiireellisyyden vuoksi on tarpeen, mutta ne on välittömästi vahvistettava kirjallisesti.

2. Tämän artiklan 1 kohdassa tarkoitetuissa pyynnöissä esitetään seuraavat tiedot:

a) pyynnön esittävä tulliviranomainen;

b) pyydetyt toimenpiteet;

c) pyynnön tarkoitus ja aihe;

d) asiaan liittyvä lainsäädäntö, säännöt ja muut oikeudelliset tekijät;

e) mahdollisimman tarkat ja kattavat tiedot tutkinnan kohteena olevista henkilöistä;

f) yhteenveto asiaa koskevista seikoista ja jo suoritetusta tutkinnasta lukuun ottamatta 9 artiklassa tarkoitettuja tapauksia.

3. Avunantoa koskevat pyynnöt tehdään englannin kielellä.

4. Jos pyyntö ei täytä muotovaatimuksia, voidaan vaatia sen korjausta tai täydennystä; varotoimenpiteitä voidaan kuitenkin toteuttaa.

9 artikla
Asiakirjojen tiedoksi antaminen

1. Toisen osapuolen tulliviranomaisen pyynnöstä osapuolen tulliviranomainen antaa oman osapuolensa alueella asuville tai sinne sijoittuneille asianomaisille henkilöille tiedoksi asiakirjoja, jotka liittyvät tullilakien soveltamista koskeviin hallintoviranomaisten toimenpiteisiin ja päätöksiin.

2. Asiakirjojen tiedoksi antaminen toimitetaan sen osapuolen alueella voimassa olevan lainsäädännön mukaisesti, johon pyynnön vastaanottanut tulliviranomainen kuuluu. Asiakirjojen tiedoksi antaminen voidaan kuitenkin toimittaa myös noudattaen pyynnössä esitettyä erityistä muotoa tai menettelyä, edellyttäen, ettei tätä voida pitää pyynnön vastanottaneen osapuolen lakien vastaisena.

3. Tiedoksiannon todisteena voi olla asianomaisen henkilön antama, päiväyksellä ja allekirjoituksella varustettu vastaanottotodistus tai pyynnön vastaanottaneen osapuolen toimivaltaisen viranomaisen antama todistus, josta käyvät ilmi tiedoksiantotapa ja -päivä.

10 artikla
Tutkinta

1. Tulliviranomainen ryhtyy toisen tulliviranomaisen pyynnöstä tutkimaan toimia, jotka ovat tai ilmeisesti ovat sen osapuolen alueella voimassa olevien tullilakien vastaisia, johon pyynnön esittänyt tulliviranomainen kuuluu, ja se ilmoittaa tämän tutkinnan tulokset pyynnön esittäneelle tulliviranomaiselle.

2. Tutkinta suoritetaan sen osapuolen alueella voimassa olevan lainsäädännön mukaisesti, johon pyynnön vastaanottanut tulliviranomainen kuuluu. Pyynnön vastaanottanut tulliviranomainen toimii siten kuin toimiessaan omaan lukuunsa.

3. Tullilakien vastaisen teon tutkintaa varten voivat pyynnön esittäneen tulliviranomaisen erityisesti nimeämät virkamiehet kirjallisen pyynnön perusteella, pyynnön vastaanottaneen tulliviranomaisen luvalla ja sen mahdollisesti asettamin ehdoin

a) saada pyynnön vastanottaneen tulliviranomaisen yksiköistä tietoja, jotka koskevat kyseistä tullilakien vastaista tekoa,

b) olla läsnä tutkinnassa, jota pyynnön vastaanottanut tulliviranomainen suorittaa toisen osapuolen alueella ja jolla on merkitystä pyynnön esittäneelle tuliviranomaiselle.

11 artikla
Tiedostot ja asiakirjat

1. Osapuolen tulliviranomainen toimittaa oma-aloitteisesti tai pyynnöstä toisen osapuolen tulliviranomaiselle kertomuksia, todistusasiakirjoja tai oikeaksi todistettuja asiakirjajäljennöksiä, jotka sisältävät kaikki saatavilla olevat tiedot suoritetuista tai suunnitelluista toimista, jotka ovat tai ilmeisesti ovat tuon toisen osapuolen alueella voimassa olevien tullilakien vastaisia tekoja.

2. Tässä sopimuksessa tarkoitetut asiakirjat voidaan korvata tietokoneella tuotetulla missä tahansa muodossa olevalla samansisältöisellä tiedolla. Samanaikaisesti olisi toimitettava kaikki asiaan liittyvä tietojen ja asiakirjojen tulkintaa tai käyttöä varten tarvittava aineisto.

3. Alkuperäisiä tiedostoja ja asiakirjoja pyydetään vain silloin, kun oikeaksi todistetut jäljennökset olisivat riittämättömiä.

4. Tämän sopimuksen mukaisesti saadut alkuperäiset tiedostot ja asiakirjat palautetaan mahdollisimman pian.

12 artikla
Asiantuntijat ja todistajat

1. Jos osapuoli tullilakien vastaisen teon yhteydessä sitä pyytää, pyynnön vastaanottanut tulliviranomainen voi mahdollisuuksien mukaan valtuuttaa virkamiehensä esiintymään toisen osapuolen toimivaltaisten viranomaisten edessä asiantuntijoina tai todistajina virantoimituksessa toteamiensa seikkojen osalta sekä esittämään todistusaineistoa. Esiintymispyynnöstä on käytävä selvästi ilmi, minkä asian johdosta ja missä ominaisuudessa virkamies esiintyy.

2. Pyynnön hyväksyvä tulliviranomainen täsmentää annettavassa valtuutuksessa tarvittaessa ne rajat, joissa sen virkamiehet voivat esiintyä asiantuntijoina tai todistajina.

13 artikla
Virkamiesten käyntejä koskevat järjestelyt

Kun osapuolen tulliviranomaisen virkamiehet ovat tämän sopimuksen mukaisissa tapauksissa läsnä toisen osapuolen alueella, heidän on aina pystyttävää todistamaan virka-asemansa. He eivät saa käyttää virkapukua eivätkä kantaa aseita.

14 artikla
Tietojen ja asiakirjojen käyttö

1. Saatuja tietoja, asiakirjoja ja muita ilmoituksia käytetään tämän sopimuksen tarkoituksiin, ja niitä saa käyttää muihin tarkoituksiin ainoastaan tiedot toimittaneen tulliviranomaisen etukäteen antamalla kirjallisella suostumuksella, ja ne ovat viimeksi mainitun viranomaisen asettamien rajoitusten alaisia. Näitä määräyksiä ei sovelleta tietoihin, asiakirjoihin ja muihin ilmoituksiin, jotka koskevat huumausaineisiin ja psykotrooppisiin aineisiin liittyviä rikoksia. Kyseisiä tietoja saa luovuttaa muille kansallisille toimivaltaisille viranomaisille, jotka ovat suoranaisesti mukana huumausaineiden ja psykotrooppisten aineiden laittoman kaupan vastustamisessa.

2. Kaikki tämän sopimuksen mukaisesti missä tahansa muodossa toimitetut tiedot ovat luottamuksellisia. Niihin sovelletaan virkasalaisuusvelvoitetta, ja ne nauttivat sellaista suojaa, joka ulotetaan vastaaviin tietoihin ja asiakirjoihin voimassa olevan lainsäädännön mukaan sen osapuolen alueella, johon vastaanottava tulliviranomainen kuuluu.

3. Tämän artiklan 1 kohta ei estä käyttämästä tietoja oikeus- tai hallintomenettelyissä, jotka on jälkeenpäin pantu vireille tullilakien rikkomisen vuoksi.

15 artikla
Henkilötietojen suojaaminen ja käyttö

1. Osapuolten alueilla voimassa olevan lainsäädännön mukaisesti sovelletaan tämän sopimuksen nojalla vaihdettavien henkilötietojen suojaan seuraavia vähimmäisedellytyksiä:

a) sopimuksen 3 artiklan määräysten estämättä henkilötietoja ei saa toimittaa, jos on perusteltua syytä olettaa, että toimitettujen tietojen välittäminen tai käyttö olisi jommankumman osapuolen lain ja erityisesti tietosuojalainsäädännön vastaista. Tiedot vastaanottavan tulliviranomaisen on pyydettäessä ilmoitettava tiedot toimittaneelle tulliviranomaiselle niiden käytöstä sekä saavutetuista tuloksista;

b) henkilötietoja saa toimittaa ainoastaan tulliviranomaisille ja muille lainvalvontaviranomaisille sekä syyttäjä- ja oikeusviranomaisille, jos niitä tarvitaan syyttämistarkoituksiin. Tällaisia tietoja ei saa luovuttaa muille henkilöille kuin niille, joilta niiden käyttämistä näihin tarkoituksiin vaaditaan, elleivät tietoja toimittavat viranomaiset anna siihen tapauskohtaisesti suostumustaan ja vastaanottavien viranomaisten toimintaa sääntelevä laki salli tietojen luovuttamista;

c) pyynnön vastaanottaneen tulliviranomaisen on varmistettava toimitettavien henkilötietojen paikkansapitävyys ja oikeellisuus. Tiedot toimittava tulliviranomainen varmistaa, että tiedot ovat virheettömiä ja ajantasaisia. Pyynnön esittänyt tulliviranomainen korjaa, hävittää tai poistaa henkilötiedot tarvittaessa;

d) pyynnön vastaanottanut tulliviranomainen toimittaa yhdessä henkilötietojen kanssa tiedon omassa lainsäädännössään säädetystä tietojen poistamisen määräajasta. Henkilötietoja ei säilytetä kauempaa kuin on tarpeen sitä tarkoitusta varten, johon ne on luovutettu;

e) tulliviranomaiset pitävät rekisteriä lähetetyistä ja vastaanotetuista henkilötiedoista sekä suojaavat kaikki henkilötiedot tehokkaasti luvattomalta käytöltä, muuttamiselta, julkaisemiselta, vahingoittamiselta ja tuhoamiselta.

f) tulliviranomaiset ovat velvollisia huolehtimaan henkilötietojen salassapidosta myös palvelusaikansa jälkeen heidän kansallisten lainsäädäntöjensä edellyttämällä tavalla.

2. Vaihdettaessa henkilötietoja tämän sopimuksen nojalla osapuolet varmistavat tietosuojan tason, joka vastaa vähintään tämän sopimuksen erottamattomana osana olevan liitteen periaatteiden soveltamisesta syntyvää tasoa.

3. Osapuolet ilmoittavat toisilleen sen toimivaltaisen kansallisen viranomaisen, jolle henkilötietojen suojaa koskevia kyselyitä voidaan osoittaa.

16 artikla
Tietojen ja asiakirjojen käyttö todistusaineistona

1. Tulliviranomaiset voivat tämän sopimuksen tarkoituksen mukaisesti ja sen soveltamisalan rajoissa käyttää tämän sopimuksen mukaisesti saatuja tietoja ja asiakirjoja todistusaineistona todistusasiakirjoihaan, kertomuksiaan ja todistajanlausuntojaan sekä oikeudenkäyntejään varten.

2. Tällaisten tietojen ja asiakirjojen käyttö todistusaineistona tuomioistuimissa ja niille annettava todistusvoima määräytyvät osapuolten kansallisen lainsäädännön mukaisesti.

17 artikla
Poikkeukset avunantamisvelvollisuudesta

1. Jos toisen osapuolen pyynnön vastaanottanut tulliviranomainen katsoo, että sille esitetyn avunpyynnön täyttäminen vahingoittaisi tämän osapuolen täysivaltaisuutta, turvallisuutta, yleistä järjestystä tai muita olennaisia etuja tai merkitsisi teollisten tai liike- tai ammattisalaisuuksien loukkaamista taikka olisi sen kansallisen oikeusjärjestelmän perusperiaatteiden vastaista, se voi kieltäytyä avunannosta tai antaa sitä osittain taikka tietyin ehdoin tai edellytyksin.

2. Jos pyynnön esittänyt tulliviranomainen pyytää sellaista apua, jota se ei itse voisi antaa pyynnön vastaanottaneen tulliviranomaisen sitä pyytäessä, se huomauttaa tästä seikasta pyynnössään. Tällöin avunpyyntöön suostuminen jää pyynnön vastaanottaneen tulliviranomaisen harkittavaksi.

3. Pyynnön vastaanottanut tulliviranomainen voi lykätä avunantoa sillä perusteella, että se haittaisi meneillään olevaa tutkintaa, syyttämistä tai oikeudenkäyntiä. Tällaisessa tapauksessa pyynnön vastaanottanut tulliviranomainen neuvottelee pyynnön esittäneen tulliviranomaisen kanssa selvittääkseen, voidaanko apua antaa pyynnön vastaanottaneen tulliviranomaisen mahdollisesti asettamin ehdoin tai edellytyksin.

4. Jos avunannosta kieltäydytään tai sitä lykätään, tulliviranomaiset ilmoittavat siitä toisilleen yksilöiden samalla kieltäytymisen tai lykkäyksen perustelut. Osapuoli ei ole velvollinen esittämään päteviä syitä kieltäytymiselleen, jos se johtuu tämän osapuolen täysivaltaisuuden, turvallisuuden, yleisen järjestyksen tai muiden olennaisten etujen vaarantumisesta.

18 artikla
Kustannukset

1. Tulliviranomaiset eivät vaadi toisiltaan korvausta niistä kustannuksista, jotka aiheutuvat tämän sopimuksen täytäntöönpanosta, lukuun ottamatta asiantuntijoille ja todistajille maksettavia kuluja ja korvauksia sekä muiden kuin valtion palveluksessa olevien kääntäjien ja tulkkien kuluja, joista vastaa pyynnön esittänyt tulliviranomainen.

2. Jos pyynnön täyttämisestä aiheutuu huomattavia ja erityisiä kuluja, osapuolet neuvottelevat keskenään määrittääkseen pyynnön täyttämisen ehdot ja edellytykset sekä kustannusten jakotavan.

19 artikla
Täydentävyys

Rajoittamatta 14 ja 15 artiklojen soveltamista tämä sopimus ei estä soveltamasta Euroopan unionin säännöksiä Euroopan unionin komission toimivaltaisten yksikköjen ja Suomen tasavallan tulliviranomaisten välisestä tietojen toimittamisesta, jotka koskevat tulliasioissa saatuja Euroopan unionille mahdollisesti merkityksellisiä tietoja, tai MERCOSURin säännöksiä, jotka koskevat tietojen välitystä Argentiinan tasavallan tulliviranomaisten ja MERCOSURiin kuuluvien muiden maiden tulliviranomaisten välillä.

20 artikla
Sopimuksen täytäntöönpano

1. Tämän sopimuksen mukaista apua annetaan suoraan osapuolten tulliviranomaisten kesken.

2. Tulliviranomaiset sopivat tämän sopimuksen täytäntöönpanoa helpottavista yksityiskohtaisista järjestelyistä.

3. Tulliviranomaiset voivat ryhtyä toimiin järjestääkseen henkilökohtaisen ja suoran yhteydenpidon tullilakien vastaisten tekojen tutkinnasta tai torjunnasta vastaavien virkamiestensä kesken sisäisten hallinnollisten menettelyidensä mukaisesti.

4. Kaikki tämän sopimuksen täytäntöönpanoon ja tulkintaan liittyvät riitakysymykset ratkaistaan osapuolten tulliviranomaisten välisissä neuvotteluissa. Ne riidat, joihin ei löydetä sovintoratkaisua, ratkaistaan diplomaattiteitse.

5. Tässä sopimuksessa tarkoitetut tiedot toimitetaan niille virkamiehille, jotka kumpikin tulliviranomainen on erityisesti nimennyt tähän tarkoitukseen.

21 artikla
Alueellinen soveltaminen

Tätä sopimusta sovelletaan Argentiinan tasavallan tullialueella ja Suomen tasavallan tullialueella, jotka määritellään kummankin maan kansallisissa laeissa ja hallintosäännöksissä.

22 artikla
Lisäykset ja muutokset

Osapuolten keskinäisellä suostumuksella tähän sopimukseen voidaan tehdä muutoksia ja lisäyksiä erillisten pöytäkirjojen muodossa, jotka ovat tämän sopimuksen erottamattomia osia. Nämä pöytäkirjat tulevat voimaan tämän sopimuksen 23 artiklassa kuvatun menettelyn mukaisesti.

23 artikla
Voimaantulo ja päättyminen

1. Osapuolet ilmoittavat toisilleen kirjallisesti diplomaattiteitse, kun kaikki tämän sopimuksen voimaantulon edellyttämät kansallisen lainsäädännön mukaiset toimenpiteet on suoritettu. Sopimus tulee voimaan kuudenkymmenen päivän kuluttua viimeisen ilmoituksen vastaanotosta.

2. Tämä sopimus on allekirjoitettu olemaan voimassa toistaiseksi. Kumpikin osapuoli voi irtisanoa sopimuksen diplomaattiteitse tehtävällä kirjallisella ilmoituksella.

3. Sopimuksen irtisanominen tulee voimaan kuuden kuukauden kuluttua siitä, kun toinen osapuoli on vastaanottanut irtisanomisilmoituksen.

4. Sopimuksen päättyessä käynnissä olevat menettelyt saatetaan mahdollisuuksien mukaan päätökseen tämän sopimuksen määräysten mukaisesti.

Tämän vakuudeksi allekirjoittaneet edustajat, siihen asianmukaisesti valtuutettuina, ovat allekirjoittaneet tämän sopimuksen.

Tehty Buenos Airesissa 4. päivänä joulukuuta 2015 kahtena espanjan-, suomen- ja englanninkielisenä alkuperäisenä kappaleena, jotka kaikki tekstit ovat yhtä todistusvoimaiset. Jos tulkinnassa ilmenee eroavaisuuksia, englanninkielinen teksti on ratkaiseva.

ARGENTIINAN TASAVALLAN PUOLESTA	SUOMEN TASAVALLAN PUOLESTA

LIITE SOPIMUKSEEN ARGENTIINAN TASAVALLAN JA SUOMEN TASAVALLAN VÄLISESTÄ KESKINÄISESTÄ AVUNANNOSTA JA YHTEISTYÖSTÄ TULLIASIOISSA

TIETOSUOJAN PERUSPERIAATTEET

1. Automaattisessa tietojenkäsittelyssä käsiteltyjen henkilötietojen on oltava:

a) asianmukaisesti ja laillisesti hankittuja ja käsiteltyjä;
b) määriteltyjä ja laillisia tarkoituksia varten tallennettuja sekä ainoastaan näiden tarkoitusten mukaisesti käytettäviä;
c) riittäviä, merkityksellisiä ja oikeasuhteisia niihin tarkoituksiin nähden, joita varten ne on tallennettu;
d) oikeellisia ja tarvittaessa ajan tasalla pidettäviä;
e) sellaisessa muodossa säilytettäviä, ettei tiedon kohdetta voida yksilöidä kauemmin kuin on tarpeen siihen tarkoitukseen, jota varten tiedot on tallennettu.

2. Henkilötietoja, joista käyvät ilmi rotu, poliittiset mielipiteet tai uskonnollinen tai muu vakaumus kuten filosofiset kannat ja moraalikäsitykset sekä ammattiyhdistysten jäsenyyttä taikka terveyttä tai sukupuolielämää koskevia henkilötietoja ei saa käsitellä automaattisesti, ellei kansallinen lainsäädäntö takaa niille riittävää turvaa. Sama koskee henkilötietoja, jotka liittyvät rikosoikeudellisiin tuomioihin.

3. On ryhdyttävä asianmukaisiin toimiin, jotka turvaavat henkilötietojen turvallisuuden ja salassapidon niiden muuttamista, häviämistä, luvatonta urkintaa tai käsittelyä vastaan, ja joilla havaitaan mikä tahansa tällaisen tiedon tahallinen tai tahaton vääristely, aiheutuvatpa riskit sitten inhimillisestä käytöksestä tai käytetyistä teknisistä välineistä.

4. Kenen tahansa on voitava

a) todeta automaattisesti käsiteltävän henkilörekisterin olemassaolo, sen päätarkoitukset sekä rekisterinpitäjän henkilöllisyys ja kotipaikka tai pääasiallinen toimipaikka;

b) saada kohtuullisin väliajoin ja ilman kohtuuttomia viivytyksiä tai kustannuksia vahvistus siitä, onko häntä koskevia henkilötietoja tallennettu automaattisesti käsiteltävään rekisteriin, sekä saada tällaiset tiedot ymmärrettävässä muodossa;

c) saada nämä tiedot tarvittaessa oikaistuiksi tai poistetuiksi, jos niitä on käsitelty sellaisten kansallisen lain säädösten vastaisesti, joilla toteutetaan tämän liitteen 1 ja 2 kohdassa esitettyjä perusperiaatteita;

d) käyttää jotakin oikeussuojakeinoa, jos tämän periaatteen (b) ja (c) kohdassa tarkoitettua tiedonsaamista, oikaisua tai poistamista koskevaa pyyntöä ei noudateta.

5.1. Tämän liitteen 1, 2 ja 4 kohdan määräyksiin ei sallita-poikkeuksia, paitsi seuraavassa kohdassa määritellyissä rajoissa.

5.2. Poikkeaminen tämän liitteen 1, 2 ja 4 kohdan määräyksistä on sallittu silloin, kun poikkeamisesta on säädetty kyseisen osapuolen laissa ja se on välttämätöntä demokraattisessa yhteiskunnassa

a) valtion turvallisuuden, yleisen turvallisuuden tai valtion rahatalouden etujen suojaamiseksi tai rikosten ehkäisemiseksi;
b) rekisteröidyn tai muiden henkilöiden oikeuksien ja vapauksien turvaamiseksi.

5.3. Tämän liitteen 4 kohdan (b) ja (d) alakohdassa lueteltujen oikeuksien käytön rajoituksista voidaan säätää lailla niiden automaattisesti käsiteltävien henkilörekisterien osalta, joita käytetään tilastollisiin tai tieteellisen tutkimuksen tarkoituksiin, jos tästä ei ilmeisesti aiheudu rekisteröityjen tietosuojan loukkaamisen vaaraa.

6. Osapuolet sitoutuvat ottamaan käyttöön asianmukaiset rangaistukset ja oikeussuojakeinot, joita sovelletaan sellaisten kansallisen lain säädösten rikkomiseen, joilla toteutetaan tässä liitteessä esitettyjä perusperiaatteita.

7. Tämän liitteen määräysten ei tulkita rajoittavan tai muulla tavoin vaikuttavan osapuolen mahdollisuuteen myöntää rekisteröidyille laajempi suoja kuin tässä liitteessä on määrätty.

[TEXT IN SPANISH – TEXTE EN ESPAGNOL]

ACUERDO
ENTRE
LA REPÚBLICA ARGENTINA
Y
LA REPÚBLICA DE FINLANDIA
SOBRE ASISTENCIA MUTUA Y COOPERACIÓN EN CUESTIONES ADUANERAS

La República Argentina y la República de Finlandia, en adelante denominadas las "Partes",

CONSIDERANDO que las contravenciones a las leyes aduaneras son perjudiciales para los intereses económicos, comerciales, fiscales, sociales, culturales, industriales y agrícolas de las Partes;

CONVENCIDOS de que las acciones contra las contravenciones a las leyes aduaneras pueden hacerse más efectivas a través de una estrecha cooperación entre las autoridades aduaneras;

CONSIDERANDO la importancia de la exacta determinación de los derechos aduaneros y otros impuestos recaudados sobre la importación y la exportación, y de la correcta aplicación de medidas de prohibición, restricción y control, siendo que éstas últimas incluyen aquellas de aplicación de la legislación y regulaciones sobre mercadería falsificada y marcas registradas;

CONSIDERANDO que el tráfico ilícito de armas, municiones, explosivos, sustancias venenosas, materiales radioactivos, estupefacientes y sustancias psicotrópicas representan un peligro para la salud pública y la sociedad;

TENIENDO EN CUENTA la amenaza de la delincuencia transnacional organizada y los grupos terroristas con sus recursos sustanciales y la necesidad de combatirlos de manera efectiva;

TENIENDO EN CUENTA la Convención de las Naciones Unidas contra la Delincuencia Organizada Transnacional adoptada en Nueva York el 15 de noviembre de 2000, que sienta el marco para la asistencia mutua internacional en cuestiones penales con el fin de prevenir y luchar contra la delincuencia organizada transnacional;

TOMANDO EN CONSIDERACIÓN las disposiciones de la Convención Única sobre Estupefacientes de 1961 con sus modificatorias, y la Convención sobre Sustancias Psicotrópicas de 1971 con sus modificatorias, elaboradas por iniciativa de la Organización de las Naciones Unidas, como así también la

Convención de las Naciones Unidas contra el Tráfico Ilícito de Estupefacientes y Sustancias Psicotrópicas de 1988 con su Anexo y modificatorias;

TOMANDO EN CONSIDERACIÓN también los instrumentos pertinentes del Consejo de Cooperación Aduanera, en particular, las Recomendaciones sobre asistencia administrativa mutua del 5 de diciembre de 1953;

Han acordado lo siguiente

Artículo 1
Definiciones

Para los fines de este Acuerdo

a) "leyes aduaneras" significará toda disposición legal o regulatoria aplicable por las autoridades aduaneras de las Partes en relación con la importación, exportación, tránsito, almacenamiento y circulación de mercaderías, incluidos los métodos de pago, sea que estén relacionados con derechos aduaneros, impuestos u otras cargas recaudados por las autoridades aduaneras, o a las medidas de prohibición, restricción o control;

b) "autoridad aduanera" significará la Administración Federal de Ingresos Públicos para la República Argentina y la Aduana Finlandesa para la República de Finlandia, competente en la aplicación de las disposiciones mencionadas en el inciso a) de este Artículo;

c) "contravención a las leyes aduaneras" significará toda violación o tentativa de violación a las leyes aduaneras;

d) "tributos aduaneros" significarán todos los derechos aduaneros y todo otro derecho, impuesto y carga que se recauden en relación con la importación o exportación de mercaderías, pero que no incluya las tasas y cargas limitadas en monto a los costos aproximados de los servicios brindados. En el caso de la República de Finlandia, se incluyen los derechos e impuestos establecidos por los organismos competentes de la Unión Europea;

e) "persona" significará cualquier persona física o jurídica, salvo que el contexto exija lo contrario;

f) "datos personales" significará para Finlandia: toda información relacionada con una persona física determinada o determinable y para la República Argentina: toda información relacionada con una persona física o de existencia ideal determinada o determinable;

g) "estupefacientes" significará toda sustancia natural o sintética enumerada en las Listas I y II de la Convención Única sobre Estupefacientes de 1961 y sus modificatorias, como así también toda sustancia asimilada a los estupefacientes en la legislación nacional;

h) "sustancias psicotrópicas" significará toda sustancia natural o sintética enumerada en las Listas I, II, III y IV de la Convención sobre Sustancias Psicotrópicas de 1971 y sus modificatorias, como así también toda sustancia asimilada a las sustancias psicotrópicas en la legislación nacional;

i) "precursores" significará las sustancias químicas enumeradas en el Anexo a la Convención de las Naciones Unidas contra el Tráfico Ilícito de Estupefacientes y Psicotrópicos de 1988 y sus modificatorias;

j) "entrega controlada" significará la técnica de permitir que remesas ilícitas salgan, pasen por o entren en los territorios de las Partes con el conocimiento y bajo la supervisión de sus autoridades competentes, con el fin de detectar e identificar a las personas involucradas en las contravenciones a las leyes aduaneras;

k) "autoridad aduanera requirente" significará la autoridad aduanera de una de las Partes cuando solicita asistencia en cuestiones aduaneras;

l) "autoridad aduanera requerida" significará la autoridad aduanera de una de las Partes cuando se le solicita la asistencia.

Artículo 2
Alcance del Acuerdo

1. Las Partes, por medio de sus autoridades aduaneras y conforme con las disposiciones del presente Acuerdo, se prestarán asistencia:

a) con el fin de asegurar que las leyes aduaneras sean cumplidas de manera correcta;

b) con el fin de prevenir, investigar y enjuiciar contravenciones a las leyes aduaneras;

c) en casos relacionados con la entrega/ notificación de documentos relativos a la aplicación de leyes aduaneras.

2. La asistencia dentro del marco del presente Acuerdo se brindará conforme con la legislación vigente en el territorio de la Parte a la que pertenece la autoridad aduanera requerida y dentro de la competencia y recursos

disponibles de la autoridad aduanera requerida. De ser necesario, la autoridad aduanera requerida podrá hacer los arreglos necesarios para que la asistencia sea brindada por otra autoridad competente.

3. El presente Acuerdo no establece el recupero de derechos aduaneros, impuestos y otras cargas.

4. El presente Acuerdo no afectará la aplicación de los Acuerdos internacionales sobre asistencia legal en cuestiones penales o acuerdos internacionales sobre cooperación aduanera a los que las Partes se hayan adherido.

Artículo 3
Alcance de la asistencia

1. Dentro del contexto de sus respectivas disposiciones legales y regulatorias, las autoridades aduaneras de las Partes se intercambiarán información – a solicitud y luego de una investigación previa, de ser necesario – que les permita asegurar la correcta recaudación de derechos aduaneros e impuestos, en especial información que facilite:

a) la determinación del valor imponible, la clasificación arancelaria y el origen de la mercadería;

b) la aplicación de las disposiciones relativas a prohibiciones, restricciones y controles.

2. Por solicitud, la autoridad aduanera requerida brindará toda la información sobre las leyes y procedimientos aduaneros aplicables en el territorio de esa Parte que sean pertinentes para las investigaciones relacionadas con una contravención a las leyes aduaneras.

3. Las autoridades aduaneras se brindarán mutuamente, por solicitud o por iniciativa propia, la información y documentos que ayuden a asegurar la correcta aplicación de las leyes aduaneras y la prevención, investigación y represión de contravenciones a las leyes aduaneras.

4. Cualquiera de las autoridades aduaneras, al realizar investigaciones en nombre de la otra autoridad aduanera, actuará como si las realizara por cuenta propia o por solicitud de otra autoridad en esa Parte.

5. En el caso de que la autoridad aduanera requerida no fuere la agencia apropiada para cumplir con la solicitud, la transmitirá sin demora a la agencia interna correspondiente y buscará la cooperación de dicha agencia.

Artículo 4
Casos de asistencia

Por iniciativa propia o por solicitud, las autoridades aduaneras se brindarán la siguiente información:

a) si las mercaderías importadas al territorio de una de las Partes han sido exportadas legalmente desde el territorio de la otra Parte, y el régimen aduanero aplicable a la mercaderia, si existiere;

b) si las mercaderías exportadas desde el territorio del de una de las Partes han sido importadas legalmente al territorio de la otra Parte y el régimen aduanero aplicable a la mercadería, si existiere;

c) si las mercaderias que gozan de un tratamiento favorable al momento de su exportación del territorio de una Parte han sido importadas correctamente al territorio de la otra Parte, entendiéndose que también se brindará información sobre todas las medidas de control a las que fueran sometidas dichas mercaderías.

Artículo 5
Vigilancia especial

1. Por solicitud, la autoridad aduanera requerida suministrará información y ejercerá una vigilancia especial sobre:

a) las personas de las cuales la autoridad aduanera requirente sepa que han cometido o están sospechadas de cometer una contravención a las leyes aduaneras, especialmente aquellas que entran o salen del territorio de la Parte a la que pertenece la autoridad aduanera requerida;

b) movimientos de mercaderías sobre las cuales la autoridad aduanera requirente notifique que dan lugar a sospechas de un tráfico ilícito hacia el territorio de la Parte requirente;

c) medios de transporte que la autoridad aduanera requirente sospeche fueron utilizados para cometer contravenciones a las leyes aduaneras en vigor en el territorio de cualquiera de las Partes;

d) lugares utilizados para almacenar mercaderías que la autoridad aduanera requirente sospeche son utilizados para cometer contravenciones a las leyes aduaneras en vigor en el territorio de cualquiera de las Partes.

2. Dentro de su competencia, las autoridades aduaneras de las Partes impedirán:

a) la exportación de mercaderias de las cuales se sabe o hay razones suficientes para sospechar que son exportadas al territorio de la otra Parte para ser utilizadas con otros fines que no sean el comercio lícito entre las Partes;

b) la exportación de mercaderias cuya importación está prohibida al territorio de la otra Parte.

Artículo 6
Acciones contra el tráfico ilícito de mercaderías de especial importancia

Por iniciativa propia o por solicitud y sin demora, las autoridades aduaneras se proporcionarán toda información pertinente sobre las actividades, llevadas a cabo o planificadas, que constituyan o puedan constituir una contravención a las leyes aduaneras en vigor en el territorio de una de las Partes, especialmente con relación al movimiento de:

a) armas, municiones y explosivos;

b) mercaderías sensibles y estratégicas sujetas a control conforme con los tratados internacionales y acuerdos multilaterales pertinentes o regímenes y/o obligaciones concurrentes de no proliferación;

c) estupefacientes, sustancias psicotrópicas y precursores;

d) objetos de arte y antigüedades que tengan un significativo valor histórico, cultural o arqueológico;

e) sustancias venenosas, materiales radioactivos como así también otras mercaderías y sustancias peligrosas para el medio ambiente o la salud;

f) mercaderías sujetas a altos aranceles o impuestos, en particular, bebidas alcohólicas y tabaco;

g) mercaderías que violen los Derechos de Propiedad Intelectual;

h) bienes paleontológicos.

Artículo 7
Entregas controladas

1. Las autoridades aduaneras, de común acuerdo y dentro de su competencia determinada por la legislación nacional, utilizarán entregas controladas con el fin de identificar a las personas involucradas en una contravención. Cuando la decisión de usar la entrega controlada no estuviere dentro de la competencia de la autoridad aduanera, la misma iniciará acciones de cooperación con las autoridades nacionales que tengan tal competencia o transferirá el caso a dicha autoridad.

2. Con el consentimiento de las autoridades nacionales competentes, las partidas ilícitas cuya entrega vigilada se haya acordado podrán ser interceptadas y autorizadas a proseguir su curso con las mercaderías intactas o podrán ser secuestradas o reemplazadas en forma total o parcial.

3. Las decisiones relativas a la utilización de la entrega controlada se tomarán para cada caso en particular y, de ser necesario, se considerarán arreglos financieros y entendimientos acordados entre las autoridades nacionales competentes.

4. La entrega controlada no deberá causar peligro significativo para la vida, la salud o la libertad de cualquier persona, o cualquier peligro significativo con importantes daños al medio ambiente, los bienes o los activos.

Artículo 8
Forma y sustancia de las solicitudes de asistencia

1. Las solicitudes conforme con este Acuerdo serán realizadas por escrito. Estarán acompañadas de los documentos necesarios para permitir dar cumplimiento a la solicitud. Cuando la urgencia de la situación así lo requiera, se podrán aceptar solicitudes orales, las cuales deberán ser confirmadas por escrito inmediatamente.

2. Las solicitudes realizadas conforme al inciso 1 de este Artículo contendrán la siguiente información:

a) la autoridad aduanera que realiza la solicitud;

b) la medida solicitada;

c) el objeto y motivos de la solicitud;

d) leyes, normas y otros elementos legales pertinentes;

e) indicaciones lo más exactas y exhaustivas posibles de las personas que son objeto de las investigaciones;

f) un resumen de los hechos relevantes y de las investigaciones realizadas, salvo en los casos comprendidos por el Artículo 9.

3. Las solicitudes de asistencia serán presentadas en idioma inglés.

4. Si una solicitud no cumple con los requisitos formales, se podrá exigir que sea corregida o completada. Sin embargo, se podrán ordenar medidas precautorias.

Artículo 9
Notificación de documentos

1. Por solicitud de la autoridad aduanera de una Parte, la autoridad aduanera de la otra Parte notificará a las personas involucradas, residentes o establecidas en el territorio de la Parte a la que pertenece, sobre los documentos relacionados con medidas o decisiones tomadas por las autoridades administrativas en aplicación de las leyes aduaneras.

2. La notificación de documentos será redactada conforme con la legislación vigente en el territorio de la Parte a la que pertenece la autoridad aduanera requerida. Sin embargo, la notificación de documentos también podrá ser redactada siguiendo una forma o método particular contenido en la solicitud, siempre que ello no sea contrario a las leyes de la Parte requerida.

3. Se podrá considerar como evidencia de la notificación un acuse de recibo con fecha y firma o un certificado de la autoridad competente requerida, que indique el método y fecha de la notificación.

Artículo 10
Investigaciones

1. Por solicitud de una autoridad aduanera, la otra autoridad aduanera iniciará investigaciones relacionadas con transacciones que son o parecieran ser contrarias a las leyes aduaneras vigentes en el territorio de la Parte al que

pertenece la autoridad aduanera requirente y le comunicará los resultados de tales investigaciones a la autoridad aduanera requirente.

2. Dichas investigaciones se realizarán en cumplimiento de las leyes vigentes en el territorio de la Parte a la que pertenece la autoridad aduanera requerida. La autoridad aduanera requerida actuará como si lo hiciera por cuenta propia.

3. Ante solicitud por escrito a efectos de investigar una contravención a las leyes aduaneras, los funcionarios designados especialmente por la autoridad aduanera requirente podrán, con autorización de la autoridad aduanera requerida y sujeto a las condiciones que esta última pueda imponer:

a) obtener de las oficinas de la autoridad aduanera requerida información con respecto de dicha contravención de las leyes aduaneras;

b) estar presentes en el territorio de la otra Parte durante una investigación, realizada por la autoridad aduanera requerida, que sea de interés para la autoridad aduanera requirente.

Artículo 11
Archivos y documentos

1. Por iniciativa propia o por solicitud, la autoridad aduanera de una Parte brindará a la autoridad aduanera de la otra Parte informes, registros de evidencia o copias certificadas de los documentos que brinden toda la información disponible sobre operaciones, realizadas o planeadas, que constituyan o parezcan constituir una contravención a las leyes aduaneras vigentes en el territorio de esa otra Parte.

2. Los documentos establecidos en el presente Acuerdo podrán ser reemplazados por información computarizada en cualquier forma con el mismo propósito. Todos los materiales pertinentes para la interpretación o utilización de la información y documentos deberán ser presentados al mismo tiempo.

3. Se solicitarán los originales de los documentos y archivos sólo en los casos en los cuales las copias certificadas no fueran suficientes.

4. Los archivos y documentos originales recibidos en virtud de este Acuerdo serán devueltos tan pronto como sea posible.

Artículo 12
Expertos y testigos

1. Previa solicitud de una Parte relacionada con una contravención a las leyes aduaneras, la autoridad aduanera requerida podrá autorizar a sus funcionarios, siempre que sea posible, a comparecer ante las autoridades competentes de la otra Parte. Dichos funcionarios comparecerán en calidad de expertos o testigos y presentarán evidencia con respecto a hechos que ellos hayan establecido en cumplimiento de sus funciones oficiales. La solicitud deberá indicar claramente para qué caso y en qué calidad deberán comparecer.

2. De ser necesario, la autoridad aduanera que acepte la solicitud estipulará con precisión en la autorización emitida los límites dentro de los cuales sus funcionarios pueden testificar.

Artículo 13
Disposiciones para los funcionarios visitantes

Cuando en las circunstancias previstas por el presente Acuerdo, los funcionarios de la autoridad aduanera de una Parte estén presentes en el territorio de la otra Parte, deberán en todo momento estar en condiciones de probar su carácter oficial. No deberán usar uniforme ni portar armas.

Artículo 14
Uso de la información y documentos

1. La información, documentos y otras comunicaciones obtenidas serán utilizados a los fines de este Acuerdo y podrán ser usados con otros fines sólo con el consentimiento previo por escrito de la autoridad aduanera que brindó la información y serán sometidos a cualquier restricción establecida por dicha autoridad. Estas disposiciones no son aplicables a la información, documentos y otras comunicaciones relacionadas con contravenciones relativas a estupefacientes y sustancias psicotrópicas. Tal información podrá ser comunicada a otras autoridades nacionales competentes directamente involucradas en la lucha contra el tráfico ilícito de estupefacientes y sustancias psicotrópicas.

2. Toda información comunicada en cualquiera de sus formas conforme al presente Acuerdo será de naturaleza confidencial. Estará amparada por la obligación de confidencialidad oficial y gozará de la protección acordada al mismo tipo de información y documentos en virtud de la legislación vigente en el territorio de la Parte a la que pertenece la autoridad aduanera que la recibió.

3. El inciso 1 del presente Artículo no impedirá el uso de la información en procesos judiciales o administrativos emprendidos como consecuencia del incumplimiento de las leyes aduaneras.

Artículo 15
Protección y uso de datos personales

1. Conforme con la legislación vigente en los territorios de las Partes, la protección de los datos personales intercambiados en virtud del presente Acuerdo, estará sujeta a las siguientes condiciones como mínimo:

a) Sin perjuicio de las disposiciones del Artículo 3, los datos personales no serán transmitidos cuando haya razones suficientes para presumir que la transferencia o uso de los datos a transmitir podría ser contraria a la legislación de una de las Partes, en particular la relativa a la protección de datos personales. Previa solicitud, la autoridad aduanera que recibe los datos, informará a la autoridad aduanera que los brinda, del uso hecho de los datos brindados y de los resultados obtenidos;

b) los datos personales solo podrán ser transmitidos a las autoridades aduaneras y otras autoridades de aplicación de la ley, y en caso de que sea necesario para fines procesales, a autoridades judiciales y a la procuración general. Tales datos solo serán comunicados a personas que los necesiten para dichos fines salvo que las autoridades que los brinden acepten que sean comunicados para cada caso en particular y la ley que regula a las autoridades que reciben los datos lo permita;

c) la autoridad aduanera requerida deberá corroborar que los datos personales por remitir sean válidos y correctos. La autoridad aduanera que transmite los datos asegurará que los mismos sean correctos y estén actualizados. De ser necesario, la autoridad aduanera requirente corregirá, destruirá o eliminará los datos personales.

d) junto con los datos personales, la autoridad aduanera requerida brindará información sobre el plazo en el cual se solicita que los datos sean eliminados conforme con su propia legislación. Los datos personales serán conservados por un período que no exceda el necesario para los fines para los cuales los mismos fueron comunicados;

e) Las autoridades aduaneras llevarán un registro de los datos personales enviados o recibidos y protegerán de manera efectiva a los datos personales de accesos, modificaciones, publicaciones, daños o destrucciones no autorizados;

f) Aún cuando cesen en sus funciones, los funcionarios aduaneros están obligados a guardar confidencialidad con relación a los datos personales, según lo previsto por sus legislaciones nacionales.

2. Cuando se intercambien datos personales en virtud del presente Acuerdo, las Partes asegurarán un estándar de protección de datos equivalente, como mínimo, al que resultare de la implementación de los principios contenidos en el Anexo del presente Acuerdo, que es parte integral del mismo.

3. Las Partes se notificarán mutuamente cuál es la autoridad nacional competente a quien se pueden enviar consultas relativas a la protección de datos personales.

Artículo 16
Uso de la información y documentos como evidencias

1. Conforme con los fines del presente Acuerdo y dentro del alcance del mismo, las autoridades aduaneras podrán utilizar información y documentos obtenidos conforme con el presente Acuerdo como evidencia en sus registros de prueba, informes y testimonios, y procesos judiciales ante los tribunales.

2. El uso que se haga de tales datos y documentos como evidencia en tribunales y el peso que se le otorgue será determinado de conformidad con la legislación nacional de las Partes.

Artículo 17
Excepciones a la obligación de brindar asistencia

1. Si la autoridad aduanera requerida de una Parte considera que el cumplimiento de la asistencia que le fue solicitada pudiere ser perjudicial para su soberanía, seguridad, orden público u otros intereses esenciales de esa Parte, o que pudiere conllevar una violación a un secreto industrial, comercial o profesional, o que pudiere ser contrario a los principios básicos de su sistema legal interno, podrá rehusarse a brindar asistencia, o brindarla parcialmente, o brindarla sujeto a ciertas condiciones o requisitos.

2. Si la autoridad aduanera requirente presenta una solicitud de asistencia a la cual ella misma no podría dar curso si este pedido le fuera presentado por la autoridad aduanera requerida, señalará el hecho en su solicitud. El cumplimiento de dicha solicitud quedará a discreción de la autoridad aduanera requerida.

3. La autoridad aduanera requerida podrá diferir la asistencia cuando haya razones para creer que obstaculizará una investigación, proceso o diligencia judicial en curso. En este caso, la autoridad aduanera requerida consultará a la autoridad aduanera requirente para determinar si puede brindarse la asistencia bajo reserva de que se cumplan los términos y condiciones fijadas por la autoridad aduanera requerida

4. Cuando la asistencia sea negada o diferida, las autoridades aduaneras se notificarán los motivos de esta negación o de esta postergación. No será necesaria que la Parte fundamente su negatoria cuando ésta obedezca a posibles perjuicios a su soberanía, seguridad, orden público u otros intereses esenciales de la misma.

Artículo 18
Costos

1. Las autoridades aduaneras renunciarán a todas las reclamaciones de reembolso de los costos derivados de la ejecución del presente Acuerdo, salvo los gastos y asignaciones pagados a expertos y testigos, como así también los costos de traductores e intérpretes que no sean empleados del gobierno que correrán a cargo de la autoridad aduanera requirente.

2. Si la tramitación de una solicitud requiere que se incurra en costos de naturaleza sustancial y extraordinaria, las Partes se consultarán para fijar los términos y las condiciones bajo los cuales se tramitará la solicitud, así como el modo en que deberán satisfacerse los costos

Artículo 19
Complementariedad

Sin perjuicio de los Artículos 14 y 15, el presente Acuerdo no perjudicará las disposiciones de la Unión Europea que regulan la comunicación entre los servicios competentes de la Comisión de Unión Europea y las autoridades aduaneras de la República de Finlandia sobre cualquier información obtenida en cuestiones aduaneras que pudieran ser de interés de la Unión Europea, como así tampoco las del MERCORSUR que regulan la comunicación entre las autoridades aduaneras de la República Argentina y las autoridades aduaneras de los restantes paises que integran el MERCOSUR.

Artículo 20
Ejecución del Acuerdo

1. La asistencia en virtud del presente Acuerdo será llevada a cabo directamente entre las autoridades aduaneras de las Partes.

2. Las autoridades aduaneras decidirán sobre la celebración de acuerdos más detallados para facilitar la ejecución del presente Acuerdo.

3. Las autoridades aduaneras podrán tomar medidas para que sus funcionarios, responsables por la investigación o represión de contravenciones a las leyes aduaneras, mantengan relaciones directas y personales entre ellos de conformidad con los procedimientos administrativos internos.

4. Todas las cuestiones controversiales relacionadas con la ejecución e interpretación del presente Acuerdo serán resueltas mediante negociaciones entre las autoridades aduaneras de las Partes. Los conflictos que no encuentren solución amigable serán dirimidos por los canales diplomáticos.

5. La información mencionada en el presente Acuerdo será comunicada a los funcionarios designados especialmente a tal fin por cada autoridad aduanera.

Artículo 21
Aplicación territorial

El presente Acuerdo será aplicable al territorio aduanero de la República Argentina y al territorio aduanero de la República de Finlandia, tal como se encuentra definido en sus respectivas disposiciones nacionales legales y administrativas.

Artículo 22
Agregados y enmiendas

Se podrán introducir agregados y enmiendas al presente Acuerdo por consentimiento mutuo de las Partes formalizados mediante Protocolos separados que serán parte integrante del Acuerdo. Dichos Protocolos entrarán en vigor de acuerdo con el procedimiento descrito en el Artículo 23 del presente Acuerdo.

Artículo 23
Entrada en vigor y terminación

1. Las Partes se notificarán mediante notificación escrita a través de los canales diplomáticos cuando todos los requisitos legales nacionales necesarios para la entrada en vigor del presente Acuerdo hayan sido terminados. El Acuerdo entrará en vigor sesenta días luego de recibida la última notificación.

2. Se firma el presente Acuerdo por un período ilimitado. Cualquiera de las Partes podrá terminarlo por notificación escrita mediante la vía diplomática.

3. La terminación surtirá efecto seis meses después de recibida la mencionada notificación por la otra Parte.

4. Los procedimientos que estén en curso al momento de la terminación se completarán, dentro de lo posible, con arreglo a las disposiciones del presente Acuerdo.

EN FE DE LO CUAL los abajo firmantes, contando con la debida autorización, han firmado este Acuerdo.

Hecho en Buenos Aires, a los ...4.... días del mes de diciembre..... del año 2015, en dos originales, cada uno en los idiomas español, inglés y finlandés, siendo todos los textos igualmente auténticos. En caso de divergencia en la interpretación, prevalecerá el texto en inglés

POR LA REPÚBLICA ARGENTINA	POR LA REPÚBLICA DE FINLANDIA

ANEXO
AL ACUERDO ENTRE LA REPÚBLICA ARGENTINA
Y LA REPÚBLICA DE FINLANDIA
SOBRE ASISTENCIA MUTUA Y COOPERACIÓN EN CUESTIONES ADUANERAS

PRINCIPIOS BÁSICOS PARA LA PROTECCIÓN DE DATOS PERSONALES

1. La información personal que se procese automáticamente será:

a) obtenida y procesada de manera justa y legal;
b) almacenada con fines especificados y legítimos y no será utilizada de manera incompatible con esos fines;
c) adecuada, pertinente y no excesiva en relación con los fines para los cuales se almacena;
d) precisa y actualizada, cuando fuere necesario;
e) preservada de manera tal que permita identificar a los interesados por un tiempo no mayor que el requerido para los fines para los cuales se almacena la información.

2. No se podrá procesar de manera automática la información personal que revele origen racial, opiniones políticas o creencias religiosas o de otro tipo como ser filosóficas o morales, como así también información relativa a su afiliación sindical o personal relativa a la salud y la vida sexual, salvo que la legislación interna brinde salvaguardas apropiadas. Lo mismo se aplicará a datos personales relacionados con condenas penales.

3. Se tomarán medidas de seguridad apropiadas para garantizar la seguridad y confidencialidad de los datos personales, de modo de evitar su adulteración, pérdida, consulta o tratamiento no autorizado, y que permitan detectar desviaciones, intencionales o no, de información, ya sea que los riesgos provengan de la acción humana o del medio técnico utilizado.

4. Se le permitirá a toda persona:

a) establecer la existencia de un archivo automatizado de información personal, sus propósitos principales, como así también la identidad y residencia habitual o centro principal de actividades del responsable del archivo;

b) obtener confirmación en intervalos razonables, sin gastos ni demoras excesivas, si su información personal está almacenada en un archivo automatizado, como así también que se le comunique dicha información en una forma inteligible;

c) obtener, según sea el caso, la rectificación o eliminación de dicha información si ha sido procesada de manera contraria a las disposiciones de la legislación interna que regulan los principios básicos establecidos en los principios 1 y 2 del presente Anexo;

d) obtener una solución si no se cumple una solicitud de comunicación, rectificación o eliminación, según sea el caso, mencionada en los párrafos b) y c) del presente principio.

5.1. No se permitirá ninguna excepción a lo dispuesto por los puntos 1, 2 y 4 del presente Anexo, salvo dentro de los límites definidos en el punto siguiente.

5.2. Se permitirán excepciones a las disposiciones de los puntos 1, 2 y 4 del presente Anexo cuando las mismas estén establecidas en la legislación de la Parte respectiva y constituyan una medida necesaria en una sociedad democrática conforme a los intereses de:

a) proteger la seguridad del Estado, la seguridad pública, los intereses monetarios del Estado o la represión de ilícitos penales;
b) proteger al interesado o los derechos y libertades de otros.

5.3. Se podrán establecer por ley, restricciones al ejercicio de los derechos especificados en el punto 4, párrafos b) y d) del presente Anexo con respecto a archivos automatizados de información personal utilizados con fines estadísticos o de investigación científica en aquellos casos en que obviamente no haya riesgos de una vulneración de los derechos de los interesados.

6. Cada Parte se compromete a establecer sanciones y soluciones apropiadas para las violaciones a las disposiciones de la legislación interna que lleven a la práctica los principios establecidos en el presente Anexo.

7. Ninguna de las disposiciones del presente Anexo será interpretada de manera tal que limite o afecte de alguna otra manera la posibilidad de una Parte de otorgar a los interesados una medida más amplia de seguridad que la estipulada en el presente Anexo.

[TRANSLATION IN FRENCH – TRADUCTION EN FRANÇAIS]

ACCORD ENTRE LA RÉPUBLIQUE ARGENTINE ET LA RÉPUBLIQUE DE FINLANDE CONCERNANT L'ASSISTANCE MUTUELLE ET LA COOPÉRATION EN MATIÈRE DOUANIÈRE

La République argentine et la République de Finlande, ci-après dénommées « Parties »,

Considérant que les infractions à la législation douanière portent préjudice aux intérêts économiques, commerciaux, fiscaux, sociaux, culturels, industriels et agricoles des Parties,

Convaincues que les efforts déployés pour prévenir les infractions à la législation douanière seraient rendus plus efficaces par une étroite coopération entre leurs autorités douanières,

Considérant qu'il importe de liquider avec précision les droits de douane, taxes et autres charges perçus à l'importation ou à l'exportation et de veiller à l'application correcte des mesures de prohibition, de restriction et de contrôle, ces dernières incluant le contrôle de l'application des lois et des règlements sur les produits de contrefaçon et les marques déposées,

Considérant que le trafic illicite d'armes, de munitions, d'explosifs, de substances toxiques, de matières radioactives, de stupéfiants et de substances psychotropes constitue un danger pour la santé publique et la société,

Tenant compte de la menace que représentent la criminalité transnationale organisée et les groupes terroristes, avec leurs ressources considérables, et de la nécessité de les combattre efficacement,

Tenant compte de la Convention des Nations Unies contre la criminalité transnationale organisée, adoptée à New York le 15 novembre 2000, qui établit un cadre pour l'entraide internationale en matière pénale en vue de prévenir et de combattre la criminalité transnationale organisée,

Vu les dispositions de la Convention unique sur les stupéfiants de 1961, telle qu'amendée, et la Convention sur les substances psychotropes de 1971, telle qu'amendée, rédigée sous les auspices de l'Organisation des Nations Unies, ainsi que de la Convention des Nations Unies contre le trafic illicite de stupéfiants et de substances psychotropes de 1988 et de son annexe, telle qu'amendée,

Vu également les instruments pertinents du Conseil de coopération douanière, en particulier la Recommandation sur l'assistance mutuelle administrative du 5 décembre 1953,

Sont convenues de ce qui suit :

Article premier. Définitions

Aux fins du présent Accord :

a) L'expression « législation douanière » désigne toute disposition d'ordre juridique ou réglementaire applicable par les autorités douanières des Parties concernant l'importation, l'exportation, le transit, l'entreposage et la circulation de marchandises, ainsi que les moyens de paiement concernant les droits de douane, taxes ou autres charges perçus par les autorités douanières, ou concernant les mesures de prohibition, de restriction ou de contrôle ;

b) L'expression « autorités douanières » désigne l'Administration fédérale des recettes publiques de la République argentine et les douanes finlandaises pour la République de Finlande, responsables de l'application des dispositions auxquelles il est fait référence au paragraphe a) du présent article ;

c) L'expression « infraction à la législation douanière » désigne toute infraction ou tentative d'infraction à la législation douanière ;

d) L'expression « droits et taxes de douane » s'entend des droits de douane et de tous les autres droits, taxes et autres impôts recouvrés sur ou en rapport avec l'importation ou l'exportation de marchandises à l'exclusion des redevances et charges dont le montant est limité aux coûts approximatifs des services rendus. Dans le cas de la République de Finlande, les droits et taxes tels que définis par les organes compétents de l'Union européenne sont inclus ;

e) Le terme « personne » s'entend d'une personne physique ou d'une personne morale, à moins que le contexte n'exige une interprétation différente ;

f) L'expression « données à caractère personnel » s'entend, pour la République de Finlande, de toute information relative à une personne physique identifiée ou identifiable ; et pour la République argentine, de toute information relative à une personne physique ou morale identifiée ou identifiable ;

g) Le terme « stupéfiants » s'entend des substances, naturelles ou synthétiques, figurant dans les annexes I et II de la Convention unique sur les stupéfiants de 1961, telle qu'amendée, ainsi que des substances assimilées à des stupéfiants dans la législation nationale ;

h) L'expression « substances psychotropes » s'entend des substances, naturelles ou synthétiques, figurant dans les annexes I, II, III et VI de la Convention sur les substances psychotropes de 1971, telle qu'amendée, ainsi que des substances assimilées à des substances psychotropes dans la législation nationale ;

i) Le terme « précurseurs » s'entend des substances chimiques énumérées à l'annexe de la Convention des Nations unies contre le trafic illicite de stupéfiants et de substances psychotropes de 1988, telle que modifiée ;

j) L'expression « livraison surveillée » s'entend de la méthode consistant à permettre le la sortie, le passage ou l'entrée sur les territoires des Parties, d'expéditions illicites, au su et sous le contrôle de leurs autorités compétentes, en vue de détecter et d'identifier les personnes impliquées dans des infractions à la législation douanière ;

k) L'expression « autorité douanière requérante » s'entend de l'autorité douanière compétente de l'une des Parties qui formule une demande d'assistance en matière douanière ;

l) L'expression « autorité douanière requise » s'entend de l'autorité douanière compétente de l'une des Parties qui reçoit une demande d'assistance en matière douanière.

Article 2. Champ d'application de l'Accord

1. Les Parties se prêtent mutuellement assistance par le biais de leurs autorités douanières et conformément aux dispositions du présent Accord :

a) Afin d'appliquer comme il convient la législation douanière ;

b) Afin de prévenir, de rechercher et de poursuivre les infractions à la législation douanière ;

c) Dans les cas concernant la fourniture/notification de documents relatifs à l'application de la législation douanière.

2. L'assistance, dans le cadre du présent Accord, est apportée conformément à la législation en vigueur sur le territoire de la Partie dont dépend l'autorité douanière requise et dans les limites des compétences et des ressources dont dispose l'autorité douanière requise. Si nécessaire, l'autorité douanière requise peut prendre ses dispositions pour que l'assistance soit fournie par une autre autorité compétente.

3. Le présent Accord ne prévoit pas le recouvrement des droits de douane, taxes et autres charges.

4. Le présent Accord ne restreint pas l'application des accords internationaux relatifs à l'entraide judiciaire en matière pénale ni celles des accords internationaux relatifs à la coopération douanière que les Parties ont conclus.

Article 3. Champ d'application de l'assistance

1. Dans le cadre de leurs dispositions juridiques et réglementaires respectives, les autorités douanières des Parties échangent les informations – sur demande et après enquête préalable si nécessaire – leur permettant de s'assurer que les droits de douane et les taxes douanières sont correctement perçus, et plus particulièrement les informations qui facilitent :

a) La détermination de la valeur en douane, la classification tarifaire et l'origine des marchandises ;

b) L'application des dispositions régissant les prohibitions, les restrictions et les contrôles.

2. Sur demande, l'autorité douanière requise fournit toutes les informations au sujet de la législation douanière et des procédures douanières applicables sur le territoire de cette Partie qui sont pertinentes pour les enquêtes relatives à une infraction à la législation douanière.

3. Les autorités douanières se fournissent réciproquement, sur demande ou de leur propre initiative, les informations et les documents qui aident à appliquer correctement la législation douanière et qui contribuent à la prévention des infractions à la législation douanière, les enquêtes sur celles-ci ainsi que leur sanction.

4. L'une ou l'autre autorité douanière, lorsqu'elle procède à des enquêtes au nom de l'autre, agit comme si les enquêtes étaient menées pour son propre compte ou sur demande d'une autre autorité de cette Partie.

5. Au cas où l'autorité douanière requise ne serait pas l'administration adéquate pour donner suite à la demande, elle la transmet dans les plus brefs délais à l'organisme national compétent et sollicite la collaboration de cet organisme.

Article 4. Exemples d'assistance

Les autorités douanières se communiquent, de leur propre initiative ou sur demande, des informations indiquant :

a) Si les marchandises importées sur le territoire de l'une des Parties ont été légalement exportées du territoire de l'autre Partie et, le cas échéant, le régime douanier sous lequel les marchandises ont été placées ;

b) Si les marchandises exportées à partir du territoire de l'une des Parties ont été légalement importées sur le territoire de l'autre Partie et, le cas échéant, le régime douanier sous lequel les marchandises ont été placées ;

c) Si les marchandises qui jouissent d'un traitement favorable lors de leur exportation du territoire de l'une des Parties ont été dûment importées sur le territoire de l'autre Partie, étant entendu que les informations ayant trait à toutes les mesures de contrôle douanier auxquelles les marchandises sont aussi transmises.

Article 5. Surveillance spéciale

1. Sur demande, l'autorité douanière requise fournit des informations sur les mesures de surveillance spéciale – et maintient cette surveillance – concernant :

a) Les personnes dont l'autorité douanière requérante sait qu'elles ont commis, ou qu'elle soupçonne d'avoir commis une infraction à la législation douanière, en particulier celles entrant sur le territoire et sortant du territoire de la Partie dont dépend l'autorité douanière requise ;

b) Les mouvements de marchandises signalés par l'autorité douanière requérante comme donnant lieu à des soupçons de trafic illicite à destination du territoire de la Partie requérante ;

c) Les moyens de transport que l'autorité douanière requérante soupçonne d'être utilisés pour commettre une infraction à la législation douanière en vigueur sur le territoire de l'une des Parties ;

d) Les endroits utilisés pour entreposer les marchandises que l'autorité douanière requérante soupçonne d'être utilisées pour commettre une infraction à la législation douanière en vigueur sur le territoire de l'une des Parties.

2. Dans les limites de leur compétence, les autorités douanières des Parties préviennent :

a) L'exportation de marchandises dont on sait qu'elles sont exportées ou, sur la base de motifs raisonnables, qui sont soupçonnées d'être exportées, vers le territoire de l'autre Partie afin d'être utilisées à d'autres fins que le commerce légitime entre les Parties ;

b) L'exportation de marchandises dont l'importation est interdite sur le territoire de l'autre Partie.

Article 6. Mesures contre le trafic illicite de marchandises d'importance spéciale

Les autorités douanières se communiquent mutuellement, de leur propre initiative ou sur demande et sans tarder, toutes les informations pertinentes concernant les activités, réalisées ou prévues, qui constituent ou semblent constituer une infraction à la législation douanière en vigueur sur le territoire de l'une des Parties, spécialement concernant les mouvements :

a) D'armes, de munitions et d'explosifs ;

b) De marchandises sensibles et stratégiques soumises à des contrôles en vertu des accords internationaux concernés et des arrangements ou régimes multilatéraux pertinents et/ou d'obligations concomitantes de non-prolifération ;

c) De stupéfiants, de substances psychotropes et de précurseurs ;

d) D'objets d'art et d'antiquités qui présentent une valeur historique, culturelle ou archéologique importante ;

e) De substances toxiques, de matériaux radioactifs ainsi que d'autres biens et substances dangereux pour l'environnement ou la santé ;

f) De marchandises soumises à des droits de douane élevés ou des taxes élevées, en particulier, les boissons alcoolisées et les produits du tabac ;

g) De marchandises enfreignant les droits de propriété intellectuelle ;

h) De marchandises paléontologiques.

Article 7. Livraison surveillée

1. Les autorités douanières, par consentement mutuel et chacune dans le cadre de sa compétence déterminée par la législation nationale, utilisent la livraison surveillée afin d'identifier les personnes impliquées dans une infraction. Lorsqu'une décision de recourir aux livraisons surveillées ne relève pas de la compétence de l'autorité douanière, cette dernière coopère avec les autorités nationales compétentes ou transfère le cas à l'autorité concernée.

2. Les expéditions illicites dont il est convenu de surveiller la livraison peuvent, avec le consentement des autorités nationales compétentes, être interceptées et autorisées à poursuivre leur acheminement, soit telles quelles, soit après que les marchandises en ont été soustraites et saisies ou ont été remplacées en tout ou en partie.

3. Les décisions concernant le recours aux livraisons surveillées doivent être prises au cas par cas et peuvent, si nécessaire, tenir compte des arrangements financiers et des accords conclus entre les autorités nationales compétentes.

4. La livraison surveillée ne doit pas entraîner de danger significatif pour la vie, la santé ou la liberté de quiconque, ni de danger significatif de dommages importants à l'environnement, aux biens ou aux actifs.

Article 8. Forme et teneur des demandes d'assistance

1. Les demandes formulées en vertu du présent Accord sont présentées par écrit. Elles sont accompagnées des documents nécessaires à leur exécution. Si nécessaire, en cas d'urgence, les demandes verbales sont acceptées, mais elles doivent être confirmées par écrit immédiatement.

2. Les demandes présentées en application du paragraphe 1 du présent article comportent les renseignements suivants :

a) Le nom de l'autorité douanière effectuant la demande ;

b) Les mesures demandées ;

c) L'objet et le motif de la demande ;

d) Les lois, règlements et autres éléments juridiques pertinents ;

e) Des indications aussi exactes et complètes que possible sur les personnes qui font l'objet des enquêtes ;

f) Un résumé des faits pertinents et des enquêtes déjà menées, excepté dans les cas visés à l'article 9.

3. Les demandes d'assistance sont présentées en langue anglaise.

4. Lorsqu'une demande n'est pas conforme aux conditions requises, il peut être demandé de la corriger ou de la compléter ; des mesures de précaution peuvent toutefois être ordonnées.

Article 9. Notification de documents

1. À la demande de l'autorité douanière de l'une des Parties, l'autorité douanière de l'autre Partie notifie aux personnes concernées, résidant ou établies sur le territoire de la Partie dont elle dépend, les documents relatifs aux mesures et décisions prises par les autorités administratives en application de la législation douanière.

2. La notification des documents se fait conformément à la législation en vigueur sur le territoire de la Partie dont dépend l'autorité douanière requise. La notification de documents peut cependant se faire également selon une forme particulière ou selon la méthode précisée dans la demande pour autant que cela ne soit pas considéré comme contraire aux lois de la Partie requise.

3. La preuve de la notification peut prendre la forme d'un accusé de réception signé et daté par la personne concernée ou une attestation de l'autorité compétente requise indiquant la méthode et la date de la notification.

Article 10. Enquêtes

1. Si une autorité douanière le demande, l'autre autorité douanière entreprend des enquêtes concernant les opérations qui sont ou semblent être contraires à la législation douanière en vigueur sur le territoire de la Partie dont dépend l'autorité douanière requérante, et elle communique les résultats de ces enquêtes à l'autorité douanière requérante.

2. Ces enquêtes sont menées conformément aux lois en vigueur sur le territoire de la Partie dont dépend l'autorité douanière requise. L'autorité douanière requise procède comme si elle agissait pour son propre compte.

3. Sur demande écrite, les représentants spécialement désignés par l'autorité douanière requérante peuvent, avec l'autorisation de l'autorité douanière requise et sous réserve des conditions éventuellement imposées par cette dernière, aux fins d'enquêter sur une infraction à la législation douanière :

a) Obtenir des services de l'autorité douanière requise des informations concernant cette infraction à la législation douanière ;

b) Assister à une enquête menée par l'autorité douanière requise sur le territoire de l'autre Partie et jugée utile par l'autorité douanière requérante.

Article 11. Dossiers et documents

1. De sa propre initiative ou sur demande, l'autorité douanière de l'une des Parties fournit à l'autorité douanière de l'autre Partie des rapports, des éléments de preuve ou des copies certifiées des documents fournissant tous les renseignements disponibles sur les transactions, réalisées ou envisagées, qui constituent ou semblent constituer une infraction à la législation douanière en vigueur sur le territoire de cette autre Partie.

2. Les documents prévus dans le présent Accord peuvent être remplacés par des renseignements informatisés présentés sous n'importe quelle forme aux mêmes fins. Tout le matériel utile pour l'interprétation ou l'utilisation des informations et des documents devraient être fournis en même temps.

3. Les dossiers et les documents originaux ne sont demandés que dans les cas où des copies certifiées seraient insuffisantes.

4. Les dossiers et documents originaux reçus dans le cadre du présent Accord sont restitués dans les meilleurs délais.

Article 12. Experts et témoins

1. À la demande d'une Partie et en lien avec une infraction à la législation douanière, l'autorité douanière requise peut autoriser ses représentants, dans la mesure du possible, à comparaître devant les autorités compétentes de l'autre Partie. Ces représentants comparaîtront en tant qu'experts ou témoins concernant des faits qu'ils ont établis dans le cadre de leurs fonctions officielles et pour fournir des preuves. La demande de comparution doit indiquer clairement dans quelle affaire et à quel titre le représentant est appelé à comparaître.

2. L'autorité douanière acceptant la demande précise, si nécessaire, dans l'autorisation délivrée, les limites dans lesquelles ses représentants peuvent témoigner.

Article 13. Arrangements concernant les visites de représentants

Lorsque, dans les circonstances prévues par le présent Accord, des représentants de l'autorité douanière de l'une des Parties sont présents sur le territoire de l'autre Partie, ils doivent à tout moment pouvoir présenter la preuve de leur rôle officiel. Ils ne peuvent pas porter d'uniforme ni d'armes.

Article 14. Utilisation des informations et des documents

1. Les renseignements, les documents et autres communications obtenus sont uniquement utilisés aux fins du présent Accord et ne peuvent servir à d'autres fins que si l'autorité douanière qui les a fournis y a consenti préalablement par écrit, et sont soumis aux restrictions définies par cette autorité. Ces dispositions ne s'appliquent pas aux informations, documents et autres communications relatives à des infractions liées à des stupéfiants et à des substances psychotropes. Ces informations peuvent être communiquées à d'autres autorités nationales compétentes directement engagées dans la lutte contre le trafic illicite des stupéfiants et des substances psychotropes.

2. Toutes les informations communiquées sous quelque forme que ce soit en application du présent Accord sont considérées comme confidentielles. Elles sont soumises à l'obligation de secret professionnel et jouissent de la même protection que celle accordée à des informations et des documents de même type en vertu de la législation en vigueur sur le territoire de la Partie dont dépend l'autorité douanière réceptrice.

3. Les dispositions du paragraphe 1 du présent article n'empêchent pas l'utilisation d'informations dans des procédures judiciaires ou administratives entamées à la suite du non-respect de la législation douanière.

Article 15. Protection et utilisation des données à caractère personnel

1. Conformément à la législation en vigueur sur le territoire des Parties, la protection des données à caractère personnel échangées dans le cadre du présent Accord est soumise, au moins, aux conditions suivantes :

a) Nonobstant les dispositions de l'article 3, les données à caractère personnel ne sont pas transmises lorsqu'il y a des raisons valables de croire que le transfert ou l'utilisation des données transmises serait contraire à la législation de l'une des Parties et à la législation sur la protection des données en particulier. Sur demande, l'autorité douanière réceptrice informe l'autorité douanière expéditrice de l'utilisation faite des informations fournies et des résultats obtenus ;

b) Les données à caractère personnel ne peuvent être transmises qu'aux autorités douanières et aux autres organismes chargés de l'application de la loi et, si nécessaire, dans le cas de poursuites judiciaires, aux autorités publiques et judiciaires chargées des poursuites. Ces informations ne sont pas communiquées à des personnes autres que celles devant les utiliser aux fins mentionnées, sauf si les autorités les communiquant y consentent au cas par cas et pour autant que leur législation le permette ;

c) L'autorité douanière requise doit vérifier la validité et l'exactitude des données à caractère personnel qu'elle doit transmettre. L'autorité douanière qui transmet des données s'assure qu'elles sont exactes et à jour. Sur demande, l'autorité douanière requérante corrige, détruit ou supprime les données à caractère personnel ;

d) L'autorité douanière requise fournit, avec les données à caractère personnel, les informations concernant les délais prévus pour la suppression des données par sa propre législation interne. Les données à caractère personnel sont conservées pendant une période ne dépassant pas celle nécessaire pour les fins auxquelles elles ont été communiquées ;

e) Les autorités douanières conservent un registre des données à caractère personnel soumises et reçues et elles protègent effectivement toutes les données à caractère personnel contre tous accès, modifications, publications, dommages ou destructions non autorisés ;

f) Les représentants des douanes sont tenus de maintenir la confidentialité des données à caractère personnel même après avoir quitté le service, comme le prévoit leur législation nationale.

2. Lorsque des données à caractère personnel sont échangées dans le cadre du présent Accord, les Parties garantissent une norme de protection des données au moins équivalente à celle qui résulte de la mise en œuvre des principes énoncés dans l'annexe au présent Accord, laquelle fait partie intégrante au présent Accord.

3. Les Parties se notifient mutuellement le nom de l'autorité nationale compétente à laquelle les demandes en matière de protection des données à caractère personnel peuvent être envoyées.

Article 16. Utilisation des informations et des documents comme éléments de preuve

1. Les autorités douanières peuvent, conformément aux objectifs et dans les limites du champ d'application du présent Accord, dans leurs signalements de preuves, leurs rapports et leurs témoignages ainsi que dans les procédures entamées devant les tribunaux, utiliser comme éléments de preuve les informations et les documents obtenus conformément aux dispositions du présent Accord.

2. L'usage qu'il est fait de ces informations et documents en tant que preuves devant les tribunaux et la valeur qui leur sera conférée sont déterminés conformément à la législation des Parties.

Article 17. Dérogations à l'obligation de prêter assistance

1. Si l'autorité douanière requise de l'une des Parties considère que la fourniture de l'assistance requise porterait atteinte à sa souveraineté, à sa sécurité, à la sécurité publique ou à l'ordre public ou à d'autres intérêts essentiels de cette Partie, ou si elle risque d'entraîner une violation d'un secret industriel, commercial ou professionnel ou serait contraire aux principes fondamentaux de son système législatif interne, elle peut refuser de fournir l'assistance ou ne la fournir que partiellement ou ne la fournir qu'à certaines conditions ou selon certaines exigences.

2. Si l'autorité douanière requérante n'était pas à même de donner suite si une requête similaire lui était faite par l'autorité douanière requise, elle appelle l'attention sur ce fait dans sa demande. L'autorité douanière requise peut, à sa discrétion, donner suite à cette requête.

3. L'assistance peut être reportée par l'autorité douanière requise au motif qu'elle entraverait une enquête, des poursuites ou une procédure en cours. Dans ce cas, l'autorité douanière requise consulte l'autorité douanière requérante pour déterminer si l'assistance peut être fournie aux conditions imposées par l'autorité douanière requise.

4. Les autorités douanières s'informent mutuellement du refus ou du report de l'assistance en précisant les raisons de ce refus ou report. Une Partie n'est pas tenue de justifier son refus lorsqu'il est dû à des atteintes éventuelles à sa souveraineté, sa sécurité, son ordre public ou à d'autres intérêts essentiels.

Article 18. Frais

1. Les autorités douanières renoncent à toute demande de remboursement des frais exposés au cours de l'exécution du présent Accord, à l'exception des frais et indemnités payés aux experts et témoins et des frais liés aux traducteurs et interprètes qui ne sont pas des employés du Gouvernement, lesquels sont assumés par l'autorité douanière requérante.

2. Si des dépenses importantes ou exceptionnelles sont ou se révèlent nécessaires pour exécuter de la demande, les Parties se consultent afin de déterminer les conditions de l'exécution de la demande et les modalités de la répartition des coûts.

Article 19. Complémentarité

Sans préjudice des articles 14 et 15, le présent Accord ne porte pas atteinte aux dispositions de l'Union européenne régissant la communication entre les services compétents de la Commission de l'Union européenne et les autorités douanières de la République de Finlande de toute information obtenue en matière douanière, qui pourrait présenter un intérêt pour l'Union européenne, ni aux dispositions du MERCOSUR régissant la communication entre les autorités douanières de la République argentine et les autorités douanières des autres pays du MERCOSUR.

Article 20. Mise en œuvre de l'Accord

1. L'assistance visée au présent Accord est fournie directement entre les autorités douanières des Parties.

2. Les autorités douanières arrêtent les dispositions détaillées pour faciliter la mise en œuvre du présent Accord.

3. Les autorités douanières peuvent prendre des mesures afin que leurs représentants responsables des investigations ou de la répression des infractions à la législation douanière entretiennent entre eux des relations personnelles et directes conformément à leurs procédures administratives internes.

4. Les différends découlant de la mise en œuvre et de l'interprétation du présent Accord sont réglés par des négociations entre les autorités douanières des Parties. Les conflits pour lesquels aucune solution amiable n'a été trouvée sont réglés par la voie diplomatique.

5. Les informations auxquelles il est fait référence dans le présent Accord sont communiquées aux représentants spécialement désignés à cet effet par chaque autorité douanière.

Article 21. Application territoriale

Le présent Accord est applicable au territoire douanier de la République de Finlande et au territoire douanier de la République argentine, tel qu'ils sont définis dans leurs dispositions juridiques et administratives nationales respectives.

Article 22. Ajouts et modifications

Par consentement mutuel des Parties, des ajouts et modifications formalisés dans des protocoles distincts, qui feront partie intégrante du présent Accord, peuvent être introduits dans le présent Accord. Ces protocoles entreront en vigueur conformément à la procédure visée à l'article 23 du présent Accord.

Article 23. Entrée en vigueur et dénonciation

1. Chacune des Parties notifie à l'autre, par la voie diplomatique et par écrit, l'accomplissement de toutes ses exigences juridiques nationales requises pour l'entrée en vigueur du présent Accord. Le présent Accord entre en vigueur 60 jours après la date de réception de la dernière notification.

2. Le présent Accord est signé pour une durée indéterminée. L'une des Parties peut le dénoncer moyennant une notification écrite transmise par la voie diplomatique.

3. La dénonciation prend effet à l'expiration d'une période de six mois après la réception de la notification de dénonciation par l'autre Partie.

4. Les procédures en cours au moment de la dénonciation sont, dans la mesure du possible, poursuivies jusqu'à leur terme conformément aux dispositions du présent Accord.

EN FOI DE QUOI, les représentants soussignés, dûment autorisés à cet effet, ont signé le présent Accord.

FAIT à Buenos Aires, le 4 décembre 2015, en deux exemplaires originaux, chacun en langues finnoise, espagnole et anglaise, tous les textes faisant également foi. En cas de divergence d'interprétation, le texte anglais prévaut.

Pour la République argentine :
[RICARDO ECHEGARAY]

Pour la République de Finlande :
[SARA ISA MARÍA HENTTONEN]

ANNEXE À L'ACCORD ENTRE LA RÉPUBLIQUE ARGENTINE ET LA RÉPUBLIQUE DE FINLANDE CONCERNANT L'ASSISTANCE MUTUELLE ET LA COOPÉRATION EN MATIÈRE DOUANIÈRE

PRINCIPES DE BASE DE LA PROTECTION DES DONNÉES

1. Les données à caractère personnel faisant l'objet d'un traitement automatique sont :
   a) Obtenues et traitées en toute impartialité et de manière légale ;
   b) Conservées aux fins spécifiées et dans un but légitime et ne sont pas utilisées d'une manière qui est incompatible avec ces fins ;
   c) Adéquates, pertinentes et mesurées par rapport aux fins pour lesquelles elles sont conservées ;
   d) Exactes et, lorsque nécessaire, mises à jour ;
   e) Préservées sous une forme permettant d'identifier les personnes concernées pendant une durée qui n'excède pas celle nécessaire pour la finalité pour laquelle ces données sont conservées.

2. Les données à caractère personnel révélant l'origine raciale, les opinions politiques ou les convictions religieuses ou d'autres croyances, telles que les convictions philosophiques ou morales, de même que les données à caractère personnel concernant l'appartenance à un syndicat, la santé ou la vie sexuelle ne peuvent être traitées de manière automatique, à moins que le droit interne ne prévoie des garde-fous appropriés. Le même principe s'applique aux données à caractère personnel se rapportant à des déclarations de culpabilité.

3. Des mesures de sécurité appropriées sont prises afin de garantir la sécurité et la confidentialité des données à caractère personnel afin d'éviter leur altération, leur perte, leur consultation ou leur traitement non autorisés, et de détecter toute déformation, intentionnelle ou non, de ces informations, que les risques proviennent d'un comportement humain ou des moyens techniques utilisés.

4. Toute personne doit pouvoir :
   a) Établir l'existence d'un fichier de données à caractère personnel automatisé, ses principales finalités, ainsi que l'identité et le lieu de résidence habituel ou le siège principal d'activité du contrôleur du fichier ;
   b) Obtenir à intervalles raisonnables, sans frais et sans retard excessif, confirmation du fait que des données à caractère personnel la concernant sont, ou non, conservées dans le fichier de données automatisé ainsi que se faire communiquer ces données sous une forme intelligible ;
   c) Obtenir, le cas échéant, que ces données soient rectifiées ou supprimées si elles ont été traitées de manière contraire aux dispositions du droit interne donnant effet aux principes de base énoncés aux paragraphes 1 et 2 de la présente annexe ;
   d) Avoir une voie de recours si une demande, selon le cas, de communication, de rectification ou de suppression comme indiqué aux alinéas b) et c) du présent principe, n'est pas exécutée.

5.1. Aucune exception aux paragraphes 1, 2 et 4 de la présente annexe n'est accordée sauf dans les limites définies au paragraphe ci-après.

5.2. Une dérogation aux dispositions des paragraphes 1, 2 et 4 de la présente annexe est accordée lorsqu'une telle dérogation est prévue par la législation de la Partie correspondante et constitue une mesure nécessaire dans une société démocratique dans l'intérêt de :

a) La protection de la sécurité de l'État, de la sûreté publique, des intérêts monétaires de l'État ou de la répression des infractions pénales ;

b) La protection des personnes concernées ou des droits et libertés d'autrui.

5.3. Des restrictions à l'exercice des droits spécifiés aux alinéas b) et d) du paragraphe 4 de la présente annexe peuvent être prévues par la loi régissant les fichiers de données à caractère personnel automatisés utilisés à des fins statistiques ou de recherche scientifique lorsqu'il n'y a manifestement aucun risque de porter atteinte aux personnes concernées.

6. Chaque Partie s'engage à prendre les sanctions et recours nécessaires concernant les infractions aux dispositions du droit interne donnant effet aux principes de base énoncés dans la présente annexe.

7. Aucune des dispositions de la présente annexe ne peut être interprétée comme limitant ou empêchant d'une quelconque autre manière la possibilité pour une Partie d'octroyer aux personnes concernées des mesures de protection plus étendues que celles stipulées dans la présente annexe.

No. 54617

Argentina and United Arab Emirates

Agreement between the Argentine Republic and the United Arab Emirates on the exchange of information on tax matters. Buenos Aires, 5 February 2016

Entry into force: *17 January 2017 by notification, in accordance with article 9*

Authentic texts: *Arabic, English and Spanish*

Registration with the Secretariat of the United Nations: *Argentina, 14 August 2017*

Argentine et Émirats arabes unis

Accord entre la République argentine et les Émirats arabes unis relatif à l'échange de renseignements en matière fiscale. Buenos Aires, 5 février 2016

Entrée en vigueur : *17 janvier 2017 par notification, conformément à l'article 9*

Textes authentiques : *arabe, anglais et espagnol*

Enregistrement au Secrétariat de l'Organisation des Nations Unies : *Argentine, 14 août 2017*

حررت من نسختين أصليتين في بوينس آيرس بتاريخ ٥/٢/٢٠١٦ باللغات العربية ، الاسبانية والانجليزية ، وجميع النصوص حجية متساوية ، وفي حال الاختلاف بين النصوص يسود النص الإنجليزي.

عن الامارات العربية المتحدة	عن جمهورية الارجنتين

دخول الاتفاقية حيز النفاذ

1. يخطر كل طرف متعاقد الطرف المتعاقد الأخرى كتابةً عن طريق القنوات الدبلوماسية، بانتهاء الإجراءات الداخلية اللازمة وفقا لقوانينه، لدخول هذه الاتفاقية حيز النفاذ.

2. تدخل هذه الاتفاقية حيز النفاذ في تاريخ استلام اخر الإخطارات وتصبح احكامها نافذة في ذلك التاريخ.

3. كمايتباد لالطرفانالمعلومات،للطلباتالمقدمةبعد تاريخدخولحيز النفاذ،فيمايتعلقبالفتراتالضريبيةقبلبدءنفاذ هذهالاتفاقية، أوحيثلاتوجد أيفترة ضريبية، وفيمايتعلقبالرسومالضريبية الناشئةقبل بدءنفاذ هذهالاتفاقية،بشرطأنتتوفرهذهالمعلومات. المعلوماتالمطلوبةيجب ان تتوافقمعالالتزاماتالضريبيةقيد المراجعة من قبل السلطاتالضريبيةمنالطرفالطالبوفقالقانون التقادم لديها.

المادة (10)

الانهاء

1. تبقىهذهالاتفاقيةنافذةالمفعوللحينإنهائهامنقبلإحدىالطرفينالمتعاقدين.

ويجوزلأيمنالطرفينالمتعاقدينإنهاء هذهالاتفاقية، عنطريقإشعار الطرفالمتعاقدالآخربإنهاء الاتفاقية كتابيا على اقل تقدير قبل ستة اشهر من نهاية أي سنة تقويمية.، وفيهذهالحالةيتموقفالعملبهذهالاتفاقية منالیومالأولمن السنة التقويمية التالية.

2. حتى بعد انهاء هذه الاتفاقية وفقا لاحكام الفقرة 1، يبقى الطرفان ملتزمان بأحكام المادة (7) بخصوص أية معلومات يتم الحصول عليها بموجب هذه الاتفاقية.

مع المعلومات التي تم الحصول عليها بموجب القوانين الوطنية لذلك الطرف ، و يجوز إفشائها فقط للأشخاص أو السلطات (بما في ذلك المحاكم والهيئات الإدارية) الخاضعة للطرف المتعاقد المعني والمتعلقة بتقييم أو جباية أو تنفيذ أو مقاضاة أو تحديد مطالب ذات صلة بالضرائب. وعلى هؤلاء الأشخاص أو السلطات استخدام هذه المعلومات لمثل هذه الأغراض فقط ويجوز لهم الإفشاء بالمعلومات عند اتخاذ الإجراءات القضائية أو عند اتخاذ قرارات قضائية. لا يجوز الإفشاء بالمعلومات إلى أي شخص آخر أو كيان أو سلطة أو أي سلطة قضائية أخرى دون موافقة كتابية من السلطات المختصة التابعة للطرف المطلوب منه المعلومات.

المادة (8)

إجراءات الاتفاق المتبادل

1. في حال نشوء صعوبات أو شكوك بين الطرفين المتعاقدين بخصوص تنفيذ أو تفسير الاتفاقية فإنه يجب على السلطات المختصة السعي لتسوية الموضوع باتفاق مشترك.

2. بالإضافة للاتفاق المشار إليه في الفقرة (1) من هذه المادة، فإنه يجوز للسلطات المختصة التابعة للطرفين المتعاقدين الاتفاق فيما بينهم على الإجراءات الواجب إتباعها وفقا للمادة (5) .

3. يجوز للسلطات المختصة التابعة لكلا الطرفين المتعاقدين التشاور فيما بينهم مباشرة لأجل الوصول إلى اتفاق وفقا لهذه المادة.

المادة (9)

تعاملالمعلوماتالتيمنالنوعالمشارإليهفيالمادة (5) الفقرة

(4) علىأنهاأسرارأوعمليةتجاريةبمجردفقطإنهاتستوفيم انصتعليهتلكالفقرة.

3- لا تلزم أحكام هذه الاتفاقية على أي من الطرفين المتعاقدين أن يحصل على أو يوفر معلومات ذات طابع سري بين زبون وموكلة أو محامي أو ممثل قانوني آخر تسمح بها العلاقة القانونية التي يكون تقديمها للأغراض التالية:

أ) الناتجة لأغراض الحصول على أو تقديم استشارة قانونية.

ب) الناتجة لأجل دعاوى قضائية قائمة أو يتم رفعها مستقبلا.

4- يجوزللطرفالمتعاقدالمطلوبمنهالمعلوماترفضتقديممع لوماتإذاكانالإفشاءبهايتعارضمعالسياسةالعامة (الأمنالعام). في هذه الحالة فانه لن يكون ضروريا الافصاح عن سبب الرفض.

5- يجبأنلايرفضطلبتقديمالمعلوماتتأسيساًعلىأنالمطال بةبالضريبةقدينجمعنهامنازعة.

6- يجوزللطرفالمطلوبمنهالمعلوماترفضالطلبإذاماكان تالمعلوماتالمطلوبةمنقبلالطرفمقدمالطلبمنأجلإدار ةأوتنفيذحكممنقانونالضريبةللطرفمقدمالطلبأو يمطلبلهصلهبهينتجعنهتمييزضدمواطنيالطرفالمطلوبم نهالمعلوماتبالمقارنةمعمواطنيالطرفمقدمالطلبفين فسالحالات.

المادة (7)

السرية

يجب أن تعامل أية معلومات يستلمها طرف متعاقد وفق هذه الاتفاقية بسرية بنفس طريق التعامل

المطلوبة في أسرع وقت ممكن للطرف المتعاقد طالب المعلومات. لضمان الاستجابة السريعة، ويجب على السلطة المختصة للطرف المطلوب منه المعلومات :

أ) ضمان استلام الطلب كتابة إلى السلطات المختصة للطرف مقدم الطلب و يجب إخطار السلطات المختصة للطرف مقدم الطلب من أوجه القصور في الطلب، إن وجدت، خلال (60) يوماً من استلام الطلب.

ب) إذا كانت السلطة المختصة للطرف المطلوب منه المعلومة ليس في استطاعتها توفير وتقديم المعلومات في غضون (90) يوماً من استلام الطلب، بما في ذلك في حال واجهته مشاكل تمنعه من توفيرها أو رفض توفيرها، فإن عليها إخطار الطرف مقدم الطلب في الحال، تشرح فيه أسباب الرفض .

7- الطلبات والإجابات تقدم كتابة باللغة الإنجليزية .

المادة (6)

احتمالية رفض الطلب

1- لا يلتزم الطرف المطلوب منه المعلومات بأن يحصل على أو يوفر معلومات ليس بمقدور الطرف مقدم الطلب تقديمها بحكم قوانينه لأغراض إدارية أو تنفيذ قوانينه المتعلقة بالضرائب وللسلطة المختصة للطرف المطلوب منه المعلومات الامتناع عن تقديم المساعدة عندما لا يتماشى هذا الطلب مع أحكام هذه الاتفاقية.

2- لا تلزم أحكام هذه الاتفاقية على أي من الطرفين المتعاقدين تقديم معلومات تفشي عن أي أسرار تجارية، وصناعية أو مهنية أو معاملات تجارية، ومعالج غير ذلك، ويجب أن لا

لحصولعلىمعلوماتأ وتوفيرهاحوللملكية الشركاتالتي تتعاملتجارياً أو أنظمة أوصنا ديقعامةللاستثمار المشتركمالميتمالحصولعلىهذ هالمعلوماتبد ونأيصعوب ات.

5- يجب على السلطة المختصة للطرف مقدم الطلب توفير المعلومات التالية إلى السلطة المختصة بالطرف المطلوب منه المعلومات عندما يتقدم بطلبه معلومات بموجب هذه الاتفاقية وذلك لإثبات اهميتها على النحو الآتي:

أ) هوية الشخص الخاضع للتحري أو التدقيق.

ب) بيان المعلومات المطلوبة بما في ذلك تحديد طبيعتها والطريقة التي يرغب الطرف الطالب باستلامها من الطرف المطلوب منه المعلومات.

ج) الغرض الضريبي للمعلومات المطلوبة.

د) أسباب وجود تلك المعلومات في إقليم الطرف المطلوب منه المعلومات أو في حوزة أو إدارة شخص موجود ضمن ولايته القضائية للطرف المطلوب منه المعلومات.

ه) الاطلاع على اسم وعنوان أي شخص يعتقد في حوزته المعلومات المطلوبة.

و) بيان بأن طلب الحصول على معلومات يتماشى مع القوانين والممارسات الادارية للطرف مقدم الطلب، وفي حال ذلك فإن السلطة المختصة للطرف مقدم الطلب تستطيع الحصول على المعلومات وفقا لقوانين الطرف مقدم الطلب في حالات الإجراءات الإدارية العادية وإنها تتماشى مع هذه الاتفاقية.

ز) بيان بأن الطرف مقدم الطلب اتخذ كل الوسائل المتاحة في إقليمه للحصول على المعلومات، عدا تلك التي تترتب عنها صعوبات.

6 -يتعين على السلطة المختصة للطرف المتعاقد المطلوب منه المعلومات طلب إحالة المعلومات

2- إذا كانت المعلومات التي في حوزة السلطة المختصة للطرف المطلوب منه المعلومات غير كافية لتمكنه من تلبية الطلب،فإن على ذلك الطرف الاستفادة من كافة اجراءات الحصول على المعلومات المعنية لتوفيرها الى الطرف الطالب للمعلومات، بالرغم من عدم حاجة الطرف المطلوب منه المعلومات لأغراض الضريبة الخاصة به .

3- إذا ما قامت السلطة المختصة بالطرف مقدم الطلب بطلب محدد ، فإن على السلطة المختصة بالطرف المطلوب منه المعلومات تقديم المعلومات بموجب هذه المادة الى المدى الذي تسمح به قوانينه الوطنية المتعلقة بتقديم شهادة الشهود والنسخ الموثقة للسجلات الأصلية.

4- يضمن كل طرف متعاقد بأن السلطة المختصة التابعة له للأغراض المنصوص عليها في المادة (1- هدف ونطاق الاتفاقية) ، لها صلاحية الحصول على وتقديم المعلومات عند تقديم الطلب:

أ) معلومات لدى بنوك، مؤسسات مالية أخرى، وأي شخص بصفته وكيل أو مؤتمن بما في ذلك المعينين المؤتمنين.

ب) معلوماتتتعلقبملكيةشركات،شراكة،صناديق ائتمانأو أشخاصآخرينوذلكفيظلالقيود المبينةفيا لمادة

(2) ،معلوماتتتعلقبملكية هذ ها لأشخا صلسلسلة التم لك،بالنسبةلصنا ديقا لائتما نمعلوما تحو لالموصينعلى المالو المنتفعين،وبالنسبةللمؤسسةمعلوماتعنمؤس سيو أعضاء مجلسا لأمناء و المنتفعين.
علاوةً علىذلك، لاتنشأ عن
هذ ها لاتفاقية أيالتز امعلىا لطرفينا لمتعاقدينبا

ي) مصطلح "طرف مقدم الطلب "
يقصد بها الطرف المتعاقد الطالب للمعلومات.

ك) مصطلح "طرف مطلوب منه "
يقصد بها الطرف المتعاقد المطلوب منه توفير المعلومات.

ل) مصطلح " إجراءات الحصول على المعلومة" يقصد به الإجراءات القانونية والإدارية أو القضائية التي من خلالها يتمكن الطرف المتعاقد من الحصول على المعلومات المطلوبة أو توفيرها.

م) مصطلح " معلومات " يقصد به أي حقيقة أو بيان أو سجل في أي شكل كان.

2- فيما يتعلق بتطبيق هذه الاتفاقية في أي وقت من قبل كل من الطرفين المتعاقدين، فإن أي مصطلح لم يتم تعريفه كما ورد في هذه الاتفاقية ما لم يتطلب النص خلاف ذلك، فانه يكون له المعنى المقدر له بموجب قانون ذلك الطرف في ذلك الوقت، وأي معنى يكون مقدراً بموجب قوانين الضرائب المطبقة لدى ذلك الطرف يسود على المعنى الوارد في القوانين الأخرى لذلك الطرف.

المادة (5)
تبادل المعلومات عند الطلب

1-

يجب على السلطة المختصة للطرف المطلوب منها المعلومات توفيرها عند طلبها للأغراض المشار إليها في المادة

(1) ، على أن يتم تبادل هذه المعلومات بصرف النظر عن كون طريقة التحري قد تعتبر جريمة وفقاً لقوانين الطرف المطلوب منها المعلومات.

ج) مـ صطلـح " شخص " يـ شمـل فـر د ، شر كـة ، و أي مجـمو عـة اخـر ى مـن الأشخـاص.

د) مـصــطـلـح " شـــر كـة " يـقـصــد بـــه أي هـيـئـــة اعـتـبـا ر يـة أو كـ يـان يـعـا مـل كـهـيـ ئـة اعـتـبـا ر يـة لأغـر اض الـضر يـبـة .

ه) مـصطـلـح " شر كـة تجـا ر يـة عـا مـة "
يـقـصـد بهـا أيـ شر كـة يـكو نـا لـصنـفـا لأو لمـنـا أسـهـمـهـا مـد ر جـفـيـقـا ئـ
مـة سـو قـمـا ل "بـو ر صة "
مـعـتر فـبـه ، شر يـطـة أنـيـكو نـبـا سـتـطـا عـة الجـمـهـو ر بـيـعـو شر ا ء
أسـهـمـهـا . ويمـكـنـشر ا ء أو بـيـعـا لأسـهـمـمـن "قـبـلا لجـمـهـو ر"
مـا لمـيـقـتـصر بـيـعـهـا أو شر ا ئـهـا بـشـكـلـصر يحـا أو ضـمـنـيـعـلـى مجـمـ
و عـة مـعـيـنـة مـنـا لمـسـتـثـمر يـن .

و) مـصطـلـح " صنـفـا و لمـنـا لأسـهـم "
يـقـصـد بهـنـو عـا و أنـو ا عـمـنـا لأسـهـمـتـمـثـلأ غـلـبـيـة الأصو ا تـو ا لـ
قـيـمـة فـيـا لـشر كـة .

ز) مـ صطلـح "سو ق مـا لي مـ عـتر ف بـه" يـقـ صد بـه أي سو ق مـا لي تـد فـق عـلـيـهـا الـسلـطـا ت المخـتـصة في كـل مـن الـطـر فـين المـتـعـا قـد يـن .

ح) يـعـنـيـمـ صطلـح " صنـد و ق أو نـظـا مـا سـتـثـمـا ر مـ شتر ك "
أيـا د ا ة ا سـتـثـمـا ر ا تمـشتر كـة ، بـغـضا لـنـظر عـن شكـلـهـا الـقـا نـ
و نــــــــي . يـعـنـيـمـصــــــــــطـلـح
"صنـد و قـأ و نـظـا مـا سـتـثـمـا ر مـشــــــــــتر كـعـا م "
أيـصنـد و قـا سـتـثـمـا ر مـشتر كـأ و مخـطـطـبـشــــر ط ان تـكــــو ن
الـو حـد ا ت ، الاسـهـمـأ و المـصا لحـأ خـر ى فـيـا لـصنـد و قـأ و المـخـطـط
يمـكـنـشـــــــــــــــــــــر ا ئـهـا
بـسهـو لـة ، بـيـعـهـا أو ا ستر د ا د هـا مـنـا لجـمـهـو ر . ، اذ ا مـا كـا ن الـ شر ا ء ، الـبـ يـع او الا ستر د ا د لا يـقـتـ صر صر ا حـة أو ضـمـنـأ عـلـى مجـمـو عـة محـد و د ة مـنـا لمـسـتـثـمر يـن ؛

ط) مـصطـلـح " ضر يـبـة" يـقـصد بـه أي ضر يـبـة تـسر ي عـلـيـهـا هـذ ه الاتـفـا قـيـة .

الضرائب المعنية

1- تسري هذه الاتفاقية على الضرائبالتالية:

أ) في حالة الارجنتين:

(1) ضريبة الدخل؛

(2) ضريبة القيمة المضافة؛

(3) ضريبة الاصول الشخصية؛ و

(4) ضريبة على الدخل الادنى الافتراضي.

ب) في حالة الامارات العربية المتحدة:

(1) ضريبة الدخل؛ و

(2) ضريبة الشركات.

2- تسري كذلك هذه الاتفاقية على أية ضرائب مماثلة أو مشابهة في الجوهر وتفرض بعد تاريخ توقيع الاتفاقية بالإضافة إلى الضرائب الحالية أو بدلا عنها، وعلى السلطات المختصة من الطرفين المتعاقدين إخطار الطرف الاخر عن أية تغيرات جوهرية للضرائب وتدابير جمع المعلومات المشمولة بهذه الاتفاقية.

المادة (4)
التعاريف

1- لأغراض هذه الاتفاقية، ما لم يقتضي سياق النصخلاف ذلك:

أ) يعني المصطلح "طرف متعاقد" دولة الامارات العربية المتحدة أو جمهورية الارجنتينحسبما يقتضي النص؛

ب) مصطلح "سلطة مختصة" يقصد به:

1- بالنسبة لدولة لإمارات العربية المتحدة وزارة المالية أو ممثلها المفوض.

2- بالنسبة للأرجنتين، رئيس الادارة الاتحادية للإيرادات العامة أو ممثله المفوض.

[TEXT IN ARABIC – TEXTE EN ARABE]

اتفاقيةتبادل معلومات بشان المسائل الضريبية بينالامارات العربية المتحدة و جمهورية الارجنتين

إن حكومة دولة الامارات العربية المتحدةو حكومة جمهورية الارجنتين، رغبة منهما فيابرام اتفاقية لتبادل المعلومات بشان الضرائب ،فقد اتفقتا على ما يلي:

المادة (1)

هدف ونطاق الاتفاقية

يقوم الطرفين المتعاقدين عن طريق السلطات المختصة في كل منهما بتقديم المساعدة من خلال تبادل المعلومات الضرورية لإدارة وتنفيذ القوانين الوطنية للطرفين المتعاقدين، وذلك فيما يتعلق بالضرائب المعنية في هذه الاتفاقية. تتضمن هذه المعلومات معلومات ضرورية لتحديد وتقييم وتحصيل هذه الضرائب، استرداد وتنفيذ المطالبات للاستحقاقات الضريبية أو التحقيق أو الاتهام في المسائل الضريبية، ويجب أن يتم تبادل المعلومات وفقا لأحكام هذه الاتفاقية بسرية تامة وفقاً لما تنص عليه المادة (7) ،تبقى الحقوق والضمانات المكفولة للأشخاص وفقا للقوانين أو الإجراءات الإدارية للطرف المطلوب منه المعلومات سارية. على الطرف المطلوب منه المعلومات بذل اقصى جهده لضمان عدم منع او تأخير التبادل الفعال للمعلومات.

المادة (2)

الولاية القضائية

لا يلزم الطرف المطلوب منه المعلومات بتوفير المعلومات غير المتوفرة لدى سلطاته او يمتلكها ،او يتحكم بها اشخاص فينطاقولايتها الإقليمية.

المادة (3)

[TEXT IN ENGLISH – TEXTE EN ANGLAIS]

AGREEMENT BETWEEN THE ARGENTINE REPUBLIC AND UNITED ARAB EMIRATES ON EXCHANGE OF INFORMATION ON TAX MATTERS

The Argentine Republic and the United Arab Emirates, desiring to conclude an Agreement on exchange of information on tax matters, have agreed as follows:

Article 1
Object and scope of the agreement

The competent authorities of the Parties shall provide assistance through exchange of information that is relevant to the administration and enforcement of the domestic laws of the Parties concerning taxes covered by this Agreement. Such information shall include information that is relevant to the determination, assessment and collection of such taxes, the recovery and enforcement of tax claims, or the investigation or prosecution of tax matters. Information shall be exchanged in accordance with the provisions of this Agreement and shall be treated as confidential in the manner provided in Article 7. The rights and safeguards secured to persons by the laws or administrative practice of the Requested Party remain applicable. The Requested Party shall use its best endeavours to ensure that the effective exchange of information is not unduly prevented or delayed.

Article 2
Jurisdiction

A Requested Party is not obligated to provide information which is neither held by its authorities nor in the possession or control of persons who are within its territorial jurisdiction.

Article 3
Taxes covered

1. This Agreement shall apply to the following taxes:
   a) in the case of Argentina:
      (i) Income Tax;
      (ii) Value Added Tax;
      (iii) Personal Assets Tax; and
      (iv) Tax on Presumptive Minimum Income.
   b) In the case of the United Arab Emirates
      i) the income tax; and
      ii) the corporate tax.

2. This Agreement shall also apply to any identical or any substantially similar taxes imposed after the date of signature of the Agreement in addition to or in place of the existing taxes. The competent authorities of the Parties shall notify each other of any substantial changes to the taxation and related information gathering measures covered by the Agreement.

Article 4
Definitions

1. For the purposes of this Agreement:

a) the term "Party" means the United Arab Emirates or the Argentine Republic as the context requires;

b) the term "competent authority" means:

   (i) in the United Arab Emirates the Ministry of Finance or its authorized representative;

   (ii) in Argentina, the Head of the Federal Administration of Public Revenues or his authorized representative;

c) the term "person" includes an individual, a company or any other body of persons;

d) the term "company" means any body corporate or any entity that is treated as a body corporate for tax purposes;

e) the term "publicly traded company" means any company whose principal class of shares is listed on a recognised stock exchange provided its listed shares can be readily purchased or sold by the public. Shares can be purchased or sold "by the public" if the purchase or sale of shares is not implicitly or explicitly restricted to a limited group of investors;

f) the term "principal class of shares" means the class or classes of shares representing a majority of the voting power and value of the company;

g) the term "recognised stock exchange" means any stock exchange recognized by the competent authorities of the Parties;

h) the term "collective investment fund or scheme" means any pooled investment

vehicle, irrespective of legal form. The term "public collective investment fund or scheme" means any collective investment fund or scheme provided the units, shares or other interests in the fund or scheme can be readily purchased, sold or redeemed by the public. Units, shares or other interests in the fund or scheme can be readily purchased, sold or redeemed "by the public" if the purchase, sale or redemption is not implicitly or explicitly restricted to a limited group of investors;

i) the term "tax" means taxes which are subject to this Agreement;

j) the term "Requesting Party" means the Party requesting information;

k) the term "Requested Party" means the Party requested to provide information;

l) the term "information gathering measures" means rules and administrative or judicial procedures that enable a Party to obtain and provide the requested information;

m) the term "information" means any fact, statement or record in any form whatever, relevant to the administration and enforcement of taxes covered in this Agreement;

2. As regards the application of this Agreement at any time by any of the Parties, any term not defined therein shall, unless the context otherwise requires, have the meaning that it has at that time under the law of that Party, and the meaning under the applicable tax laws of that Party prevails over a meaning given to the term under other laws of that Party.

Article 5

Exchange of Information Upon Request

1. The competent authority of the Requested Party shall provide upon request information for the purposes referred to in Article 1. Such information shall be exchanged without regard to whether the conduct being investigated would constitute a crime under the laws of the Requested Party if such conduct would have occurred in the Requested Party.

2. If the information in the possession of the competent authority of the Requested Party is not sufficient to enable it to comply with the request for information, that Party shall use all relevant information gathering measures to provide the Requesting Party with the information requested, notwithstanding that the Requested Party may not need such information for

its own tax purposes.

3. If specifically requested by the competent authority of the Requesting Party, the
competent authority of the Requested Party shall provide information under this Article, to the extent allowable under its domestic laws, in the form of depositions of witnesses and authenticated copies of original records.

4. Each Party shall ensure that its competent authorities for the purposes specified in Article 1 of the Agreement, have the authority to obtain and provide upon request:
   a) information held by banks, other financial institutions, and any person acting in an agency or fiduciary capacity including nominees and trustees;
   b) information regarding the ownership of companies, partnerships, trusts, foundations and other persons, including, within the constraints of Article 2, ownership information on all such persons in an ownership chain; in the case of trusts, information on settlors, trustees and beneficiaries; and in the case of foundations, information on founders, members of the foundation council or board of directors and beneficiaries. Further, this Agreement does not create an obligation on the Parties to obtain or provide ownership information with respect to publicly traded companies or public collective investment funds or schemes unless such information can be obtained without giving rise to disproportionate difficulties.

5. The competent authority of the Requesting Party shall provide the following information to the competent authority of the Requested Party when making a request for information under the Agreement to demonstrate the relevance of the information to the request:
   a) the identity of the person under examination or investigation;
   b) a statement of the information sought including its nature and the

form in which the Requesting Party wishes to receive the information from the Requested Party;

c) the tax purpose for which the information is sought;

d) grounds for believing that the information requested is held in the Requested Party or is in the possession or control of a person within the jurisdiction of the Requested Party;

e) to the extent known, the name and address of any person believed to be in possession of the requested information;

f) a statement that the request is in conformity with the law and administrative practices of the Requesting Party, that if the requested information was within the jurisdiction of the Requesting Party then the competent authority of the Requesting Party would be able to obtain the information under the laws of the Requesting Party or in the normal course of administrative practice and that it is in conformity with this Agreement;

g) a statement that the Requesting Party has pursued all means available in its own territory to obtain the information, except those that would give rise to disproportionate difficulties.

6. The competent authority of the Requested Party shall forward the requested information as promptly as possible to the Requesting Party. To ensure a prompt response, the competent authority of the Requested Party shall:

   a) Confirm receipt of a request in writing to the competent authority of the Requesting Party and shall notify the competent authority of the Requesting Party of deficiencies in the request, if any, within 60 days of the receipt of the request;

   b) If the competent authority of the Requested Party has been unable to obtain and provide the information within 90 days of receipt of the request, including if it encounters obstacles in furnishing the information or it refuses to furnish the information, it shall immediately inform the Requesting Party, explaining the reason for its inability, the nature of the obstacles or the reasons for its refusal.

7. The requests and answers thereto shall be submitted in writing in the English language.

Article 6
Possibility of Declining a Request

1. The Requested Party shall not be required to obtain or provide information that the Requesting Party would not be able to obtain under its own laws for purposes of the administration or enforcement of its own tax laws. The competent authority of the Requested Party may decline to assist where the request is not made in conformity with this Agreement.

2. The provisions of this Agreement shall not impose on a Party the obligation to supply information which would disclose any trade, business, industrial, commercial or professional secret or trade process. Notwithstanding the foregoing, information of the type referred to in Article 5, paragraph 4 shall not be considered as such a secret or trade process merely because it meets the criteria set forth in that paragraph.

3. The provisions of this Agreement shall not impose on a Party the obligation to obtain or provide information, which would reveal confidential communications between a client and an attorney, solicitor or other admitted legal representative where such communications are:
   a) produced for the purposes of seeking or providing legal advice; or
   b) produced for the purposes of use in existing or contemplated legal proceedings.

4. The Requested Party may decline a request for information if the disclosure of the information would be contrary to public policy. In this case, it should

not be necessary to give the reasons of the refusal.

5. A request for information shall not be refused on the ground that the tax claim giving rise to the request is disputed.

6. The Requested Party may decline a request for information if the information is requested by the Requesting Party to administer or enforce a provision of the tax law of the Requesting Party, or any requirement connected therewith, which discriminates against a national or a citizen of the Requested Party as compared with a national or a citizen of the Requesting Party in the same circumstances.

Article 7
Confidentiality

Any information received by a Party under this Agreement shall be treated as confidential, in the same conditions as that obtained under its domestic laws or according to the confidentiality conditions applicable in the jurisdiction of the State that provides such information if the latter conditions are more restrictive, and may be disclosed only to persons or authorities (including courts and administrative bodies) in the jurisdiction of the Party concerned with the assessment or collection of, the enforcement or prosecution in respect of, or the determination of appeals in relation to, the taxes imposed by a Party. Such persons or authorities shall use such information only for such purposes. They may disclose the information in public court proceedings or in judicial decisions. The information may not be disclosed to any other person or entity or authority or any other jurisdiction without the express written consent of the competent authority of the Requested Party.

Article 8
Mutual agreement procedure

1. Where difficulties or doubts arise between the Parties regarding the implementation or interpretation of this Agreement, the respective competent authorities shall endeavour to resolve the matter by mutual agreement.

2. In addition to the agreements referred to in paragraph 1, the competent authorities of the Parties may mutually agree on the procedures to be used under Articles 5.

3. The competent authorities of the Parties may communicate with each other directly for purposes of reaching agreement under this Article.

Article 9
Entry into Force

1. Each of the Parties shall notify the other in writing, through diplomatic channels, of the completion of the internal procedures required by its laws for the bringing into force of this Agreement.

2. This Agreement shall enter into force on the date in which the later of the notifications has been received, and its provisions shall have effect on that date.

3. The Parties shall also exchange information, for requests made after the date of entry into force, regarding taxable periods prior to the entry into force of this Agreement, or where there is no taxable period, regarding charges to tax arising prior to the entry into force of this Agreement, provided that such information is available. The requested information shall correspond to tax

liabilities that are reviewable by the tax authorities of the requesting Party according to its statute of limitations.

Article 10
Termination

1. This Agreement shall remain in force until terminated by a Party. Either Party may terminate the Agreement by giving written notice of termination at least six months before the end of any calendar year. In such event, this Agreement shall cease to have effect on the first day of the following calendar year.

2. Even after the termination of the Agreement in accordance with paragraph 1, both Parties shall remain bound by the provisions of Article 7 with respect to any information obtained under this Agreement.

DONE in Buenos Aires, this 5th day of February, 2016, in Spanish, Arabic and English languages, all texts being equally authentic. In case there is any divergence of interpretation the English text shall prevail.

FOR
THE ARGENTINE REPUBLIC

SUSANA MABEL MALCORRA
MINISTER OF FOREIGN AFFAIRS
AND WORSHIP

FOR
THE UNITED ARAB EMIRATES

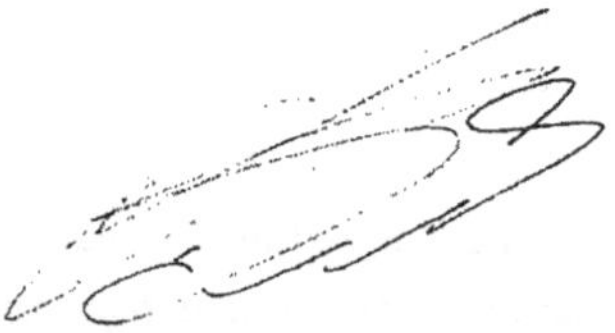

H.H. SHEIKH ABDULLAH BIN
ZAYED AL NAHYAN
MINISTER OF FOREIGN AFFAIRS

[TEXT IN SPANISH – TEXTE EN ESPAGNOL]

ACUERDO
ENTRE
LA REPÚBLICA ARGENTINA
Y
LOS EMIRATOS ÁRABES UNIDOS
PARA EL INTERCAMBIO DE INFORMACIÓN
EN MATERIA TRIBUTARIA

La República Argentina y los Emiratos Árabes Unidos, con el deseo de celebrar un Acuerdo para el Intercambio de Información en materia tributaria, acuerdan lo siguiente:

Artículo 1
Objeto y Ámbito de Aplicación del Acuerdo

Las autoridades competentes de las Partes se prestarán asistencia a través del intercambio de información que sea relevante para la administración y aplicación de las leyes nacionales de las Partes con relación a los impuestos comprendidos en el presente Acuerdo. Dicha información incluirá aquélla que resulte de interés para la determinación, la liquidación y la recaudación de dichos impuestos, y el cobro y la ejecución de créditos tributarios, o la investigación o enjuiciamiento de asuntos tributarios. La información se intercambiará de conformidad con lo dispuesto en el presente Acuerdo y tendrá carácter confidencial según lo previsto en el Artículo 7. Los derechos y garantías reconocidos a las personas por las leyes o las prácticas administrativas de la Parte Requerida seguirán siendo aplicables. La Parte

Requerida hará todo lo necesario para que no se impida o demore innecesariamente el intercambio eficaz de información.

Artículo 2

Jurisdicción

Una Parte Requerida no está obligada a suministrar información que no esté en poder de sus autoridades ni en poder o control de personas que se encuentran dentro de su jurisdicción territorial.

Artículo 3

Impuestos Comprendidos

1. El presente Acuerdo se aplicará a los siguientes impuestos:

   a) En el caso de Argentina:

      i) Impuesto a las Ganancias;

      ii) Impuesto al Valor Agregado;

      iii) Impuesto sobre los Bienes Personales; y

      iv) Impuesto a la Ganancia Mínima Presunta.

   b) En el caso de los Emiratos Árabes Unidos:

      i) Impuesto a las Ganancias; y

      ii) Impuesto sobre Sociedades;

2. El presente Acuerdo se aplicará asimismo a todo impuesto idéntico o sustancialmente similar establecido con posterioridad a la fecha de la firma del Acuerdo que se añada o que sustituya a los vigentes. Las Autoridades Competentes de las Partes se notificarán de todo cambio sustancial en la tributación y en las medidas para la obtención de información vinculadas, comprendidas en el presente Acuerdo.

Artículo 4

Definiciones

1. Para los fines del presente Acuerdo:

a) "Parte" significa la República Argentina o los Emiratos Árabes Unidos según el contexto;

b) "Autoridad Competente" significa:

(i) en los Emiratos Árabes Unidos, el Ministerio de Finanzas o su representante autorizado;

(ii) en la República Argentina, el jefe de la Administración Federal de Ingresos Públicos o su representante autorizado;

c) "Persona" incluirá a toda persona física, sociedad o cualquier otra asociación de personas;

d) "Sociedad" significa toda persona jurídica o entidad que se considere persona jurídica a los fines impositivos;

e) "Sociedad que Cotiza en Bolsa" significa cualquier sociedad cuya principal clase de acciones se cotice en una bolsa de valores reconocida siempre que sus acciones que cotizan en bolsa puedan ser fácilmente adquiridas o vendidas por el público. Las acciones podrán ser adquiridas o vendidas "por el público" cuando la adquisición o venta de acciones no esté restringida en forma implícita o explícita a un grupo limitado de inversores;

f) "Clase Principal de Acciones" significa la clase o clases de acciones que representan a la mayoría de los derechos de voto y del valor de la sociedad;

g) "Bolsa de Valores Reconocida" significa cualquier bolsa de valores reconocida por las Autoridades Competentes de las Partes;

h) "Fondo o Plan de Inversión Colectiva" significa cualquier vehículo de inversión mancomunado, sin perjuicio de la forma jurídica adoptada. "Fondo o Plan Público de Inversión Colectiva" significa cualquier fondo o plan de inversión colectiva siempre que las participaciones, acciones u otros intereses en el fondo o en el plan puedan ser fácilmente adquiridos, vendidos o rescatados por el público. Las participaciones, acciones u otros intereses en el fondo o en el plan podrán ser fácilmente adquiridos, vendidos o rescatados "por el público" si la adquisición, venta o el rescate no están restringidos en forma implícita o explícita a un grupo limitado de inversores;

i) "Impuesto" significa todo impuesto al que se aplique el Acuerdo;

j) "Parte Requirente" significa la Parte que solicita la información;

k) "Parte Requerida" significa la Parte a la que se le solicita que proporcione la información;

l) "Medidas para la Obtención de Información" significa todas las normas y los procedimientos administrativos o judiciales que permitan que una Parte obtenga y brinde la información solicitada;

m) "Información" significa todo dato, declaración o registro cualquiera sea la forma que revista, necesario para la administración y aplicación de los impuestos comprendidos en el Acuerdo;

2. En lo que respecta a la aplicación del presente Acuerdo, en cualquier momento, para una de las Partes, cualquier término no definido en el presente Acuerdo, a menos que el contexto exija otra interpretación, tendrá el significado que le atribuya en ese momento la legislación de dicha Parte, prevaleciendo el significado atribuido por las leyes fiscales de aplicación de dicha Parte por sobre el significado atribuido al término según lo dispuesto por otras leyes de dicha Parte.

Artículo 5

Intercambio de Información a Solicitud

1. La Autoridad Competente de la Parte Requerida ante una solicitud brindará la información a los fines estipulados en el Artículo 1. Dicha información se intercambiará sin perjuicio de que la conducta que está siendo investigada

pudiera constituir un delito en virtud de la legislación de la Parte Requerida si dicha conducta ocurriere en el territorio de la Parte Requerida.

2. Si la información en poder de la Autoridad Competente de la Parte Requerida no fuera suficiente para permitirle cumplir con la solicitud de Información, dicha Parte utilizará todas las correspondientes Medidas para la obtención de información a fin de poder brindar a la Parte Requirente la información solicitada, sin perjuicio de que la Parte Requerida pueda no necesitar dicha información para sus propios fines tributarios.

3. En caso que la Autoridad Competente de la Parte Requirente lo solicite específicamente, la Autoridad Competente de la Parte Requerida brindará información conforme a lo establecido en el presente Artículo, siempre que su legislación interna lo permita, a través de declaraciones de testigos y copias autenticadas de documentos originales.

4. Cada Parte, para los fines especificados en el Artículo 1 del presente Acuerdo, garantizará que sus Autoridades Competentes están facultadas para obtener y brindar, previa solicitud:

a) Información que obre en poder de bancos, otras instituciones financieras y cualquier persona que actúe en calidad representativa o fiduciaria; incluyendo representantes y fiduciarios;

b) Información vinculada con la titularidad de empresas, sociedades de personas, fideicomisos, fundaciones, y otras personas, incluyendo, con las limitaciones estipuladas en el Artículo 2, información sobre la titularidad de todas esas personas en una cadena de titularidad; para el caso de los fideicomisos, información sobre los fideicomisarios, fideicomitentes y beneficiarios para el caso de las fundaciones, información sobre los fundadores, miembros del consejo de la fundación y beneficiarios. Asimismo, el presente Acuerdo no crea la obligación para las Partes de obtener y brindar información sobre titularidad con relación a las sociedades que cotizan en bolsa o a los fondos o planes públicos de inversión colectiva, salvo que dicha información pueda ser obtenida sin ocasionar grandes dificultades.

5. La Autoridad Competente de la Parte Requirente brindará la siguiente información a la Autoridad Competente de la Parte Requerida cada vez que se realice una solicitud de información conforme a lo estipulado en el presente Acuerdo a fin de demostrar la importancia de la información para la solicitud:

a) la identidad de la Persona sometida a inspección o investigación;

b) declaración de la información solicitada detallando su naturaleza y la forma en que la Parte Requirente desea recibir la información de la Parte Requerida;

c) el fin tributario por el cual se solicita la información;

d) fundamentos por los cuales se considera que la información solicitada se encuentra en poder de la Parte Requerida o se encuentra en poder o control de una Persona dentro de la jurisdicción de la Parte Requerida;

e) si se conoce, el nombre y la dirección de cualquier persona que se crea que posee la información solicitada;

f) declaración que estipule que la solicitud es de conformidad con las leyes y prácticas administrativas de la Parte Requirente, que si la solicitud de información se realizó dentro de la jurisdicción de la Parte Requirente, entonces, la Autoridad Competente de la Parte Requirente estaría en condiciones de obtener la información conforme a las leyes de la Parte Requirente o en el curso normal de la práctica administrativa, y que dicha solicitud es de conformidad con lo estipulado en el presente Acuerdo;

g) declaración que estipule que la Parte Requirente ha utilizado todos los medios disponibles en su propio territorio para obtener la información, salvo aquellos que hubieran dado lugar a dificultades desproporcionadas.

6. La Autoridad Competente de la Parte Requerida remitirá la información solicitada tan pronto le sea posible a la Parte Requirente. A fin de asegurar una rápida respuesta, la Autoridad Competente de la Parte Requerida:

a) Confirmará la recepción de la solicitud por escrito a la Autoridad Competente de la Parte Requirente y le notificará sobre las deficiencias encontradas en la solicitud, si las hubiere, dentro de los sesenta (60) días de la recepción de la solicitud.

b) Si la Autoridad Competente de la Parte Requerida no pudo obtener y brindar la información dentro de los noventa (90) días de haber recibido la solicitud, incluyendo si encuentra obstáculos para suministrar la información o si se niega a suministrar la información, inmediatamente informará esto a la Parte Requirente, explicándole los motivos de su incapacidad, la naturaleza de los obstáculos o los motivos de su rechazo.

7. Las solicitudes y sus respuestas deberán realizarse por escrito en idioma inglés.

Artículo 6
Posibilidad de Denegar una Solicitud

1. No se exigirá a la Parte Requerida que obtenga o proporcione información que la Parte Requirente no podría obtener en virtud de su propia legislación para los fines de la administración o aplicación de su propia legislación fiscal. La Autoridad Competente de la Parte Requerida podrá negarse a brindar asistencia cuando la solicitud no se realice conforme a lo estipulado en el presente Acuerdo.

2. Las disposiciones del presente Acuerdo no impondrán a una Parte la obligación de brindar información que pudiera revelar secretos comerciales, empresariales, industriales o profesionales o un proceso industrial. Sin perjuicio de lo mencionado anteriormente, la información descrita en el apartado 4 del Artículo 5 no será considerada como secreta o como proceso industrial o comercial, simplemente por ajustarse a los criterios de dicho

apartado.

3. Las disposiciones del presente Acuerdo no impondrán a una Parte la obligación de obtener o brindar información que pudiera revelar comunicaciones confidenciales entre un cliente y un abogado, abogado defensor u otro representante legal admitido cuando dichas comunicaciones:
   (a) Se produzcan con el fin de solicitar o brindar asesoramiento jurídico, o

   (b) Se produzcan con el fin de utilizarlas en procedimientos legales existentes o contemplados.

4. La Parte Requerida podrá rechazar una solicitud de información cuando la comunicación de la información solicitada sea contraria al orden público. En este caso, no será necesario brindar las razones del rechazo.

5. No podrá denegarse una solicitud de información fundamentando que existe controversia en cuanto al crédito tributario que origina la solicitud.

6. La Parte Requerida podrá denegar una solicitud de información si la información es solicitada por la Parte Requirente para administrar o hacer cumplir una disposición de su derecho tributario, o cualquier otro requisito relacionado con ella, que resulte discriminatoria contra un nacional o ciudadano de la Parte Requerida en comparación con un nacional o ciudadano de la Parte Requirente en las mismas circunstancias.

Artículo 7
Confidencialidad

Toda información recibida por una Parte en virtud del presente Acuerdo tendrá carácter confidencial, de la misma manera que la información obtenida en virtud de sus leyes nacionales o conforme a las condiciones de confidencialidad aplicables en la jurisdicción del Estado que suministre dicha información, si estas últimas condiciones son más restrictivas, y podrá revelarse sólo a personas o autoridades (incluyendo tribunales y órganos administrativos) en la jurisdicción de la Parte encargada de la evaluación o recaudación, la aplicación o enjuiciamiento o la determinación de recursos en relación con los impuestos comprendidos en este Acuerdo. Tales personas o autoridades deberán utilizar dicha información únicamente para estos fines y podrán revelarla en procesos judiciales públicos o en resoluciones judiciales. La información no podrá revelarse a ninguna otra persona, entidad, autoridad o jurisdicción sin el consentimiento expreso por escrito de la Autoridad Competente de la Parte Requerida.

Artículo 8
Procedimiento de Acuerdo Mutuo

1. Cuando surjan dificultades o dudas entre las Partes en relación con la aplicación o la interpretación de este Acuerdo, las respectivas Autoridades Competentes harán lo posible por resolverlas de mutuo acuerdo.

2. Además de los acuerdos a los que se refiere el apartado 1, las Autoridades Competentes de las Partes podrán acordar mutuamente los procedimientos a utilizarse en virtud del Artículo 5.

3. Las Autoridades Competentes de las Partes podrán comunicarse directamente entre sí a los fines de dar cumplimiento a lo estipulado en el presente Artículo.

Artículo 9
Entrada en Vigor

1. Las Partes se notificarán por escrito y a través de los canales diplomáticos, que se han cumplido los procedimientos internos necesarios, exigidos por

sus respectivas leyes, para la entrada en vigor del presente Acuerdo.

2. El presente Acuerdo entrará en vigor a la fecha de recepción de la última de estas notificaciones y sus disposiciones tendrán efecto a partir de esa fecha.

3. Las Partes intercambiarán también información, para las solicitudes presentadas después de la fecha de entrada en vigor, con respecto a períodos imponibles anteriores a la entrada en vigor del presente Acuerdo, o cuando no exista período imponible, respecto a las obligaciones tributarias que surjan antes de la entrada en vigor del presente Acuerdo, siempre que dicha información esté disponible. La información solicitada deberá corresponder a las obligaciones tributarias sujetas a revisión por las autoridades tributarias de la Parte Requirente de conformidad con su ley de prescripción.

Artículo 10
Terminación

1. El presente Acuerdo permanecerá en vigor hasta que cualquiera de las Partes lo de por terminado. Cualquiera de las Partes podrá dar por terminado el presente Acuerdo mediante notificación escrita de terminación a la otra Parte con al menos seis meses de antelación al último día del año calendario. En tal caso, el presente Acuerdo dejará de tener efecto el primer día año calendario siguiente.

2. Aún después de terminado el Acuerdo conforme lo establecido en el párrafo 1, ambas Partes seguirán obligadas por las disposiciones establecidas en el Artículo 7 con respecto a cualquier información obtenida en virtud del presente Acuerdo.

Hecho en Buenos Aires a los 5 días del mes de febrero de 2016, en los idiomas español, árabe e inglés, siendo todos los textos igualmente auténticos. En caso de divergencias en la interpretación la versión en idioma inglés prevalecerá.

POR LA REPÚBLICA ARGENTINA	POR LOS EMIRATOS ÁRABES UNIDOS
SUSANA MABEL MALCORRA MINISTRA DE RELACIONES EXTERIORES Y CULTO	S.A. JEQUE ABDULLAH BIN ZAYED AL NAHYAN MINISTRO DE RELACIONES EXTERIORES

[TRANSLATION IN FRENCH – TRADUCTION EN FRANÇAIS]

ACCORD ENTRE LA RÉPUBLIQUE ARGENTINE ET LES ÉMIRATS ARABES UNIS RELATIF À L'ÉCHANGE DE RENSEIGNEMENTS EN MATIÈRE FISCALE

La République argentine et les Émirats arabes unis, désireux de conclure un accord sur l'échange de renseignements en matière fiscale, sont convenus de ce qui suit :

Article premier. Objet et champ d'application de l'Accord

Les autorités compétentes des Parties s'accordent une assistance par l'échange de renseignements pertinents pour l'administration et l'application de la législation interne des Parties relative aux impôts visés par le présent Accord. Ces renseignements sont ceux qui sont pertinents pour la détermination, l'établissement et la perception de ces impôts, pour le recouvrement et l'exécution des créances fiscales ou pour les enquêtes ou poursuites en matière fiscale. Les renseignements sont échangés conformément aux dispositions du présent Accord et traités comme confidentiels selon les modalités prévues à l'article 7. Les droits et protections dont bénéficient les personnes en vertu des dispositions législatives ou des pratiques administratives de la Partie requise restent applicables. La Partie requise met tout en œuvre pour que l'échange effectif de renseignements ne soit pas indûment entravé ou retardé.

Article 2. Compétence

La Partie requise n'est pas tenue de fournir des renseignements qui ne sont ni détenus par ses autorités ni en la possession ou sous le contrôle de personnes relevant de sa compétence territoriale.

Article 3. Impôts visés

1. Le présent Accord s'applique aux impôts suivants :
   a) Dans le cas de l'Argentine :
      i) L'impôt sur le revenu ;
      ii) La taxe sur la valeur ajoutée ;
      iii) L'impôt sur les actifs personnels ; et
      iv) L'impôt sur le revenu minimum présumé ;
   b) Dans le cas des Émirats arabes unis :
      i) L'impôt sur le revenu ; et
      ii) L'impôt sur les sociétés.

2. Le présent Accord s'applique également aux impôts de nature identique ou analogues qui seraient établis après la date de signature de l'Accord et qui s'ajouteraient aux impôts actuels ou qui les remplaceraient. Les autorités compétentes des Parties se notifient toute modification substantielle apportée aux mesures fiscales et aux mesures connexes de collecte de renseignements visées par l'Accord.

Article 4. Définitions

1. Aux fins du présent Accord :

a) Le terme « Partie » désigne les Émirats arabes unis ou la République argentine, selon le contexte ;

b) L'expression « autorité compétente » désigne :

i) Dans le cas des Émirats arabes unis, le Ministère des finances ou son représentant habilité ;

ii) Dans le cas de l'Argentine, le Chef de l'administration fédérale des recettes publiques ou son représentant autorisé ;

c) Le terme « personne » comprend les personnes physiques, les sociétés ou autres groupements de personnes ;

d) Le terme « société » désigne toute personne morale ou toute entité qui est considérée comme une personne morale à des fins fiscales ;

e) L'expression « société cotée » désigne toute société dont la catégorie principale d'actions est cotée sur une bourse reconnue, les actions cotées devant pouvoir être facilement achetées et vendues par le public. Les actions peuvent être achetées ou vendues « par le public » si leur achat ou leur vente n'est pas implicitement ou explicitement restreint à un groupe limité d'investisseurs ;

f) L'expression « catégorie principale d'actions » désigne la ou les catégories d'actions représentant la majorité des droits de vote et de la valeur de la société ;

g) L'expression « bourse reconnue » désigne toute bourse de valeurs déterminée d'un commun accord par les autorités compétentes des Parties ;

h) L'expression « fonds ou dispositif de placement collectif » désigne tout instrument de placement groupé, quelle que soit sa forme juridique. L'expression « fonds ou dispositif de placement collectif public » désigne un fonds ou un dispositif de placement collectif dont les parts, actions ou autres participations peuvent facilement être achetées, vendues ou rachetées par le public. Les parts, actions ou autres participations dans le fonds ou le dispositif peuvent facilement être achetées, vendues ou rachetées « par le public » si leur achat, leur vente ou leur rachat n'est pas implicitement ou explicitement restreint à un groupe limité d'investisseurs ;

i) Le terme « impôt » désigne tout impôt auquel s'applique le présent Accord ;

j) L'expression « Partie requérante » désigne la Partie qui demande des renseignements ;

k) L'expression « Partie requise » désigne la Partie à laquelle des renseignements sont demandés ;

l) L'expression « mesures de collecte de renseignements » désigne les lois et les procédures administratives ou judiciaires permettant à une Partie d'obtenir et de fournir les renseignements demandés ;

m) Le terme « renseignement » désigne tout fait, toute déclaration ou tout document, quelle qu'en soit la forme, pertinents aux fins de l'administration et de l'application des impôts visés par le présent Accord.

2. Pour l'application du présent Accord à tout moment par une Partie, toute expression ou tout terme qui n'y est pas défini a, sauf si le contexte exige une interprétation différente, le sens que

lui attribue la législation de cette Partie au moment considéré, le sens attribué par la législation fiscale applicable de cette Partie prévalant sur celui qui lui est attribué par les autres branches du droit de cette Partie.

Article 5. Échange de renseignements sur demande

1. L'autorité compétente de la Partie requise fournit les renseignements, sur demande, aux fins visées à l'article premier. Ces renseignements sont échangés, que l'acte faisant l'objet de l'enquête constitue ou non une infraction selon la législation de la Partie requise s'il s'était produit sur son territoire.

2. Si les renseignements en la possession de l'autorité compétente de la Partie requise ne sont pas suffisants pour lui permettre de donner suite à la demande de renseignements, la Partie requise prend toutes les mesures de collecte de renseignements appropriées pour fournir à la Partie requérante les renseignements demandés, même si la Partie requise n'a pas besoin de ces renseignements à ses propres fins fiscales.

3. Si l'autorité compétente de la Partie requérante le demande expressément, l'autorité compétente de la Partie requise fournit les renseignements visés par le présent article, dans la mesure où sa législation interne l'y autorise, sous forme de dépositions de témoins et de copies certifiées conformes aux documents originaux.

4. Chaque Partie fait en sorte que son autorité compétente soit habilitée, aux fins visées à l'article premier de l'Accord, à obtenir et à fournir, sur demande :

a) Les renseignements détenus par les banques, les autres institutions financières et toute personne agissant en qualité de mandataire ou de fiduciaire, y compris un prête-nom ou un fondé de pouvoir ;

b) Les renseignements concernant la propriété des sociétés, notamment des sociétés de personnes, fiducies, fondations et autres personnes, y compris, dans les limites de l'article 2, les renseignements en matière de propriété concernant toutes ces personnes lorsqu'elles font partie d'une chaîne de propriété ; dans le cas de fiducies, les renseignements sur les constituants, les fiduciaires et les bénéficiaires, et dans le cas de fondations, les renseignements sur les fondateurs, les membres du conseil de la fondation et les bénéficiaires. En outre, le présent Accord n'oblige pas les Parties à obtenir ou fournir des renseignements en matière de propriété concernant des sociétés cotées ou des fonds ou dispositifs de placement collectif publics, sauf si ces renseignements peuvent être obtenus sans susciter des difficultés disproportionnées.

5. L'autorité compétente de la Partie requérante fournit les informations suivantes à l'autorité compétente de la Partie requise lorsqu'elle présente une demande de renseignements au titre de l'Accord, afin de démontrer la pertinence des renseignements demandés :

a) L'identité de la personne faisant l'objet du contrôle ou de l'enquête ;

b) Une description des renseignements recherchés, notamment leur nature et la forme sous laquelle la Partie requérante souhaite les recevoir de la part de la Partie requise ;

c) Le but fiscal dans lequel les renseignements sont recherchés ;

d) Les raisons qui donnent à penser que les renseignements demandés sont détenus sur le territoire de la Partie requise ou sont en la possession ou sous le contrôle d'une personne relevant de la compétence de la Partie requise ;

e) Dans la mesure où ils sont connus, les nom et adresse de toute personne dont il y a lieu de penser qu'elle est en possession des renseignements demandés ;

f) Une déclaration précisant que la demande est conforme aux dispositions législatives et aux pratiques administratives de la Partie requérante, que l'autorité compétente de la Partie requérante pourrait, si les renseignements demandés relevaient de la compétence de cette Partie, être en mesure d'obtenir les renseignements en vertu de sa législation ou dans le cadre normal de ses pratiques administratives et que la demande est conforme au présent Accord ;

g) Une déclaration précisant que la Partie requérante a utilisé tous les moyens disponibles sur son propre territoire pour obtenir les renseignements, hormis ceux qui susciteraient des difficultés disproportionnées.

6. L'autorité compétente de la Partie requise transmet les renseignements demandés à la Partie requérante aussi rapidement que possible. Afin de garantir une réponse rapide, l'autorité compétente de la Partie requise :

a) Accuse réception de la demande par écrit à l'autorité compétente de la Partie requérante et lui notifie les éventuelles lacunes de la demande dans les 60 jours suivant sa réception ;

b) Si l'autorité compétente de la Partie requise n'a pas pu obtenir et fournir les renseignements dans les 90 jours suivant la réception de la demande, y compris si elle rencontre des obstacles pour fournir les renseignements ou si elle refuse de communiquer les renseignements, elle en informe immédiatement la Partie requérante, en indiquant les raisons de son incapacité à fournir les renseignements, la nature des obstacles rencontrés ou les motifs de son refus.

7. Les demandes et les réponses à celles-ci sont présentées par écrit en langue anglaise.

Article 6. Possibilité de rejeter une demande

1. La Partie requise n'est pas tenue d'obtenir ou de fournir des renseignements que la Partie requérante ne pourrait pas obtenir en vertu de sa propre législation aux fins de l'exécution ou de l'application de sa propre législation fiscale. L'autorité compétente de la Partie requise peut refuser de prêter assistance si la demande n'est pas soumise conformément au présent Accord.

2. Les dispositions du présent Accord n'obligent pas une Partie à fournir des renseignements qui révéleraient un secret commercial, industriel ou professionnel ou un procédé commercial. Nonobstant ce qui précède, les renseignements visés au paragraphe 4 de l'article 5 ne sont pas traités comme un tel secret ou procédé commercial du simple fait qu'ils remplissent les critères prévus à ce paragraphe.

3. Les dispositions du présent Accord n'obligent pas une Partie à obtenir ou fournir des renseignements qui révéleraient des communications confidentielles entre un client et un avocat ou un autre représentant juridique agréé, lorsque ces communications :

a) Ont pour but de demander ou fournir un avis juridique ; ou

b) Sont destinées à être utilisées dans une procédure judiciaire en cours ou envisagée.

4. La Partie requise peut rejeter une demande de renseignements lorsque la divulgation de ces renseignements serait contraire à l'ordre public. Dans ce cas, il ne devrait pas être nécessaire d'indiquer les motifs du refus.

5. Une demande de renseignements ne peut être rejetée au motif que la créance fiscale faisant l'objet de la demande est contestée.

6. La Partie requise peut rejeter une demande de renseignements si les renseignements sont demandés par la Partie requérante pour appliquer ou exécuter une disposition de la législation fiscale de cette dernière (ou toute obligation s'y rattachant) qui serait discriminatoire envers un ressortissant ou un citoyen de la Partie requise, par rapport à un ressortissant ou un citoyen de la Partie requérante se trouvant dans les mêmes circonstances.

Article 7. Confidentialité

Tous les renseignements reçus par une Partie dans le cadre du présent Accord sont tenus confidentiels, dans les mêmes conditions que ceux obtenus en vertu de sa législation interne ou selon les conditions de confidentialité applicables sur le territoire de l'État fournissant ces renseignements si ces dernières sont plus restrictives, et ne peuvent être communiqués qu'aux personnes ou autorités (y compris les tribunaux et organes administratifs) du territoire de cette Partie qui sont concernées par l'établissement ou le recouvrement des impôts institués par une Partie, par les procédures ou poursuites concernant ces impôts ou par les décisions sur les recours relatifs à ces impôts. Ces personnes ou autorités n'utilisent ces renseignements qu'à ces fins. Elles peuvent divulguer ces renseignements au cours d'audiences publiques de tribunaux ou dans des jugements. Les renseignements ne peuvent être divulgués à aucune autre personne, entité ou autorité ni à aucune autre autorité étrangère sans le consentement écrit exprès de l'autorité compétente de la Partie requise.

Article 8. Procédure amiable

1. En cas de difficultés ou de doutes entre les Parties au sujet de la mise en œuvre ou de l'interprétation du présent Accord, leurs autorités compétentes s'efforcent de régler la question d'un commun accord.

2. Outre les accords visés au paragraphe 1, les autorités compétentes des deux Parties peuvent déterminer d'un commun accord les procédures à suivre en application de l'article 5.

3. Les autorités compétentes des Parties peuvent communiquer entre elles directement en vue de parvenir à un accord au titre du présent article.

Article 9. Entrée en vigueur

1. Chacune des Parties notifie à l'autre, par écrit et par la voie diplomatique, l'accomplissement des procédures internes requises par sa législation pour l'entrée en vigueur du présent Accord.

2. Le présent Accord entre en vigueur à la date à laquelle la dernière des notifications a été reçue, et ses dispositions prennent effet à cette date.

3. Les Parties échangent également des renseignements, pour les demandes présentées après la date d'entrée en vigueur, en ce qui concerne les exercices fiscaux antérieurs à l'entrée en vigueur du présent Accord ou, en l'absence d'exercice fiscal, en ce qui concerne les charges fiscales antérieures à l'entrée en vigueur du présent Accord, pour autant que ces renseignements soient disponibles. Les renseignements demandés correspondent à des obligations fiscales pouvant être examinées par les autorités fiscales de la Partie requérante conformément à ses règles en matière de prescription.

Article 10. Dénonciation

1. Le présent Accord reste en vigueur jusqu'à sa dénonciation par une Partie. L'une ou l'autre des Parties peut le dénoncer moyennant un préavis écrit donné au moins six mois avant la fin de toute année civile. En pareil cas, le présent Accord cesse de s'appliquer le premier jour de l'année civile suivante.

2. Même après la dénonciation de l'Accord conformément au paragraphe 1, les deux Parties restent liées par les dispositions de l'article 7 en ce qui concerne tout renseignement obtenu dans le cadre de l'Accord.

FAIT à Buenos Aires, le 5 février 2016, en langues espagnole, arabe et anglaise, tous les textes faisant également foi. En cas de divergence d'interprétation, le texte anglais prévaut.

Pour la République argentine :
SUSANA MABEL MALCORRA
Ministre des affaires étrangères et du culte

Pour les Émirats arabes unis :
ABDULLAH BIN ZAYED AL NAHYAN
Ministre des affaires étrangères

No. 54618

Argentina and Uruguay

Agreement on the facilitation of tourism between the Argentine Republic and the Eastern Republic of Uruguay. Montevideo, 19 December 1980

Entry into force: *10 February 1983 by the exchange of the instruments of ratification, in accordance with article 39*

Authentic text: *Spanish*

Registration with the Secretariat of the United Nations: *Argentina, 14 August 2017*

Argentine et Uruguay

Accord relatif à la facilitation du tourisme entre la République argentine et la République orientale de l'Uruguay. Montevideo, 19 décembre 1980

Entrée en vigueur : *10 février 1983 par l'échange des instruments de ratification, conformément à l'article 39*

Texte authentique : *espagnol*

Enregistrement au Secrétariat de l'Organisation des Nations Unies : *Argentine, 14 août 2017*

[TEXT IN SPANISH – TEXTE EN ESPAGNOL]

CONVENIO SOBRE FACILITACION DEL TURISMO
ENTRE LA REPUBLICA ARGENTINA Y LA
REPUBLICA ORIENTAL DEL URUGUAY

El Gobierno de la República Argentina y el Gobierno de la República Oriental del Uruguay;

Animados del propósito de facilitar en la mayor medida posible el creciente intercambio turístico existente entre ambas partes contratantes y promover el flujo turístico desde terceros países;

Concientes de que ello redundará en un conocimiento recíproco aún más acentuado entre sus pueblos y contribuirá al afianzamiento de los fraternales lazos de amistad que los unen;

Convencidos de la necesidad de establecer un adecuado marco normativo para el desarrollo de las corrientes turísticas;

Han convenido lo siguiente:

Artículo 1 .- Las Partes contratantes se comprometen a otorgarse recíprocamente las máximas facilidades posibles para el incremento del turismo entre ambos países.

Artículo 2 .- A los efectos de este Convenio, se entiende por turista a toda persona que ingrese en el territorio del otro Estado, con la intención de desplazarse de su residencia habitual y de permanecer en dicho territorio en forma temporaria y dentro de los plazos establecidos por las respectivas legislaciones, sin propósito de inmigración.

Los turistas quedan sometidos a las leyes y demás disposiciones vigentes en cada Estado en lo que se refiere a la permanencia y actividades a desarrollar por los extranjeros durante la misma.

De la Documentación Personal de los Turistas

Artículo 3 .- Los nacionales, naturalizados o ciudadanos legales de ambas Partes Contratantes, residentes en sus respectivos territorios y provenientes de ellos, podrán ingresar al territorio de la otra Parte Contratante, con la sola presentación de un documento de identidad o pasaporte, válidos y vigentes en el país de su expedición, sin necesidad de visa ni de ningún otro documento identificatorio especial.

Las Partes Contratantes se comunicarán las características de los documentos identificatorios nacionales y las autoridades competentes para expedirlos.

Artículo 4 .- Los nacionales, naturalizados o ciudadanos legales de ambas Partes Contratantes provenientes de un tercer Estado limítrofe con cualquiera de las dos Partes, podrán ingresar al territorio de la otra Parte Contratante, en iguales condiciones que las establecidas en el artículo anterior.

Artículo 5 .- Los nacionales, naturalizados o ciudadanos legales de ambas Partes Contratantes provenientes de un tercer Estado no limítrofe con cualquiera de las dos Partes, podrán ingresar al territorio de la otra Parte Contratante con la sola presentación de Pasaporte válido y vigente en el país de su expedición, sin necesidad de visa ni de ningún otro documento identificatorio especial.

Artículo 6 .- Los nacionales de un tercer Estado, residentes legales en el territorio de una de las Partes Contratantes y provenientes de éste, podrán ingresar al territorio de la otra Parte Contratante con la sola presentación de un documento de identidad o pasaporte, válidos y vigentes, expedidos por las autoridades competentes del país donde residen, sin necesidad de visa ni de ningún otro documento identificatorio especial, siempre que el Estado receptor haya celebrado con el país de nacionalidad de quien ingresa, un convenio de supresión de visas. A tales efectos, las Partes Contratantes se comunicarán las características de los documentos identificatorios nacionales y las autoridades competentes para expedirlos, así como la nómina de los países con los cuales hayan celebrado convenios de supresión de visas y las modificaciones que se produzcan en el futuro.

Artículo 7 .- Los nacionales de un tercer Estado, residentes legales en el territorio de una de las Partes Contratantes y provenientes de un tercer Estado limítrofe con cualquiera de las Partes, podrán ingresar al territorio de la otra Parte Contratante, en iguales condiciones que las establecidas en el artículo anterior.

Artículo 8 .- Los nacionales de un tercer Estado con el cual la Parte a cuyo territorio se pretenda ingresar no haya celebrado un convenio de supresión de visas, residentes legales en el territorio de la otra Parte Contratante y provenientes de éste, podrán ingresar al territorio de la otra Parte, con la presentación de pasaporte válido y vigente y la correspondiente visa.

Artículo 9 .- Los nacionales de un tercer Estado, residentes legales en el territorio de una de las Partes Contratantes y provenientes de un tercer Estado no limítrofe con cualquiera de las Partes Contratantes, podrán ingresar al territorio de la otra Parte, con pasaporte válido y vigente, y siempre que se les haya otorgado la correspondiente visa cuando ello fuere exigible.

Artículo 10 .- El ingreso y egreso de menores al territorio de cada una de las Partes Contratantes, se regirá por lo dispuesto en los artículos anteriores.

Cuando se trate de menores que no viajen acompañados de sus padres y respecto de los cuales se exija la autorización correspondiente,ésta será otorgada conforme a lo dispuesto en materia de patria potestad por la legislación del Estado del domicilio de quienes la ejerzan.

Las autoridades correspondientes de ambas Partes Contratantes admitirán como válidos los permisos o autorizaciones de viaje expedidos por las autoridades competentes del otro Estado, no exigiéndose ninguna intervención de las respectivas oficinas consulares.

Cada Parte Contratante comunicará a la otra, cuáles son las autoridades competentes para intervenir en la expedición de los permisos de viaje.

Artículo 11 .- Las autoridades de ambas Partes Contratantes podrán impedir la entrada a sus territorios de cualquier persona cuyo ingreso juzguen inconveniente o perjudicial para el orden público o su seguridad nacional,

Artículo 12 .- Ambas Partes Contratantes se comprometen a recibir en sus respectivos territorios a las personas que hubiesen ingresado al territorio de la otra Parte en aplicación de las disposiciones del presente Convenio y que deseen regresar al país de procedencia o que deban abandonar el país de destino, por haber infringido sus leyes internas o las disposiciones de este Convenio.

De los efectos personales de los turistas y de los artículos de uso doméstico y familiar

Artículo 13. - Se admitirán temporalmente, libres de derechos, tributos, impuestos, gravámenes y tasas correspondientes a la importación, los efectos personales de los turistas introducidos sea como equipaje acompañado o no acompañado y a condición de ser reembarcados por ellos al regreso a su país de origen.

Artículo 14. - Por efectos personales, se entiende el conjunto de artículos, nuevos o usados que el turista pueda necesitar para su uso personal, siempre que su cantidad no se considere ex= cesiva ni permita suponer una finalidad comercial.

Artículo 15. - Cuando los artículos que pretenda introducir el turista sean considerados como excesivos para su uso personal, a quellos serán retenidos por la autoridad aduanera y puestos a disposición de sus propietarios para su reembarque en el momento de su egreso del país. En el caso que el turista no haya declarado exceso con relación a la franquicia otorgada por la respectiva legislación nacional e intente ingresarlos al país, los mismos serán considerados en infracción aduanera.

Artículo 16 .- Los turistas de cada Parte Contratante, propietarios o promitentes compradores de inmuebles ubicados en el país receptor y destinados a sede de su residencia temporaria, con fines de turismo, o arrendatarios por el mismo concepto y que ingresen con vehículo de su propiedad, podrán introducir temporalmente, libre del pago de derechos, tributos, impuestos, gravámenes y tasas correspondientes a la importación, a condición que se estime que están en uso, artículos afectados a su uso personal, doméstico y familiar con las siguientes condiciones:

a) que no exista motivo para suponer que haya exceso;

b) que no hagan presumir que se destinan a fines comerciales.

Artículo 17 .- La calidad de propietario, promitente comprador o arrendatario, a los efectos de lo establecido en el artículo precedente, se acreditará mediante los respectivos documentos públicos o privados de fecha cierta o certificación notarial.

Artículo 18 .- Cuando el turista egrese temporalmente del territorio del Estado receptor hacia un tercer Estado para luego regresar a aquel, previo al retorno a su país de origen, o cuando provenga de un tercer Estado debiendo atravesar parte del territorio de una de las Partes Contratantes o permanecer en él, antes del regreso a su país de origen, podrá ingresar temporalmente los efectos personales, o los artículos de uso familiar o doméstico que transporte, libres del pago de derechos, tributos, impuestos, gravámenes y tasas correspondientes a la importación, siempre que su cantidad no se considere excesiva ni permita suponer una finalidad comercial. Estos bienes serán considerados "en tránsito", adoptándose los procedimientos internos que permitan su adecuada identificación y fiscalización de su egreso del país, al término de la permanencia de su poseedor.

Artículo 19 .- El plazo de ingreso en admisión temporaria de los efectos personales de los turistas y de los artículos de uso doméstico y familiar, coincidirá con el otorgado por las respectivas legislaciones nacionales para la permanencia de aquéllos.

De los vehículos de los turistas

Artículo 20.- Los turistas podrán introducir temporalmente los vehículos de uso particular, tales como automóviles, motocicletas, motonetas, ciclomotores y demás vehículos similares, casas rodantes, aviones particulares y embarcaciones de recreo, libres del pago de derechos, tributos, impuestos, gravámenes y tasas correspondientes a la importación, por un plazo que coincidirá con el otorgado por las respectivas legislaciones nacionales para la permanencia de aquéllos. Los plazos podrán ser prorrogados en los términos y condiciones que establezcan las respectivas legislaciones.

Artículo 21 .- El ingreso de los vehículos comprendidos en el artículo precedente se admitirá sobre la base de la declaración jurada que presentará el turista en la Aduana del punto de entrada al territorio de una de las Partes Contratantes y que servirá de documento habilitante para circular en el territorio de ésta.

Artículo 22 .- La documentación concerniente al vehículo, su propiedad, posesión o tenencia, expedida por la autoridad competente de una de las Partes Contratantes, será admitida como válida por la otra Parte, sin necesidad de visación consular.

Las Partes Contratantes se comunicarán la nómina de las autoridades oficiales competentes o de las entidades profesionales habilitadas para la expedición de la documentación correspondiente.

Artículo 23 .- Los vehículos ingresados en virtud del presente Convenio deberán ser conducidos personalmente por el turista propietario o persona autorizada de acuerdo con la legislación del Estado receptor.

Artículo 24 .- Todo vehículo automotor que ingrese al territorio de la otra Parte Contratante deberá estar asegurado por la responsabilidad civil en que pudiera incurrir por lesiones o daños ocasionados a terceros.

Artículo 25 .- Los vehículos de turistas provenientes de los territorios respectivos de las Partes Contratantes, solo podrán ingresar o salir de los territorios de éstas por los pasos y puertos habilitados al efecto.

Artículo 26 .- Las licencias de conducir válidas y vigentes, expedidas por autoridad competente de una de las Partes Contratantes, serán admitidas con igual valor en el territorio de la otra Parte. Esta disposición se aplica tanto a los turistas que ingresen con un vehículo automotor proveniente del territorio de la otra Parte Contratante, como a los que conduzcan vehículos automotores matriculados en el Estado receptor.

Las Partes Contratantes se comunicarán la nómina de las autoridades competentes para expedir licencias de conducir en sus respectivos territorios.

Artículo 27 .- Las sanciones administrativas que sean aplicadas a los conductores de vehículos por infracción a las disposiciones de tránsito vigentes en el Estado receptor y que no se hayan hecho efectivas, serán comunicadas por las autoridades competentes a la otra Parte Contratante, para ser puestas en conocimiento del infractor.

De los controles sanitarios, veterinarios y fitosanitarios

Artículo 28 .- Las personas que ingresen al territorio de una de las Partes Contratantes deberán cumplir con todos los requisitos higiénicos y sanitarios vigentes en el país receptor. Cuando se exijan certificaciones sanitarias, se admitirán como válidas las expedidas por las autoridades competentes de la otra Parte Contratante, sin necesidad de visación consular.

Las Partes Contratantes se comunicarán la nómina de autoridades competentes para expedir las certificaciones correspondientes.

Artículo 29 .- Los turistas que ingresen con especies animales o vegetales al territorio de una de las Partes Contratantes deberán cumplir con las normas vigentes en el Estado receptor que impongan prohibiciones, limitaciones o certificaciones especiales para su ingreso. Cuando se exijan certificaciones veterinarias o fitosanitarias, se admitirán como válidas las expedidas por las autoridades competentes de la otra Parte, sin necesidad de visación consular.

Las Partes Contratantes se comunicarán la nómina de autoridades competentes para expedir las certificaciones correspondientes.

De la simplificación y agilización de los controles

Artículo 30 .- Ambas Partes Contratantes se comprometen a efectuar los máximos esfuerzos posibles para realizar las obras de infraestructura edilicia y vial, que sean necesarias para facilitar el rápido ingreso y egreso de turistas provenientes del territorio de la otra Parte Contratante. Con la misma finalidad afectarán el máximo de recursos humanos y materiales de que puedan disponer, en los lugares habilitados para el ingreso y egreso de turistas.

Artículo 31 .- Ambas Partes Contratantes se comprometen a estudiar la posibilidad de adoptar a la brevedad posible sistemas de control uniforme y documentación común para ser presentada en los respectivos pasos de frontera y puertos habilitados.Los formularios correspondientes podrán ser confeccionados de común acuerdo por las autoridades competentes de ambas Partes Contratantes y se entregarán a los turistas en lugares accesibles del territorio de ambos Estados.

De la cooperación en materia turística

Artículo 32 .- Las Partes Contratantes acuerdan realizar, por intermedio de sus organismos nacionales de turismo, acciones tendientes a complementar sus ofertas turísticas dirigidas a los centros emisores extrarregionales.

Artículo 33 .- Las Partes Contratantes convienen en adoptar las medidas adecuadas para facilitar el ingreso y la difusión en su territorio, del material de promoción turística de la otra Parte, cuando éste haya sido remitido por el respectivo organismo nacional de turismo.

Artículo 34 .- Las Partes Contratantes, a través de sus organismos nacionales de turismo, intercambiarán información sobre el régimen legal vigente en materia de alojamientos turísticos, de agentes de viajes, de actividades profesionales turísticas y de protección y conservación de los recursos naturales y culturales, así como sobre toda otra actividad vinculada con la eficiente prestación de los servicios.

Artículo 35 .- Las Partes Contratantes, por intermedio de sus organismos nacionales de turismo, adoptarán las medidas que posibiliten la realización de estudios, proyectos y acciones de promoción relativos al desarrollo de zonas de interés turístico común.

De la Comisión Técnica Mixta

Artículo 36 .- Las Partes Contratantes constituyen una Comisión Técnica Mixta, de carácter permanente, compuesta de igual número de delegados por cada Parte, que se reunirá por lo menos dos veces al año alternadamente en el territorio de cada Estado.

Artículo 37 .- La Comisión Técnica Mixta tendrá como cometidos:

a) Evaluar permanentemente la ejecución de este Convenio;

b) Proponer la realización de estudios periódicos sobre los problemas inherentes al turismo en la región;

c) Promover contactos y acuerdos entre las autoridades competentes de ambas Partes Contratantes, en materia turística, migratoria, aduanera, sanitaria y demás temas conexos, a fin de coordinar y eventualmente uniformar las legislaciones nacionales;

d) Efectuar recomendaciones a los Gobierno de las Partes Contratantes sobre todas las cuestiones inherentes a la facilitación e incremento de las corrientes turísti cas entre ambos países;

e) Promover la realización de acuerdos sobre temas de interés turístico no previstos en este Convenio o sugerir las modificaciones a éste, que se estimen convenientes.

Artículo 38 .- Las Partes acordarán por medio de notas reversales el Estatuto de la Comisión Técnica Mixta.

De la ratificación y entrada en vigor

Artículo 39 .- El presente Convenio deberá ser aprobado de conformidad con lo establecido en las disposiciones legales de cada una de las Partes Contratantes, entrando en vigor en el momento en que se efectúe el canje de los instrumentos de ratificación.

Tendrá una duración de cinco años y se prorrogará automáticamente por períodos iguales.

Podrá ser denunciado en cualquier momento a partir de la finalización del primer período, siempre que una de las Partes Contratantes comunique a la otra, por escrito y con una antelación de dos años, su intención en tal sentido.

HECHO en la ciudad de Montevideo a los diecinueve

días del mes de diciembre de mil novecientos ochenta, en dos ejemplares del mismo tenor, igualmente válidos.

POR EL GOBIERNO DE LA REPUBLICA ARGENTINA	POR EL GOBIERNO DE LA REPUBLICA ORIENTAL DEL URUGUAY

[TRANSLATION IN ENGLISH – TRADUCTION EN ANGLAIS]

AGREEMENT ON THE FACILITATION OF TOURISM BETWEEN THE ARGENTINE REPUBLIC AND THE EASTERN REPUBLIC OF URUGUAY

The Government of the Argentine Republic and the Government of the Eastern Republic of Uruguay,

Desiring to facilitate as much as possible the growing tourist exchange between the two Contracting Parties and promote tourism from third countries,

Aware that this will lead to even greater mutual understanding between their peoples and will contribute to strengthening the fraternal ties of friendship that unite them,

Convinced of the need to establish an appropriate regulatory framework for the development of waves of tourism,

Have agreed as follows:

Article 1

The Contracting Parties shall grant each other, on a reciprocal basis, every possible facility to increase tourism between the two countries.

Article 2

For the purposes of this Agreement, tourist means anyone who enters the territory of the other State with the intention of travelling from the person's normal residence and staying in that territory temporarily, for a period permitted by the respective laws, for purposes other than immigration.

Tourists are subject to the laws and other provisions in force in each State with regard to the stay and activities to be undertaken by aliens during said stay.

PERSONAL DOCUMENTATION OF TOURISTS

Article 3

Nationals and naturalized or legal citizens of both Contracting Parties, residing in and travelling from their respective territories, may enter the territory of the other Contracting Party upon presentation of nothing more than an identity document or passport, valid and current in the country of issue, without the need for a visa or any other special identity document.

The Contracting Parties shall provide each other with a description of their national identity documents and the authorities competent to issue them.

Article 4

Nationals and naturalized or legal citizens of both Contracting Parties from a third State that borders either of the two Parties may enter the territory of the other Contracting Party under the same conditions as those established in the preceding article.

Article 5

Nationals and naturalized or legal citizens of both Contracting Parties travelling from a third State that does not border either of the two Parties may enter the territory of the other Contracting Party upon presentation of nothing more than a passport, valid and current in the country of issue, without the need for a visa or any other special identity document.

Article 6

Nationals of a third State who legally reside in the territory of one of the Contracting Parties and travel therefrom may enter the territory of the other Contracting Party upon presentation of nothing more than a valid and current identity document or passport issued by the competent authorities of the country in which they reside, without the need for a visa or any other special identity document, provided that the Receiving State has entered into a visa waiver agreement with the country of the nationality of the person entering. To that end, the Contracting Parties shall provide each other with a description of their national identity documents and the authorities competent to issue them, as well as the list of countries with which they have entered into visa waiver agreements and any future updates to that list.

Article 7

Nationals of a third State who legally reside in the territory of one of the Contracting Parties and travel from a third State that borders either of the two Parties may enter the territory of the other Contracting Party under the same conditions as those established in the preceding article.

Article 8

Nationals of a third State, with which the Party whose territory they wish to enter has not entered into a visa waiver agreement, who legally reside in the territory of the other Contracting Party and travel therefrom, may enter the territory of the other Party upon presentation of a valid and current passport and the corresponding visa.

Article 9

Nationals of a third State who legally reside in the territory of one of the Contracting Parties and travel from a third State that does not border either of the Contracting Parties may enter the territory of the other Party with a valid and current passport, provided that they have been granted the corresponding visa, should one be required.

Article 10

The entry and exit of minors to and from the territory of each of the Contracting Parties shall be governed by the provisions of the preceding articles.

Authorization for the travel of minors not accompanied by their parents shall be granted in accordance with the provisions on parental responsibility under the laws of the State of the domicile of whoever exercises said parental responsibility.

The corresponding authorities of both Contracting Parties shall accept the travel permits or authorizations issued by the competent authorities of the other State as valid and shall not require any intervention on the part of the respective consular offices.

Each Contracting Party shall inform the other of the authorities competent to intervene in the issuance of travel permits.

Article 11

The authorities of both Contracting Parties may prevent the entry into their territories of any person whose entry they deem unacceptable or prejudicial to public order or national security.

Article 12

Both Contracting Parties shall receive in their respective territories such persons as might have entered the territory of the other Party under the provisions of this Agreement and who wish to return to their country of origin or who must leave the country of destination because they violated their domestic laws or the provisions of this Agreement.

THE PERSONAL EFFECTS OF TOURISTS AND HOUSEHOLD AND FAMILY GOODS

Article 13

The personal effects of tourists, whether as accompanied or unaccompanied baggage, shall be temporarily admitted free of import fees, duty, taxes, charges and levies, provided that they are returned by the tourists to their country of origin.

Article 14

Personal effects means the new or used articles that tourists might require for their personal use, provided that the quantity of such articles is not considered excessive and there is no presumptive commercial purpose.

Article 15

When tourists attempt to introduce articles in a quantity considered to be excessive for personal use, they shall be retained by the customs authority and made available to their owners for return at the time of departure from the country. Articles in excess of the allowance permitted by the respective national laws that are not declared by tourists who attempt to introduce them into the country shall be considered the object of a customs violation.

Article 16

The tourists of each Contracting Party who own or are prospective purchasers of real estate located in the receiving country to be used as a temporary residence for the purposes of tourism, or lessees of the same nature, who enter with their own vehicle, temporarily may introduce items for their personal, domestic and family use, free of import fees, duty, taxes, charges and levies, provided that they are deemed to be in use, with the following conditions:

(a) There is no reason to suppose excess;
(b) There is no reason to presume use for commercial purposes.

Article 17

For the purposes of the previous article, owners, prospective purchasers and lessees shall prove their status through the respective authenticated or notarized public or private documents.

Article 18

When tourists temporarily leave the territory of the Receiving State and enter a third State before then returning to the Receiving State before returning to their country of origin, or when they come from a third State and must pass through or stay in the territory of one of the Contracting Parties, before returning to their country of origin, they may temporarily introduce their personal effects, or the family or household goods they are transporting, free of import fees, duties, taxes, taxes, charges and levies, provided that the quantity thereof is not considered to be excessive or presumptive of a commercial purpose. These goods shall be considered to be "in transit", internal procedures being applied that allow for them to be properly identified and their departure from the country to be properly controlled when their owner's stay is concluded.

Article 19

The period of entry for the temporary admission of the personal effects and goods for household and family use of tourists shall coincide with the period granted by the respective national laws for tourist stays.

VEHICLES OF TOURISTS

Article 20

Tourists may temporarily introduce vehicles for private use, such as cars, motorcycles, scooters and other similar vehicles, caravans, private aircraft and recreational vessels, free of import fees, duty, taxes, charges and levies, for a period that will coincide with the period granted by the respective national laws for tourist stays. The periods may be extended in the terms and conditions established in their respective laws.

Article 21

The entry of the vehicles included in the preceding article shall be permitted on the basis of the affidavit that tourists shall submit to customs at the point of entry into the territory of one of the Contracting Parties and that shall serve as the document authorizing operation of the vehicles in the territory.

Article 22

Documentation concerning the ownership, possession or holding of vehicles, issued by the competent authority of one Contracting Party, shall be accepted as valid by the other Party, without the need for a consular visa.

The Contracting Parties shall inform each other of the list of competent official authorities or professional bodies authorized to issue the corresponding documentation.

Article 23

Vehicles that have entered under this Agreement shall be operated personally by the tourist owner or person authorized under the laws of the Receiving State.

Article 24

Every motor vehicle that enters the territory of the other Contracting Party shall be insured against any civil liability as a result of injuries or damage caused to third persons.

Article 25

The vehicles of tourists from the respective territories of the Contracting Parties may only enter into or leave their territories through the border crossing points and border ports authorized for that purpose.

Article 26

Valid and current driver's licences issued by the competent authority of one of the Contracting Parties shall be accepted with equal value in the territory of the other Party. This provision applies both to tourists who enter with a motor vehicle from the territory of the other Contracting Party and to those driving motor vehicles registered in the Receiving State.

The Contracting Parties shall inform each other of the list of the authorities competent to issue driver's licences in their respective territories.

Article 27

Any administrative fines issued to drivers of vehicles as a result of violations of the traffic regulations in force in the Receiving State that have not been paid shall be reported by the competent authorities to the other Contracting Party so that they are brought to the attention of the offender.

SANITARY, VETERINARY AND PHYTOSANITARY CONTROLS

Article 28

Persons entering the territory of one of the Contracting Parties shall meet all the hygiene and health requirements in force in the Receiving country. Whenever health certificates are required, those issued by the competent authorities of the other Contracting Party shall be accepted as valid, without the need for a consular visa.

The Contracting Parties shall inform each other of the list of the authorities competent to issue the corresponding certificates.

Article 29

Tourists entering the territory of one of the Contracting Parties with animals or plants shall comply with the rules in force in the Receiving State that impose prohibitions, limitations or special certifications for entry. Whenever veterinary or phytosanitary certificates are required, those issued by the competent authorities of the other Party shall be accepted as valid, without the need for a consular visa.

The Contracting Parties shall inform each other of the list of the authorities competent to issue the corresponding certificates.

SIMPLIFICATION AND EXPEDITING OF CONTROLS

Article 30

Both Contracting Parties shall make the greatest possible effort to undertake such infrastructure and building works as are necessary to facilitate the rapid entry and exit of tourists from the territory of the other Contracting Party. For the same purpose they shall allocate as many human and material resources as they have available to the places authorized for the entry and exit of tourists.

Article 31

Both Contracting Parties shall study the possibility of adopting, as soon as possible, standard control systems and common documentation systems to be introduced at the respective authorized border crossing points and ports. The corresponding forms may be designed by common agreement by the competent authorities of both Contracting Parties and shall be given to tourists in accessible locations in the territory of both States.

TOURISM COOPERATION

Article 32

The Contracting Parties agree to undertake, through their national tourism agencies, measures to complement their tourism offerings addressed to extraregional sources of tourism.

Article 33

The Contracting Parties agree to adopt proper measures to facilitate entry into and dissemination within their territory of the other Party's materials promoting tourism, when sent by the respective national tourism agency.

Article 34

The Contracting Parties, through their national tourism agencies, shall exchange information on the legal regime in force in the areas of tourism accommodations, travel agents and professional tourism activities and in the area of the protection and conservation of natural and cultural resources, and on any other activity related to the efficient provision of services.

Article 35

The Contracting Parties, through their national tourism agencies, shall take measures to enable the conduct of studies, projects and promotion activities relating to the development of common areas of interest to tourists.

JOINT TECHNICAL COMMISSION

Article 36

The Contracting Parties hereby establish a standing Joint Technical Commission consisting of an equal number of delegates from each Party, which shall meet at least twice each year, alternately in the territory of each State.

Article 37

The Joint Technical Commission will be responsible for:

(a) Continuously assessing the implementation of this Agreement;

(b) Proposing periodic studies on problems inherent in tourism in the region;

(c) Promoting contacts and agreements between the competent authorities of both Contracting Parties in the field of tourism, immigration, customs, health and other related subjects, in order to coordinate and, if possible, standardize national laws;

(d) Making recommendations to the Governments of the Contracting Parties on all questions inherent to the facilitation and growth of tourist flows between the two countries;

(e) Promoting the conclusion of agreements on topics of interest to tourism not provided for in this Agreement, or suggesting amendments to this Agreement that are deemed to be appropriate.

Article 38

The Parties shall agree, through diplomatic notes, on the statute of the Joint Technical Commission.

RATIFICATION AND ENTRY INTO FORCE

Article 39

This Agreement shall be approved in accordance with the legal provisions of each of the Contracting Parties and shall enter into force when the instruments of ratification are exchanged.

It shall remain in force for five years and shall be automatically extended for periods of the same duration.

It may be terminated at any time following the end of the first period, provided that one of the Contracting Parties notifies the other in writing at least two years in advance of its intention in that regard.

DONE in the city of Montevideo on 19 December 1980, in two identical copies, both texts being equally authentic.

For the Government of the Argentine Republic:
[GUILLERMO DE LA PLAZA]

For the Government of the Eastern Republic of Uruguay:
[ADOLFO FOLLE MARTINEZ]

[TRANSLATION IN FRENCH – TRADUCTION EN FRANÇAIS]

ACCORD RELATIF À LA FACILITATION DU TOURISME ENTRE LA RÉPUBLIQUE ARGENTINE ET LA RÉPUBLIQUE ORIENTALE DE L'URUGUAY

Le Gouvernement de la République argentine et le Gouvernement de la République orientale de l'Uruguay,

Désireux de faciliter autant que possible les échanges touristiques croissants entre les deux Parties contractantes et de favoriser les flux touristiques en provenance de pays tiers,

Conscients que cela contribuera à une meilleure compréhension entre leurs peuples et au renforcement des liens d'amitié fraternelle qui les unissent,

Convaincus de la nécessité d'établir un cadre réglementaire approprié à l'évolution des flux touristiques,

Sont convenus de ce qui suit :

Article premier

Les Parties contractantes s'accordent réciproquement le maximum de facilités pour accroître les échanges touristiques entre les deux pays.

Article 2

Aux fins du présent Accord, le terme « touriste » s'entend de toute personne qui entre sur le territoire de l'autre État avec l'intention de quitter sa résidence habituelle et de séjourner temporairement sur ledit territoire pour une période autorisée par les législations respectives des Parties, à des fins autres que l'immigration.

Les touristes sont soumis aux lois et autres dispositions en vigueur dans chaque État relatives au séjour et aux démarches à entreprendre par les étrangers à cet égard.

PIÈCES D'IDENTITÉ DES TOURISTES

Article 3

Les ressortissants et les citoyens naturalisés ou légaux de l'une ou l'autre Partie contractante, résidant sur leurs territoires respectifs ou se déplaçant à partir de celui-ci, peuvent entrer sur le territoire de l'autre Partie contractante sur simple présentation d'une carte d'identité ou d'un passeport en vigueur et en cours de validité dans le pays de délivrance, sans qu'un visa ou toute autre pièce d'identité spécifique ne soit nécessaire à cette fin.

Les Parties contractantes se communiquent un descriptif de leurs cartes d'identité respectives et s'avisent des autorités habilitées à les délivrer.

Article 4

Les ressortissants et les citoyens naturalisés ou légaux de l'une ou l'autre Partie contractante en provenance d'un État tiers limitrophe de l'une ou l'autre Partie peuvent entrer sur le territoire de l'autre Partie contractante dans les mêmes conditions que celles visées à l'article précédent.

Article 5

Les ressortissants et les citoyens naturalisés ou légaux de l'une ou l'autre Partie contractante en provenance d'un État tiers non limitrophe de l'une ou l'autre Partie peuvent entrer sur le territoire de l'autre Partie contractante sur simple présentation d'un passeport en vigueur et en cours de validité dans le pays de délivrance, sans qu'un visa ou toute autre pièce d'identité spécifique ne soit nécessaire à cette fin.

Article 6

Les ressortissants d'un État tiers qui résident légalement sur le territoire de l'une ou l'autre Partie contractante et qui se déplacent à partir de celui-ci peuvent entrer sur le territoire de l'autre Partie contractante sur simple présentation d'une carte d'identité ou d'un passeport en cours de validité délivré par les autorités compétentes de leur pays de résidence, sans qu'un visa ou aucune autre pièce d'identité spécifique soit nécessaire à cette fin, sous réserve que l'État d'accueil ait conclu un accord d'exemption de visa avec le pays de la nationalité de la personne intéressée. À cet effet, les Parties contractantes se communiquent un descriptif de leurs pièces d'identité respectives et s'avisent des autorités habilitées à les délivrer, tout en se communiquant la liste des pays avec lesquels elles ont conclu des accords d'exemption de visa et les modifications qui y seront apportées.

Article 7

Les ressortissants d'un État tiers qui résident légalement sur le territoire de l'une ou l'autre Partie contractante et qui viennent d'un État tiers limitrophe de l'une des Parties peuvent entrer sur le territoire de l'autre Partie contractante dans les mêmes conditions que celles établies à l'article précédent.

Article 8

Les ressortissants d'un État tiers, avec lequel la Partie sur le territoire de laquelle ils souhaitent entrer n'a pas conclu d'accord d'exemption de visa, qui résident légalement sur le territoire de l'autre Partie contractante et qui se déplacent à partir de celui-ci, peuvent entrer sur le territoire de l'autre Partie sur présentation d'un passeport en vigueur et en cours de validité et du visa requis.

Article 9

Les ressortissants d'un État tiers qui résident légalement sur le territoire de l'une ou l'autre Partie contractante et qui se déplacent à partir d'un État tiers qui n'est pas limitrophe de l'une ou l'autre Partie contractante peuvent entrer sur le territoire de l'autre Partie sur présentation d'un passeport en vigueur et en cours de validité, sous réserve d'obtention du visa requis, dès lors qu'un visa est exigé.

Article 10

L'entrée des personnes mineures sur les territoires respectifs des Parties contractantes et leur départ desdits territoires sont régis par les dispositions des articles précédents.

L'autorisation de voyage des personnes mineures non accompagnées de leurs parents est accordée conformément aux dispositions relatives à la responsabilité parentale prévues par la législation de l'État de résidence de la personne exerçant ladite responsabilité.

Les autorités compétentes de l'une et l'autre Partie contractante reconnaissent comme valides les permis ou autorisations de voyage délivrés par les autorités compétentes de l'autre État et ne requièrent aucune intervention de la part des services consulaires respectifs des Parties.

Les Parties contractantes s'avisent des autorités habilitées à délivrer les autorisations de voyage.

Article 11

Les autorités de l'une et l'autre Partie contractante peuvent s'opposer à l'accès à leur territoire de toute personne dont un tel accès est jugé inadmissible ou préjudiciable à l'ordre public ou à la sûreté de l'État.

Article 12

L'une et l'autre Partie contractante s'engagent à accueillir sur leurs territoires respectifs les personnes entrées sur le territoire de l'autre Partie en vertu des dispositions du présent Accord et qui souhaitent retourner dans leur pays d'origine ou qui doivent quitter le pays de destination du fait de la commission d'une infraction à sa législation interne ou aux dispositions du présent Accord.

EFFETS PERSONNELS DES TOURISTES ET BIENS
À USAGE DOMESTIQUE ET FAMILIAL

Article 13

Les effets personnels des touristes, qu'il s'agisse de bagages à main ou non, sont admis temporairement en franchise de frais, droits, taxes, prélèvements et redevances d'importation, sous réserve que les intéressés les ramènent dans leur pays d'origine.

Article 14

L'expression « effets personnels » s'entend des articles neufs ou usagés dont les touristes peuvent avoir besoin pour leur propre usage, sous réserve que la quantité de ces articles ne soit pas considérée comme excessive et en l'absence de toute présomption de finalité commerciale.

Article 15

Dans le cas où des touristes tentent d'introduire des articles en quantité jugée excessive pour leur propre usage, ces articles sont saisis par les autorités douanières, puis restitués à leurs propriétaires au moment de leur départ du pays. Les articles dont les quantités dépassent les quotas autorisés par les législations internes respectives des Parties et qui ne sont pas déclarés par les touristes qui tentent de les introduire dans le pays sont considérés comme faisant l'objet d'une infraction douanière.

Article 16

Les touristes de l'une et l'autre Partie contractante, propriétaires ou acquéreurs potentiels de biens immobiliers situés dans le pays d'accueil et destinés à servir de résidence temporaire à des fins touristiques, ou les locataires de même ordre, qui entrent sur le territoire avec leur propre véhicule, peuvent introduire temporairement, en franchise de frais, droits, taxes, prélèvements et redevances d'importation, pour autant qu'ils soient réputés utilisés, des objets destinés à leur usage personnel, domestique et familial, sous réserve des conditions suivantes :

a) Il n'y a pas lieu de penser que les quantités sont excédentaires ;
b) Il n'y a pas lieu de penser qu'une utilisation à des fins commerciales est envisagée.

Article 17

Aux fins de l'application des dispositions de l'article précédent, les propriétaires, les acquéreurs potentiels et les locataires sont tenus d'attester leur qualité au moyen d'actes officiels ou privés, authentifiés ou notariés, délivrés par l'une ou l'autre Partie.

Article 18

Lorsqu'un touriste quitte temporairement le territoire de l'État d'accueil pour le territoire d'un État tiers pour ensuite retourner sur le territoire de l'État d'accueil avant de retourner dans son pays d'origine, ou lorsqu'il vient d'un État tiers et doit passer par le territoire de l'une ou l'autre Partie contractante ou y séjourner avant de retourner dans son pays d'origine, il peut introduire temporairement sur ledit territoire les effets personnels et les biens à usage domestique ou familial qui l'accompagnent, en franchise de frais, droits, taxes, prélèvements et redevances d'importation, sous réserve que leur quantité ne soit pas considérée comme excessive ou qu'ils ne soient pas présumés être destinés à des fins commerciales. Ces biens sont réputés être « en transit », des procédures internes étant appliquées en vue de les recenser de façon appropriée et de procéder aux contrôles voulus aux fins de leur sortie du pays à l'issue du séjour de leur propriétaire.

Article 19

La période d'entrée concernant l'admission temporaire des effets personnels des touristes et des biens à usage domestique et familial correspond à la période autorisée par les législations internes respectives des Parties pour les séjours touristiques.

VÉHICULES DES TOURISTES

Article 20

Les touristes peuvent introduire temporairement des véhicules à usage privé, tels que des voitures, des motocyclettes, des scooters et autres véhicules analogues, des caravanes, des aéronefs et des bateaux de plaisance à usage privé, en franchise de frais, droits, taxes, prélèvements et redevances d'importation, pour une période correspondant à celle autorisée par les législations internes respectives des Parties pour les séjours touristiques. Ces périodes peuvent être prolongées conformément aux modalités et conditions établies par les législations respectives des Parties.

Article 21

L'entrée des véhicules visés à l'article précédent est autorisée sous réserve d'une déclaration sur l'honneur présentée par les touristes aux autorités douanières au point d'entrée sur le territoire des Parties contractantes, laquelle fait office de document autorisant l'utilisation des véhicules sur le territoire.

Article 22

La validité des documents relatifs au véhicule, à la propriété, la possession ou la détention de véhicules, délivrés par l'autorité compétente de l'une ou l'autre Partie contractante, est reconnue par l'autre Partie, sans qu'un visa consulaire soit exigé à cet égard.

Les Parties contractantes se communiquent la liste des autorités officielles compétentes ou des organismes professionnels habilités à délivrer les documents requis.

Article 23

Tout véhicule qui pénètre sur le territoire de l'une ou l'autre Partie conformément aux dispositions du présent Accord est exclusivement utilisé par le touriste qui en est propriétaire ou par une personne dûment autorisée conformément à la législation de l'État d'accueil.

Article 24

Tout véhicule à moteur qui pénètre sur le territoire de l'une ou l'autre Partie contractante est assuré au titre de la responsabilité civile à l'égard des blessures ou dommages causés à des tiers.

Article 25

Les véhicules de touristes provenant des territoires respectifs des Parties contractantes ne peuvent entrer ou sortir de leurs territoires que par les points de passage frontaliers et les ports frontaliers autorisés à cet effet.

Article 26

Les permis de conduire en vigueur et en cours de validité délivrés par l'autorité compétente de l'une ou l'autre Partie contractante sont réputés être équivalents sur le territoire de l'autre Partie. Cette disposition s'applique aussi bien aux touristes qui accèdent au territoire de l'une ou l'autre Partie avec un véhicule à moteur en provenance du territoire de l'autre Partie contractante qu'à ceux qui conduisent des véhicules à moteur immatriculés dans l'État d'accueil.

Les Parties contractantes se communiquent la liste des autorités habilitées à délivrer les permis de conduire sur leurs territoires respectifs.

Article 27

Les amendes administratives appliquées aux automobilistes pour des infractions au code de la route en vigueur dans l'État d'accueil et qui n'ont pas été réglées sont signalées par les autorités compétentes à l'autre Partie contractante afin que le contrevenant en soit avisé.

CONTRÔLES SANITAIRES, VÉTÉRINAIRES ET PHYTOSANITAIRES

Article 28

Les personnes qui entrent sur le territoire de l'une ou l'autre Partie contractante doivent satisfaire à toutes les conditions d'hygiène et sanitaires en vigueur dans le pays d'accueil. Dans le cas où des certificats de santé sont exigés, la validité des documents délivrés par les autorités compétentes de l'une et l'autre Partie contractante est reconnue, sans qu'un visa consulaire soit exigé à cet égard.

Les Parties contractantes se communiquent la liste des autorités habilitées à délivrer les certificats voulus.

Article 29

Les touristes qui entrent sur le territoire de l'une ou l'autre Partie contractante avec des animaux ou des végétaux se conforment aux règles en vigueur dans l'État d'accueil prévoyant des interdictions, des restrictions ou des attestations spéciales en ce qui concerne l'accès au territoire. Dans le cas où des certificats vétérinaires ou phytosanitaires sont exigés, les documents délivrés par les autorités compétentes de l'une et l'autre Partie contractante sont reconnus comme valides, sans qu'un visa consulaire soit nécessaire.

Les Parties contractantes se communiquent la liste des autorités habilitées à délivrer les certificats voulus.

SIMPLIFICATION ET FACILITATION DES CONTRÔLES

Article 30

Les Parties contractantes font tout leur possible pour réaliser les travaux d'infrastructure et de construction nécessaires pour rendre plus aisée et plus rapide l'entrée des touristes sur leurs territoires et leur sortie de ceux-ci. À cette même fin, elles affectent toutes les ressources humaines et matérielles disponibles aux lieux autorisés pour l'entrée et la sortie des touristes.

Article 31

Les Parties contractantes s'engagent à étudier la possibilité d'adopter dans les meilleurs délais des systèmes de contrôle uniforme et des documents harmonisés à mettre en place aux points de passage frontaliers et aux ports autorisés sur leurs territoires respectifs. Les formulaires requis sont établis d'un commun accord entre les autorités compétentes de l'une et l'autre Partie contractante et sont remis aux touristes en des endroits accessibles des territoires des deux États.

COOPÉRATION EN MATIÈRE DE TOURISME

Article 32

Les Parties contractantes conviennent de mettre en place, par l'intermédiaire de leurs organismes nationaux en charge du tourisme, des mesures visant à renforcer leurs offres touristiques en matière de tourisme extrarégional.

Article 33

Les Parties contractantes conviennent de prendre les mesures adéquates pour faciliter l'introduction et la diffusion sur leur territoire des supports de promotion touristique de l'autre Partie, dès lors qu'ils sont transmis par l'organisme national en charge du tourisme concerné.

Article 34

Les Parties contractantes, par l'intermédiaire de leurs organismes nationaux en charge du tourisme, échangent des renseignements ayant trait au régime juridique en vigueur concernant les hébergements touristiques, les agences de voyages et les activités professionnelles liées au secteur du tourisme, ainsi qu'en ce qui concerne la protection et de la conservation des ressources naturelles et culturelles et toute autre activité liée à une prestation efficace des services proposés.

Article 35

Les Parties contractantes, par l'intermédiaire de leurs organismes nationaux en charge du tourisme, prennent des mesures qui permettent de réaliser des études, des projets et des activités de promotion pour le développement de domaines d'intérêt touristique communs.

COMMISSION TECHNIQUE MIXTE

Article 36

Les Parties contractantes mettent sur pied une commission technique mixte permanente composée d'un nombre égal de représentants de chaque Partie, laquelle se réunit au moins deux fois par an, alternativement sur le territoire de chaque État.

Article 37

La Commission technique mixte est chargée :

a) D'assurer un suivi permanent de la mise en œuvre du présent Accord ;

b) De proposer des examens périodiques concernant les difficultés rencontrées dans le domaine du tourisme dans la région ;

c) D'encourager les échanges et les accords entre les autorités compétentes des deux Parties contractantes dans les domaines du tourisme, de la migration, des douanes, de la santé et sur d'autres questions connexes, de façon à assurer la coordination et, si possible, l'uniformisation des législations nationales ;

d) D'adresser des recommandations aux Gouvernements des Parties contractantes sur toutes les questions liées à la facilitation et à l'augmentation des flux touristiques entre les deux pays ;

e) D'encourager la conclusion d'accords sur des sujets liés au tourisme qui ne sont pas prévus par le présent Accord, ou de proposer des modifications qu'il conviendrait d'y apporter.

Article 38

Les Parties conviennent, au moyen de notes diplomatiques, du statut conféré à la Commission technique mixte.

RATIFICATION ET ENTRÉE EN VIGUEUR

Article 39

Le présent Accord est approuvé conformément à la législation de chaque Partie contractante et entre en vigueur à la date à laquelle les instruments de ratification sont échangés.

Il est conclu pour une durée de cinq ans et est automatiquement reconduit pour des périodes de même durée.

Il peut être dénoncé à tout moment à l'issue de la première période, dès lors que l'une des Parties contractantes notifie à l'autre, par écrit et au moins deux ans à l'avance, son intention en ce sens.

FAIT à Montevideo, le 19 décembre 1980, en deux originaux de même teneur et faisant également foi.

Pour le Gouvernement de la République argentine :

[GUILLERMO DE LA PLAZA]

Pour le Gouvernement de la République orientale de l'Uruguay :

[ADOLFO FOLLE MARTINEZ]

No. 54619

Argentina and Uruguay

Exchange of letters constituting an agreement between the Argentine Republic and the Eastern Republic of Uruguay for single border control and unified documentation at their three border crossings (with annex). Buenos Aires and Fray Bentos, 26 May 1986

Entry into force: *26 May 1986, in accordance with the provisions of the said letters*

Authentic text: *Spanish*

Registration with the Secretariat of the United Nations: *Argentina, 14 August 2017*

Argentine et Uruguay

Échange de lettres constituant un accord entre la République argentine et la République orientale de l'Uruguay pour le contrôle unique des frontières et une documentation unifiée à leurs trois postes frontaliers (avec annexe). Buenos Aires et Fray Bentos, 26 mai 1986

Entrée en vigueur : *26 mai 1986, conformément aux dispositions desdites lettres*

Texte authentique : *espagnol*

Enregistrement au Secrétariat de l'Organisation des Nations Unies : *Argentine, 14 août 2017*

[TEXT IN SPANISH – TEXTE EN ESPAGNOL]

I

Ministro de Relaciones Exteriores y Culto

BUENOS AIRES, 26 de mayo de 1986

SEÑOR MINISTRO:

Tengo el honor de dirigirme a Vuestra Excelencia con el objeto de llevar a su conocimiento que el Gobierno de la República Argentina está dispuesto a concluir con el Gobierno de la República Oriental del Uruguay, un Acuerdo relativo al control único de fronteras y de documentación unificada en sus tres pasos fronterizos y que fue rubricado en oportunidad de la Segunda Reunión del Grupo de Trabajo Binacional Argentino-Uruguayo celebrada en Montevideo el 18 de abril de 1986. El texto del Acuerdo se adjunta anexo.

La presente nota y la de Vuestra Excelencia de la misma fecha e igual tenor, constituyen un Acuerdo entre nuestros Gobiernos, vigente a partir del día de la fecha y cesará en sus efectos noventa días después que una de las dos Partes notifique a la otra su intención de darlo por terminado.

Hago propicia la oportunidad para reiterar a Vuestra Excelencia las seguridades de mi más alta consideración.

A SU EXCELENCIA
EL SEÑOR MINISTRO DE RELACIONES EXTERIORES
DE LA REPUBLICA ORIENTAL DEL URUGUAY
D. ENRIQUE V.IGLESIAS
S. / D.

II

Ministerio de Relaciones Exteriores

Fray Bentos, 26 de mayo de 1986

Señor Ministro:

Tengo el honor de dirigirme a Vuestra Excelencia con el objeto de llevar a su conocimiento que el Gobierno de la República Oriental del Uruguay está dispuesto a concluir con el Gobierno de la República Argentina, un Acuerdo relativo al control único de fronteras y de documentación unificada en sus tres pasos fronterizos y que fue rubricado en oportunidad de la Segunda Reunión del Grupo de Trabajo Binacional Argentino-Uruguayo celebrada en Montevideo el 18 de abril de 1986. El texto del Acuerdo se adjunta en anexo.

La presente Nota y la de Vuestra Excelencia de la misma fecha e igual tenor, constituyen un Acuerdo entre nuestros Gobiernos, vigente a partir del día de la fecha y cesará en sus efectos noventa días después que una de las dos Partes notifique a la otra su intención de darlo por terminado

Hago propicia la oportunidad para reiterar a Vuestra Excelencia las seguridades de mi más alta consideración.

ENRIQUE V. IGLESIAS
Ministro de Relaciones Exteriores de la
República Oriental del Uruguáy

A Su Excelencia
el Señor Ministro de Relaciones Exteriores y Culto
de la República Argentina
D. DANTE CAPUTO

ANEXO

ACUERDO ENTRE LA REPUBLICA ORIENTAL DEL URUGUAY

Y

LA REPUBLICA ARGENTINA

RELATIVO AL CONTROL UNICO DE FRONTERA Y DE DOCUMENTACION UNIFICADA

EN SUS TRES PASOS FRONTERIZOS

Las Partes celebran el presente Acuerdo en cuanto al modo y a la realización del control único de frontera en los pasos fronterizos que unen las localidades uruguayas de Fray Bentos, Paysandú y Salto, con las argentinas de Puerto Unzué, Colón y Concordia respectivamente.

CAPITULO I

DISPOSICIONES GENERALES

ARTICULO 1º

A los fines del presente Acuerdo, se entiende por:

1.- "Control": la supervisión del cumplimiento de todas las disposiciones legales, reglamentarias y administrativas de los dos países, referentes a la entrada y salida de personas, equipajes, mercadería, vehículos particulares y medios de transporte de pasajeros y de cargas, por los pasos de frontera.

2.- "País sede": el país en cuyo territorio se efectúe el control por los funcionarios del otros país, a los fines de la entrada a este último, de personas y bienes. En el País sede se realizará asimismo el control de salida de las personas y bienes por los funcionarios de este país.

3.- "País limítrofe": el otro país, cuyos funcionarios controlarán, en el

País sede, el ingreso de personas y bienes al territorio de ese País limítrofe.

4.- "Pasos de frontera": zona próxima a los puntos de interconexión entre ambos países, donde se cumplen actividades de control.

5.- "Area de control único": La parte del territorio de cada país, ubicada en cada uno de los pasos de frontera que comprenderá los edificios e instalaciones donde desarrollarán los respectivos controles los funcionarios del País sede y del País limítrofe.

6.- "Instalaciones": los bienes muebles e inmuebles afectados al área de control único.

7.- "Oficinas": los organismos de ambos países con competencia en el control fronterizo, que pueden funcionar o no en el área de control único.

8.- "Funcionarios": el personal, cualquiera sea su categoría, perteneciente a las oficinas encargadas de realizar los controles

ARTICULO 2º

1.- Los funcionarios de cada país ejercerán, en el Area de Control Unico del territorio del otro país (País sede), sus funciones de control de ingreso al territorio de su propio país (País limítrofe), respecto de personas y bienes que circulan en la dirección País sede a País limítrofe. En dicha Area de Control, los funcionarios del País sede, ejercerán asimismo sus funciones de control de salida de personas y bienes que circulen en la dirección indicada.

2.- De este modo, los controles respectivos para cada una de las dos direcciones recíprocas posibles, se llevarán a cabo en un solo lugar (el Area de Control Unico del País sede) con las excepciones que se establecerán en el presente Acuerdo. En consecuencia, ambos países podrán ser, a su vez, País sede o País limítrofe según se trate de ejercer los controles respecto de una u otra de las dos direcciones de circulación posibles.

ARTICULO 3º

1.- El control del País de salida se efectuará antes del control del País de entrada.

2.- Los funcionarios del País limítrofe sólo podrán realizar el control de entrada a su territorio una vez que los funcionarios del País sede hayan efectuado el de salida. No obstante, los funcionarios de ambos países se prestarán ayuda para el ejercicio de sus respectivas funciones en el Area de Control Unico a los efectos de prevenir e investigar las infracciones a las disposiciones vigentes, debiendo comunicarse de oficio o a solicitud de parte, cualquier información que pueda ofrecer interés para el servicio.

CAPITULO II

DE LOS CONTROLES

ARTICULO 4º

1.- Las disposiciones legales, reglamentarias y administrativas del País limítrofe, relativas a los controles aduaneros, migratorios, sanitarios de personas y fito o zoosanitarios, serán aplicadas por los funcionarios de ese país, con el mismo alcance, modalidades y efectos que en su propio territorio ,al solo fin de extender la respectiva documentación que habilite el ingreso de las personas o bienes al País limítrofe (franqueado) en los términos que se establezcan en este Acuerdo.

2.- Los funcionarios del País limítrofe que ejerzan sus funciones en el País sede, no podrán detener en el Area de Control Unico ni conducir a su territorio a las personas o a los bienes, aun cuando se infrinjan o hubieran infringido disposiciones legales, reglamentarias y administrativas del País limítrofe,debiendo limitarse a no extender la documentación habilitante y/o a efectuar las correspondientes comunicaciones a las respectivas oficinas a las que pertenezcan. En caso de necesidad de detención de personas, serán de aplicación el Tratado Internacional de 1889 (Montevideo), el Convenio Policial Sudamericano de 1920 y el procedimiento establecido por la INTERPOL.

ARTICULO 5º

1.- Una vez efectuados los controles de salida y autorizada ésta por los funcionarios del País sede y realizados los controles de entrada por los funcionarios del País limítrofe, si el resultado de estos últimos controles fuere de conformidad con lo debido y/o permitido por las respectivas disposiciones legales, reglamentarias y administrativas del País limítrofe, y por ello no existieren obstáculos de ninguna naturaleza al ingreso a este país de personas o bienes, se otorgará a los interesados la documentación habilitante (franqueado) a los efectos de cruzar el puente y continuar del otro lado libremente la circulación -previa entrega de los pertinentes ejemplares de dicha documentación- sin la intervención de nuevos controles. Del otro lado del puente y ya en territorio del País limítrofe, uno o más funcionarios de este país, a quien o a quienes se le entregarán los ejemplares de la documentación de franqueado, permitirán lisa y llanamente la entrada a las personas y los bienes con la sola observación y recepción de dicha documentación.

2.- En caso contrario, si realizados los respectivos controles de entrada, el resultado no fuere de conformidad con lo debido y/o permitido por las disposiciones legales, reglamentarias y administrativas del País limítrofe para el ingreso a este país o bien no fuere posible cumplir la operación o régimen (en los casos especiales que se detallarán en este Acuerdo) sólo con los controles efectuados en el País sede, y por algunas de esas razones no debiere otorgarse documentación de franqueado respecto de personas o bienes, los interesados y los efectos que conduzcan ingresarán al territorio del País limítrofe, donde serán conducidos a la oficina respectiva, a los fines de que allí se realicen los controles, intervenciones, determinaciones y/o procedimientos que pudieren corresponder. En este caso, bajo ningún concepto podrá evitarse la salida de las personas o bienes del País sede, sin perjuicio de las operaciones de retorno que puedan efectuarse de acuerdo a la legislación pertinente.

3.- Sin perjuicio de lo dispuesto en el Apartado precedente, se entiende que aquellas personas con impedimento legal para el ingreso al territorio del País limítrofe serán rechazadas, sin más trámite, en el Area de Control Unico del País sede

CAPITULO III

DISPOSICIONES ESPECIALES RELATIVAS A LOS CONTROLES ADUANEROS

ARTICULO 6º

1.- Los controles aduaneros a realizar por los funcionarios del País limítrofe en el País sede se refieren:

1.1.- a las diversas destinaciones de importación el el País limítrofe del régimen general de mercaderías.

1.2.- al equipaje acompañado de importación, de las personas que ingresan al País limítrofe.

1.3.- al ingreso de los vehículos al País limítrofe.

2.- En cuanto a las destinaciones de importación del régimen general de mercaderías cuyas solicitudes se documenten y tramiten ante alguna de las Oficinas Aduaneras fronterizas del País limítrofe, se establece la siguiente distinción:

2.1.- Destinaciones de mercaderías que no deban o no fueren a ingresar a depósito en esa Oficina Aduanera Fronteriza. En estos casos podrá documentarse la destinación, intervenirse la documentación, autorizarre su trámite y, en su caso, pagarse los tributos ante la Oficina Aduanera del País limítrofe y con carácter previo al arribo de la mercadería al Area de Control Unico del País sede. Realizado ello, se remitirá la documentación a la referida Area, donde los funcionarios aduaneros del País limítrofe -después de la intervención de salida de los funcionarios del País sede- verificarán la mercadería arribada y la documentación de despacho previamente intervenida y autorizada, y de no mediar impedimentos otorgarán la documentación habilitante (franqueado aduanero) al interesado, quien al cruzar el Puente presentará esta documentación y entregará las copias que correspondan y con ello el personal de resguardo efectivizará el libramiento sin -en principio- control.

2.2.- Destinaciones de mercaderías que deban o fueren a ingresar a depósito en esa Oficina Aduanera Fronteriza. En estos casos, los funcionarios aduaneros del País limítrofe no otorgarán documentación habilitante (franqueado aduanero) y las mercaderías se conducirán con custodia a depósito en el País limítrofe.

2.3.- A los efectos de la aplicación de lo establecido precedentemente en este Artículo deberá entenderse por "destinaciones de importación" a las siguientes operaciones: importación definitiva, importación temporaria, depósito de almacenamiento y tránsito.

3.- En cuanto al equipaje acompañado de los viajeros o turistas (residentes en el País sede o en terceros países, o residentes en el País limítrofe de retorno del País sede o de terceros países), se establece:

3.1.- Se implementará la utilización de dos vías(canal rojo y canal verde) de modo tal que cualquier viajero o turista a los efectos del control de ingreso al País limítrofe, opte en el País sede, luego de la autorización de salida, por el canal rojo (verificación obligatoria) o por el canal verde (implicará declaración de no conducir equipaje, o de conducir efectos que no requieren la intervención aduanera por tributación o por cualquier otra razón); en este último caso, eventualmente, podrá ser sometido a control por muestreo.

3.2.- Así efectuado el control -íntegramente en el País sede-, abonados allí en su caso los tributos pertinentes y de no mediar impedimentos, los funcionarios aduaneros del País limítrofe otorgarán la documentación habilitante (franqueado aduanero). En caso de que se conduzcan efectos que superen los montos permitidos o efectos cuya introducción en régimen de equipaje no esté admitida, no se otorgará la documentación habilitante.

4.- En cuanto al ingreso de vehículos particulares, se establece que:

4.1.- se documentará en el País sede y en el existente formulario único (confeccionado para la exportación temporaria de uno de los países y consecuente importación temporaria en el otro, en el que se efectuarán asimismo las respectivas intervenciones de cancelación);

4.2.- los funcionarios aduaneros del País limítrofe realizarán en el País sede la intervención de dicha documentación a los fines de la importación temporaria en el País limítrofe o de la cancelación de su exportación temporaria, verificarán el vehículo y si no existen impedimentos otorgarán la documentación habilitante (franqueado aduanero).

ARTICULO 7º

Los funcionarios aduaneros del País limítrofe no controlarán en el País sede la entrada de mercaderías del régimen de Tráfico Fronterizo. Dichas mercaderías cruzarán, en consecuencia, sin franqueado por cuanto ese control de entrada se realizará en el territorio del País limítrofe, sin perjuicio de lo que específicamente se establecerá en este Acuerdo respecto del control migratorio del ingreso de personas.

CAPITULO CUARTO

DISPOSICIONES ESPECIALES RELATIVAS A LOS CONTROLES MIGRATORIOS

ARTICULO 8º

En los controles a realizar dentro de las Areas de Control Unico de ambos países (controles de salida del País sede y de ingreso al País limítrofe), se exigirá la presentación de la siguiente documentación:

1.- De los medios de transporte internacional de pasajeros:

1.1.- Al responsable del medio de transporte: Manifiesto de Tripulantes y Pasajeros, por triplicado.

1.2.- A los Tripulantes: Ficha de Tripulante.

1.3.- A los pasajeros: la documentación hábil para transitar de uno a otro país, según lo establecido para cada caso en las respectivas legislaciones.

2.- De los vehículos particulares (automóviles, camiones, motos)

2.1.- Al responsable del vehículo: Manifiesto de las personas que viajan por triplicado.

2.2.- A las demás personas: la documentación hábil para transitar de uno a otro país, según lo establecido para cada caso en las respectivas legislaciones.

3.- Del tránsito Vecinal Fronterizo:

3.1.- A las personas: Tarjeta de Habilitación para el Tránsito Vecinal Fronterizo. Tratándose de menores de VEINTIUN (21) años, permiso o autorización de viaje según las reglamentaciones vigentes en cada país.

ARTICULO 9º

El procedimiento para la obtención de la Ficha de Tripulante y de la Tarjeta de Habilitación para el Tránsito Vecinal Fronterizo, se regirá por las siguientes pautas:

1.- Ficha de Tripulante:

1.1.- Autoridad: Será autoridad hábil para otorgar la Ficha de Tripulante, en ambos países, la autoridad migratoria respectiva.

1.2.- Titular: Será persona hábil para obtener la Ficha de tripulante, la que presente la siguiente documentación:

-Solicitud de habilitación

-Documento de Identidad

-Certificado de la empresa de transporte, que lo acredite como empleado de la misma y en el que conste el compromiso de ésta de comunicar la baja, dentro de las CUARENTA Y OCHO (48) horas de producida, a la autoridad que otorgue el beneficio.

1.3.- Validez: la Ficha de Tripulante tendrá una validez de TRES (3) años renovable por períodos iguales, mediante una nueva ficha y según lo establecido en el punto precedente.

2.- Tarjeta de Habilitación para el Tránsito Vecinal Fronterizo:

2.1.- Autoridad: Será autoridad hábil para otorgar la Tarjeta de Habilitación para el Tránsito Vecinal fronterizo, en ambos países, la autoridad migratoria respectiva.

2.2.- Titular: Será persona hábil para obtener la Tarjeta de Habilitación para el Tránsito Vecinal Fronterizo, la que presente la siguiente documentación y siempre que no esté impedida por autoridad competente para entrar o salir en o de ambos países:

a) Solicitud de Habilitación

b) Documento de Identidad

c) Certificado de domicilio, que lo acredite como residente en la localidad vecina a la del país receptor.

2.3.- Validez: la Tarjeta de Habilitación para el Tránsito Vecinal Fronterizo tendrá una validez de TRES (3) años, renovable por períodos iguales mediante una nueva tarjeta y según lo establecido en el punto precedente.

ARTICULO 10º

El procedimiento de control se regirá por las siguientes pautas:

1.- De los medios de transporte internacional de pasajeros:

1.1.- Al responsable del medio de transporte: se le devolverá una copia del Manifiesto intervenida por las autoridades de ambos países, quedando las dos restantes, también intervenidas, en poder de cada una de ellas.

1.2.- A los pasajeros: se les otorgará Tarjeta de Control (únicamente en los casos de ingreso), intervenida por la autoridad correspondiente. En caso que presenten pasaporte, éste será intervenido por ambas autoridades.

2.- De los vehículos particulares (automóviles, camiones, motos):

2.1.- Al responsable del vehículo: se le devolverá una copia del Manifiesto intervenida por las autoridades de ambos países, quedando las dos restantes, también intervenidas, en poder de cada una de ellas.

2.2.- A las personas: Se les otorgará Tarjeta de Control (únicamente en los casos de ingreso), intervenida por la autoridad correspondiente. En caso que presenten pasaporte, éste será intervenido por ambas autoridades.

3.- Del Tránsito Vecinal Fronterizo:

3.1.- Se llevará una Planilla de Registro del Tránsito Vecinal Fronterizo, por duplicado, donde se consignará el movimiento de entrada y salida, asentándose únicamente el número de código asignado al extranjero, quedando una en poder de cada autoridad.

CAPITULO QUINTO

DISPOSICIONES ESPECIALES RELATIVAS A CONTROLES SANITARIOS

ARTICULO 11º

1. Los controles sanitarios de personas, que existieren o pudieren implantarse, y los controles fito o zoosanitarios, relativos al ingreso de personas, animales o vegetales a cada uno de los dos países, en caso de ejercerse efectivamente, se realizará -por funcionarios de las respectivas

Oficinas o por delegación en otros funcionarios, del País limítrofe- exclusivamente en el País sede.

2.- No obstante, quedan excluídos de lo establecido en el punto precedente los casos en que por disposiciones legales, reglamentarias, administrativas o de convenios internacionales, deban realizarse controles sanitarios en lazaretos o mediante cuarentenas como requisito previo al libre ingreso.

CAPITULO SEXTO

SUMAS DE DINERO RECAUDADAS

ARTICULO 12º

Los funcionarios del País limítrofe podrán trasladar libremente a su territorio las sumas de dinero percibidas en el País sede en concepto de tasas de cualquier naturaléza y de tributos por equipajes de importación, cuyos importes se abonarán por los usuarios y contribuyentes en la moneda en curso legal en el País limítrofe.

CAPITULO VII

DE LOS FUNCIONARIOS

ARTICULO 13º

1.- Las autoridades del País sede concederán a los funcionarios del País limítrofe, para el ejercicio de sus funciones en el País sede, la misma protección y ayuda que a sus propios funcionarios.

2.- Las autoridades competentes del País sede se reservarán el derecho de solicitar de las autoridades del País limítrofe el traslado de esos funcionarios cuando existan razones justificadas.

ARTICULO 14º

1.- Los funcionarios del País limítrofe y los despachantes de aduana,

agentes de transporte y/o importadores del mismo país en razón de conducir documentación de despacho, estarán autorizados a atravesar la frontera y dirigirse al lugar de su servicio con la simple acreditación de su identidad y de su cargo o función, mediante la exhibición de documentos oficiales.

2.- Los agentes de los Servicios de Correos y Telecomunicaciones del País limítrofe estarán también autorizados a atravesar la frontera, mediante la exhibición de documento oficial, cuando vayan en servicio de instalación y mantenimiento de los pertinentes equipos del País limítrofe llevando consigo las herramientas y el material necesario.

3.- Los funcionarios del País limítrofe podrán llevar en el País sede sus uniformes nacionales o, en su caso, un distintivo visible.

ARTICULO 15º

Para todos los actos, delitos o infracciones que realizaren o cometiern los funcionarios del País limítrofe en el País sede, regirán en toda su integridad el principio de territorialidad a los fines de la ley aplicable y su juzgamiento.

En cuanto a los delitos o infracciones que cometieren dichos funcionarios en el ejercicio de sus funciones en violación específica de las leyes y reglamentaciones de su país, se aplicarán el Tratado de Derecho Penal Internacional de 1889 suscrito por ambas partes o las disposiciones administrativas de ese país, según corresponda.

CAPITULO OCTAVO

INSTALACIONES, MATERIALES, EQUIPOS Y BIENES PARA EL EJERCICIO DE LAS FUNCIONES

ARTICULO 16º

1. El Gobierno del País sede pondrá a disposición de los servicios del País limítrofe las instalaciones necesarias al efecto, incluído el mobiliario.

Se hace expresa excepción de los aparatos y equipos de telecomunicación y de computación y del material necesario -excluído el mobiliario- para el funcionamiento del servicio.

2. A tal fin las administraciones competentes de los dos países intercambiarán consultas que, asimismo, versarán sobre la delimitación de las respectivas zonas o ámbitos de afectación de las funciones de los agentes de cada país en el Area de Control Unico.

ARTICULO 17º

El País sede autorizará la instalación y conservación, a costo y cargo del País limítrofe y por sus servicios competentes, de los aparatos y equipos de telecomunicación y de computación necesarios para el enlace con las Oficinas del País limítrofe. Las comunicaciuones efectuadas por estos medios se considerarán como comunicaciones internas del País limítrofe.

ARTICULO 18º

El material necesario para el funcionamiento del servicio del País limítrofe en el País sede, o para los funcionarios del País limítrofe en razón de su servicio, estará exento de restricciones de cualquier naturaleza a la importación en el País sede y a la exportación del mismo. Tampoco dichas restricciones se aplicarán a los vehículos de servicio o privados que los funcionarios del País limítrofe utilicen, tanto para el ejercicio de sus funciones en el País sede como para regresar a su domicilio.

CAPITULO NOVENO

DISPOSICIONES TRANSITORIAS

ARTICULO 19º

Las Partes contratantes convienen en poner en funcionamiento, a título experimental, el presente Acuerdo en el más breve lapso posible, en el paso fronterizo de Fray Bentos-Puerto Unzué. De las experiencias que así se obtengan podrán aún derivar propuestas de modificaciones al presente Acuerdo.

CAPITULO DECIMO

DISPOSICIONES FINALES

ARTICULO 20º

Las modalidades de aplicación del presente Acuerdo serán determinadas, en caso necesario, por las administraciones competentes de ambos países.

ARTICULO 21

Las administraciones establecerán un Sistema de Seguimiento o control sobre el funcionamiento del régimen operativo establecido en el presente Acuerdo, a los fines de proponer actualizaciones al mismo o aplicar modalidades en los términos del Artículo precedente.

[TRANSLATION IN ENGLISH – TRADUCTION EN ANGLAIS]

I

MINISTER FOR FOREIGN AFFAIRS AND WORSHIP

Buenos Aires, 26 May 1986

Excellency,

I have the honour to inform you that the Government of the Argentine Republic is willing to conclude with the Government of the Eastern Republic of Uruguay an Agreement on single border control and unified documentation at their three border crossings. The Agreement was initialled at the second meeting of the Argentina-Uruguay binational working group, held in Montevideo on 18 April 1986. The text of the Agreement is attached.

This letter and your letter of the same date and on the same issue constitute an agreement between our Governments, effective as of the date of this letter. The Agreement shall cease to have effect ninety days after either party notifies the other of its intention to terminate it.

Accept, Excellency, the renewed assurances of my highest consideration.

His Excellency
Enrique V. Iglesias
Minister of Foreign Affairs
Eastern Republic of Uruguay

II

MINISTRY OF FOREIGN AFFAIRS

Fray Bentos, 26 May 1986

Excellency,

I have the honour to inform you that the Government of the Eastern Republic of Uruguay is prepared to conclude with the Government of the Argentine Republic an Agreement on single border control and unified documentation at their three border crossings. The Agreement was initialled at the second meeting of the Argentina-Uruguay binational working group, held in Montevideo on 18 April 1986. The text of the Agreement is attached.

This letter and your letter of the same date and on the same issue constitute an agreement between our Governments, effective as of the date of this letter. The Agreement shall cease to have effect ninety days after either party notifies the other of its intention to terminate it.

Accept, Excellency, the renewed assurances of my highest consideration.

ENRIQUE V. IGLESIAS
Minister of Foreign Affairs
Eastern Republic of Uruguay

His Excellency
Dante Caputo
Minister of Foreign Affairs and Worship
Argentine Republic

ANNEX

AGREEMENT BETWEEN THE EASTERN REPUBLIC OF URUGUAY AND THE ARGENTINE REPUBLIC FOR ONE-STOP BORDER CONTROL AND UNIFIED DOCUMENTATION AT THEIR THREE BORDER CROSSINGS

The Parties have concluded this Agreement on the method and implementation of one-stop border control at the border crossings linking the Uruguayan towns of Fray Bentos, Paysandú and Salto with the Argentinean towns of Puerto Unzué, Colón and Concordia, respectively.

CHAPTER I. GENERAL PROVISIONS

Article 1

For the purposes of this Agreement:

1. "Control" means monitoring compliance with all the legal, regulatory, and administrative provisions of the two countries concerning the entry and exit of persons, luggage, goods, private vehicles, and other modes of transport of passengers and cargo through border crossings.

2. "Host Country" means the country in whose territory the officials of the other country control the entry of persons and goods into said other country. The Host Country shall also control the exit of persons and goods from said country.

3. "Neighbouring country" means the other country, whose officers control, in the Host Country, the entry of persons and goods into the territory of the Neighbouring Country.

4. "Border crossing" means the area near the points of interconnection between the two countries in which control activities are carried out.

5. "Single control area" means the part of the territory of either country, located at each of the border crossings, comprising the buildings and facilities in which the officers of the Host Country and the Neighbouring Country effect the respective controls.

6. "Facilities" means the movable and immovable property installed in the single control area.

7. "Agencies" means the authorities in both countries, which may or may not operate in the single control area, empowered to effect border control.

8. "Officials" means the staff, regardless of rank, of the agencies responsible for carrying out controls.

Article 2

1. The officials of each country shall, in the single control area of the territory of the other country (Host Country), control the entry into the territory of their country (Neighbouring Country) of persons and goods from the Host Country to the Neighbouring Country, as well as the exit of persons and goods from the Neighbouring Country to the Host Country.

2. The respective controls for each of the two possible directions shall be conducted in a single place (the single control area of the Host Country), with the exceptions set out in this Agreement. Consequently, both countries may in turn be the Host Country or the Neighbouring Country, depending on the direction of travel involved.

Article 3

1. The control by the country of exit shall be effected before the control of the Host Country.

2. The officials of the Neighbouring Country may only control entry into their territory once the officials of the Host Country have conducted the exit control. However, the officials of both countries shall assist each other in the performance of their respective duties in the single control area for the purpose of preventing and investigating violations of the provisions in force, and shall share, on their own initiative or at the request of one of the parties, any information that may be useful for carrying out their duties.

CHAPTER II. CONTROLS

Article 4

1. The legal, regulatory and administrative provisions of the Neighbouring Country concerning customs, immigration and human, plant and animal health controls shall be applied by the officials of that country to the same extent, under the same conditions and to the same effects as in its own territory, for the sole purpose of issuing the respective documents authorizing the entry of persons or goods into the Neighbouring Country (with customs seal) under the terms set out in this Agreement.

2. The officials of the Neighbouring Country who perform their duties in the Host Country may not detain persons or goods within the single control area or bring them into their territory, even in the event that the legal, regulatory and administrative provisions of the Neighbouring Country are being or have been infringed; their sole power shall be to refuse to issue the clearance documents and/or to notify their respective agencies. If arrests need to be made, the Montevideo Treaty on International Penal Law of 1889, the South American Police Convention of 1920 and the procedure established by the International Criminal Police Organization (INTERPOL) shall apply.

Article 5

1. Once exit controls have been completed, the officials of the Host Country have authorized the exit and the officials of the Neighbouring Country have effected the entry controls and, if the result of the entry controls is in line with the relevant legal, regulatory and administrative provisions of the Neighbouring Country, such that there are no obstacles of any kind with regard to the entry of persons or goods into the country, the interested parties shall be issued clearance documents (with customs seal) to cross the bridge and continue to move freely on the other side -once they have handed over the relevant copies of said documents - without the need to undergo further inspections. On the other side of the bridge, in the territory of the Neighbouring Country, one or more officials of that country, who shall be given copies of the stamped clearance documents, shall simply allow the persons and goods to enter the country once they have received and inspected those documents.

2. If, on the other hand, the results of the respective entry controls do not comply with the obligations and authorizations under the legal, regulatory and administrative provisions of the Neighbouring Country for entry into that country, or if it is not possible to complete the operation or procedure (in the special cases set out in this Agreement) solely by means of the controls effected in the Host Country, and for any of those reasons it is not possible to issue stamped documentation authorizing the entry of persons or goods, the persons concerned and the items they are carrying shall enter the territory of the Neighbouring Country and be forwarded to the relevant agency for any additional controls, interventions , determinations and/or procedures that may be required. In such case, under no circumstances may the persons or goods be prevented from leaving the Host Country, without prejudice to any return operations that may be conducted in accordance with the relevant laws.

3. Without prejudice to the provisions of the preceding paragraph, it is understood that persons who are legally barred from entering the territory of the Neighbouring Country shall be turned back, without further action, in the single control area of the Host Country.

CHAPTER III. SPECIAL PROVISIONS CONCERNING CUSTOMS CONTROLS

Article 6

1. The customs controls to be effected by the officials of the Neighbouring Country in the Host Country shall relate to:

1.1 Use of imports in the Neighbouring Country as set out under the general goods regime.

1.2 Accompanying luggage imported by persons entering the Neighbouring Country.

1.3 Entry of vehicles into the Neighbouring Country.

2. With regard to the destinations of imports under the general goods regime, the applications for which are documented and processed by one of the border customs agencies of the Neighbouring Country, the following distinction is made:

2.1. In the case of goods that are not bound or are not meant to be stored at the border customs agency, the destinations may be documented, the documentation may be inspected, the procedure may be authorized and, where appropriate, taxes may be paid to the customs agency of the Neighbouring Country prior to the arrival of the goods at the single control area of the Host Country. The documentation shall then be sent to the single control area, where the customs officials of the Neighbouring Country - once the officials of the Host Country have completed their exit control procedure - shall verify the goods and the inspected and authorized documentation and, if there are no impediments, issue the clearance documentation (with customs seal) to the interested party, who shall show the documentation and submit the corresponding copies on the other side of the bridge to the security officials, who shall release the goods without control, in principle.

2.2 In the case of goods that are bound or are meant to be stored at that border customs agency, the customs officials of the Neighbouring Country shall not issue clearance documentation (with customs seal) and the goods shall be stored in the Neighbouring Country.

2.3 For the purpose of applying the abovementioned provisions of this article, "destination of imports" shall refer to the following operations: end-use import, temporary import, storage, and transit.

3. With regard to the luggage of travellers or tourists (residents of the Host Country or of third countries, or residents of the Neighbouring Country returning from the Host Country or from third countries):

3.1 Two lanes (red and green) shall be used. Travellers or tourists, for the purpose of going through the control procedure for entry into the Neighbouring Country, shall, in the Host Country, after receiving exit clearance, choose either the red lane (mandatory verification) or the green lane (if they declare that they are not carrying any luggage, or that they are carrying luggage that does not require customs intervention for taxation or for any other reason). In the latter case, they may be subject to random control.

3.2. Once the control procedure has been completed, entirely in the Host Country, and the relevant taxes have been paid, and if there are no impediments, the customs officials of the Neighbouring Country shall issue the clearance documentation (with customs seal). In the event that the items involved exceed the permitted amounts or are not allowed to be carried as luggage, clearance documentation shall not be issued.

4. With regard to the entry of private vehicles:

4.1 Private vehicles shall be documented in the Host Country using the existing single form (for temporary export from one of the countries and temporary import into the other, and on which the respective cancellation procedures shall also be completed);

4.2 The customs officials of the Neighbouring Country shall, in the Host Country, process the documentation for the purposes of temporary import into the Neighbouring Country or the cancellation of its temporary export, check the vehicle and, if there are no impediments, issue the clearance documentation (with customs seal).

Article 7

Customs officials of the Neighbouring Country shall not control the entry of goods under the Border Traffic regime in the Host Country. Such goods shall therefore cross without a customs seal, since entry shall be controlled in the territory of the Neighbouring Country, without prejudice to the specific provisions in this Agreement with respect to immigration control for the entry of persons.

CHAPTER IV. SPECIAL PROVISIONS CONCERNING IMMIGRATION CONTROLS

Article 8

During controls effected in the single control areas of both countries (control on exit from the Host Country and on entry into the Neighbouring Country), the following documentation shall be required:

1. International modes of passenger transport:

1.1 From the official responsible for the means of transport: crew and passenger manifest, in triplicate;

1.2 From crew members: crew member card;

1.3 From passengers: documentation required for transiting from one country to the other, in accordance with their respective laws;

2. Private vehicles (cars, trucks, motorbikes):

   2.1 From the person responsible for the vehicle: manifest of the persons travelling, in triplicate;

   2.2 From the other travellers: documentation required for transiting from one country to the other, in accordance with their respective laws;

3. Cross-border transit:

   3.1 From individuals: cross-border transit authorization card. In the case of minors under twenty-one (21) years of age, permission or authorization to travel in accordance with the regulations in force in each country.

Article 9

The procedure for obtaining a crew member card and the cross-border transit authorization card shall be governed by the following guidelines:

1. Crew member card:

   1.1 Authority: The respective immigration authorities shall be responsible for issuing crew member cards in both countries;

   1.2 Cardholder: The following documentation shall be required for a person to receive a crew member card:

   - Request for authorization;
   - Identity document;
   - Certificate from the transport company attesting that the cardholder is an employee of the company and containing an undertaking by the latter to notify the issuing authority of the person's termination from the company within forty-eight (48) hours thereof;

   1.3 Validity: Crew member cards shall be valid for three (3) years, renewable for additional 3-year periods. A new card shall be issued in accordance with the preceding point upon renewal;

2. Cross-border transit authorization card for local cross-border transit:

   2.1 Authority: The respective immigration authorities shall be responsible for issuing cross-border transit authorization cards in both countries;

   2.2 Holder: The following documentation shall be required for a person to receive a cross-border transit authorization card, provided the person is not prevented by the competent authorities from entering or leaving one or both countries:

   (a) Request for authorization;

   (b) Identity document;

   (c) Certificate of domicile certifying that the person is a resident of an area neighbouring the Receiving Country;

2.3 Validity: The cross-border transit authorization card shall be valid for three (3) years, renewable for additional 3-year periods. A new card shall be issued in accordance with the provisions of the preceding paragraph upon renewal.

Article 10

The control procedure shall be governed by the following guidelines:

1. International modes of passenger transport:

   1.1 The official responsible for the means of transport shall receive one of the three copies of the manifest after it has been inspected by the authorities of both countries; said authorities shall each keep one of the other two copies;

   1.2 Passengers shall be issued a control card (only upon entry), inspected by the relevant authority. If they present a passport, it shall be inspected by both authorities;

2. Private vehicles (cars, trucks, motorbikes):

   2.1 The person responsible for the vehicle shall receive a copy of the manifest after it has been inspected by the authorities of both countries; the authorities of each country shall each keep one of the other two copies;

   2.2 Other persons in the vehicle shall be issued a control card (only in cases of entry), inspected by the relevant authority. If they present a passport, it shall be inspected by both authorities;

3. Local cross-border transit:

   3.1 A registration form for local cross-border transit shall be kept, in duplicate, with details of entries and exits, containing only the code number assigned to the traveller. Each authority shall keep one of the registration forms.

CHAPTER V. SPECIAL PROVISIONS FOR HEALTH CHECKS

Article 11

1. Any existing or potential human health checks and any phytosanitary or animal health controls relating to the entry of persons, animals or plants into each of the two countries shall be conducted by officials of the respective agencies or delegated to other officials of the Neighbouring Country exclusively in the Host Country.

2. However, the provisions of the preceding point shall not apply in cases where legal, regulatory, and administrative provisions or international agreements require sanitary controls to be carried out in isolation stations or by means of quarantine as a prerequisite for free entry.

CHAPTER VI. SUMS OF MONEY COLLECTED

Article 12

Officials of the Neighbouring Country may freely transfer into their territory sums of money collected in the Host Country in the form of fees of any kind and taxes on imported luggage. Such fees and taxes shall be payable by users and taxpayers in the legal tender of the Neighbouring Country.

CHAPTER VII. OFFICIALS

Article 13

1. The authorities of the Host Country shall grant to the officials of the Neighbouring Country the same protection and assistance in carrying out their duties as they grant to their own officials .

2. The competent authorities of the Host Country shall reserve the right to request that the authorities of the Neighbouring Country transfer those officials on justifiable grounds.

Article 14

1. The officials, customs officials, transport agents and/or importers of the Neighbouring Country shall be authorized to cross the border to the location required to present official documentation simply by presenting official proof of their identity and position or function.

2. The postal service and telecommunications service officials of the Neighbouring Country shall also be authorized to cross the border upon presentation of official documents for the purpose of installing and servicing the relevant equipment of the Neighbouring Country, provided they have the necessary tools and material to that end.

3. Officials of the Neighbouring Country may wear their national uniforms or, where appropriate, a visible badge in the Host Country.

Article 15

The principle of territoriality shall govern fully the applicable law and the prosecution of all acts, crimes or offences committed by officials of the Neighbouring Country in the Host Country.

With regard to crimes or offences committed by such officials in the performance of their duties in specific violation of the laws and regulations of their country, the Treaty on International Penal Law of 1889 signed by both parties, or the administrative provisions of that country, as appropriate, shall apply.

CHAPTER VIII. FACILITIES, MATERIALS, EQUIPMENT AND GOODS FOR THE PERFORMANCE OF DUTIES

Article 16

1. The Government of the Host Country shall make available to the services of the Neighbouring Country the facilities required for the performance of their duties, including furniture. Special exception shall be made for telecommunications and computer devices and equipment, excluding furniture, required for the operation of the service.

2. The competent authorities of the two countries shall hold consultations to that end, as well as on the delimitation of the respective zones or areas in which the agents of each country shall perform their duties in the single control area.

Article 17

The Host Country shall authorize the Neighbouring Country and its relevant services to install and maintain, at their expense, the telecommunications and computer devices and equipment required for communicating with the agencies of the Neighbouring Country. Such communications shall be considered internal communications of the Neighbouring Country.

Article 18

The equipment required for the operation of the services of the Neighbouring Country in the Host Country, or for officials of the Neighbouring Country to perform their tasks, shall be exempt from any kind of import or export restrictions of the Host Country. Such restrictions shall also not apply to service or private vehicles used by officials of the Neighbouring Country, either in the performance of their duties in the Host Country or for travelling to their homes.

CHAPTER IX. TRANSITIONAL PROVISIONS

Article 19

The Contracting Parties agree to put this Agreement in force as soon as possible on a trial basis at the Fray Bentos-Puerto Unzué border crossing. Proposals may still be made for amendments to this Agreement based on the experience gained.

CHAPTER X. FINAL PROVISIONS

Article 20

The procedures for the application of this Agreement shall be determined, as necessary, by mutual agreement between the competent authorities of the two countries.

Article 21

The authorities shall establish a system to monitor or control the operating schema established in this Agreement for the purpose of proposing updates to the Agreement or the implementing procedures referred to in the preceding article.

[TRANSLATION IN FRENCH – TRADUCTION EN FRANÇAIS]

I

MINISTRE DES AFFAIRES ÉTRANGÈRES ET DU CULTE

Buenos Aires, le 26 mai 1986

Monsieur le Ministre,

J'ai l'honneur de vous informer que le Gouvernement de la République argentine est disposé à conclure avec le Gouvernement de la République orientale de l'Uruguay un Accord relatif au contrôle unique aux frontières et à une documentation uniformisée à leurs trois postes frontaliers. L'Accord a été paraphé lors de la deuxième réunion du Groupe de travail binational Argentine-Uruguay, tenue à Montevideo le 18 avril 1986. Le texte de l'Accord est joint en annexe.

La présente lettre et votre lettre de la même date et sur la même question constituent un accord entre nos Gouvernements, effectif à la date de cette lettre. L'Accord cesse de produire ses effets 90 jours après que l'une des Parties a notifié à l'autre son intention de le dénoncer.

Veuillez agréer, Monsieur le Ministre, les assurances renouvelées de ma très haute considération.

Son Excellence
Monsieur Enrique V. Iglesias
Ministre des affaires étrangères
République orientale de l'Uruguay

II

MINISTÈRE DES AFFAIRES ÉTRANGÈRES

Fray Bentos, le 26 mai 1986

Monsieur le Ministre,

J'ai l'honneur de vous informer que le Gouvernement de la République orientale de l'Uruguay est disposé à conclure avec le Gouvernement de la République argentine un Accord relatif au contrôle unique aux frontières et à une documentation uniformisée à leurs trois postes frontaliers. L'Accord a été paraphé lors de la deuxième réunion du Groupe de travail binational Argentine-Uruguay, tenue à Montevideo le 18 avril 1986. Le texte de l'Accord est joint en annexe.

La présente lettre et votre lettre de la même date et sur la même question constituent un accord entre nos Gouvernements, effectif à la date de cette lettre. L'Accord cesse de produire ses effets 90 jours après que l'une des Parties a notifié à l'autre son intention de le dénoncer.

Veuillez agréer, Monsieur le Ministre, les assurances renouvelées de ma très haute considération.

ENRIQUE V. IGLESIAS
Ministre des affaires étrangères
République orientale de l'Uruguay

Son Excellence
Monsieur Dante Caputo
Ministre des affaires étrangères et du culte
République argentine

ANNEXE

ACCORD ENTRE LA RÉPUBLIQUE ORIENTALE DE L'URUGUAY ET LA RÉPUBLIQUE ARGENTINE RELATIF AU CONTRÔLE UNIQUE AUX FRONTIÈRES ET À UNE DOCUMENTATION UNIFORMISÉE À LEURS TROIS POSTES FRONTALIERS

Les Parties ont conclu le présent Accord sur la méthode et la mise en œuvre du contrôle unique aux frontières aux postes frontaliers reliant les villes uruguayennes de Fray Bentos, Paysandú et Salto aux villes argentines de Puerto Unzué, Colón et Concordia, respectivement.

CHAPITRE I. DISPOSITIONS GÉNÉRALES

Article premier

Aux fins du présent Accord :

1. Le terme « contrôle » désigne la surveillance du respect de toutes les dispositions légales, réglementaires et administratives des deux pays concernant l'entrée et la sortie des personnes, des bagages, des marchandises, des véhicules privés et des autres modes de transport de passagers et de marchandises par les postes frontaliers ;

2. L'expression « pays siège » désigne le pays sur le territoire duquel les agents de l'autre pays contrôlent l'entrée des personnes et des marchandises dans leur pays et la sortie des personnes et des marchandises de leur pays ;

3. L'expression « pays limitrophe » désigne l'autre pays, dont les agents contrôlent, dans le pays siège, l'entrée des personnes et des marchandises sur le territoire du pays limitrophe ;

4. L'expression « poste frontalier » désigne la zone proche des points d'interconnexion entre les deux pays dans laquelle sont menées des activités de contrôle ;

5. L'expression « zone de contrôle unique » désigne la partie du territoire de l'un ou l'autre pays, située à chacun des postes frontaliers, comprenant les bâtiments et installations dans lesquels les agents du pays siège et du pays limitrophe effectuent les contrôles respectifs ;

6. Le terme « installations » désigne les biens meubles et immeubles installés dans la zone de contrôle unique ;

7. Le terme « agences » désigne les organismes des deux pays, qui peuvent ou non opérer dans la zone de contrôle unique, habilités à effectuer les contrôles aux frontières ;

8. Le terme « agents » désigne le personnel, quel que soit son rang, des agences chargées de procéder aux contrôles.

Article 2

1. Les agents de chaque pays contrôlent, dans la zone de contrôle unique du territoire de l'autre pays (pays siège), l'entrée sur le territoire de leur propre pays (pays limitrophe) des personnes et des marchandises qui circulent dans le sens du pays siège vers le pays limitrophe. Dans ladite zone de contrôle, les agents du pays siège contrôlent la sortie des personnes et des marchandises qui circulent dans le sens indiqué.

2. Les contrôles respectifs pour chacune des deux directions possibles sont effectués en un seul lieu (la zone de contrôle unique du pays siège), sauf exception prévue par le présent Accord. Par conséquent, les deux pays peuvent être à leur tour le pays siège ou le pays limitrophe, selon le sens de circulation.

Article 3

1. Le contrôle du pays de sortie doit être effectué avant le contrôle du pays d'entrée.

2. Les agents du pays limitrophe ne peuvent contrôler l'entrée sur leur territoire que lorsque les agents du pays siège ont effectué le contrôle de sortie. Toutefois, les agents des deux pays se prêtent mutuellement assistance dans l'exercice de leurs fonctions respectives dans la zone de contrôle unique afin de prévenir et d'enquêter sur les infractions aux dispositions en vigueur, et partagent, de leur propre initiative ou à la demande de l'une des Parties, toute information utile à l'exercice de leurs fonctions.

CHAPITRE II. CONTRÔLES

Article 4

1. Les dispositions légales, réglementaires et administratives du pays limitrophe en matière de contrôles douanier, migratoire et sanitaire des personnes, des végétaux et des animaux sont appliquées par les agents de ce pays dans la même mesure, dans les mêmes conditions et avec les mêmes effets que sur son propre territoire, aux seules fins de la délivrance des documents respectifs autorisant l'entrée des personnes ou des marchandises dans le pays limitrophe (scellés douaniers) dans les conditions prévues par le présent Accord.

2. Les agents du pays limitrophe qui exercent leurs fonctions dans le pays siège ne peuvent retenir les personnes ou les marchandises dans la zone de contrôle unique ou les emmener sur leur territoire, même dans le cas où les dispositions légales, réglementaires et administratives du pays limitrophe sont ou ont été enfreintes ; leur seul pouvoir est soit de refuser de délivrer les documents d'autorisation, soit d'en informer leurs agences respectives, soit les deux. Si des arrestations doivent être effectuées, le Traité de droit pénal international de Montevideo de 1889, l'Accord de police sud-américain de 1920 et la procédure établie par l'Organisation internationale de police criminelle (INTERPOL) s'appliquent.

Article 5

1. Une fois que les contrôles de sortie ont été effectués, que les agents du pays siège ont autorisé la sortie et que les agents du pays limitrophe ont effectué les contrôles d'entrée et, si le résultat des contrôles d'entrée est conforme aux dispositions légales, réglementaires et administratives pertinentes du pays limitrophe, de sorte qu'il n'existe aucun obstacle d'aucune sorte à l'entrée des personnes ou des marchandises dans le pays, les intéressés reçoivent des documents douaniers (scellés douaniers) pour traverser le pont et continuer à circuler librement de l'autre côté (après avoir remis les copies pertinentes desdits documents) sans devoir subir d'autres contrôles. De l'autre côté du pont, sur le territoire du pays limitrophe, un ou plusieurs agents de ce pays, qui reçoivent des copies des documents douaniers estampillés, autorisent simplement les personnes et les marchandises à entrer dans le pays après avoir reçu et inspecté ces documents.

2. Si, par contre, les résultats des contrôles d'entrée respectifs ne sont pas conformes aux obligations et aux autorisations prévues par les dispositions légales, réglementaires et administratives du pays limitrophe pour l'entrée dans ce pays, ou s'il n'est pas possible de mener à bien l'intervention ou la procédure (dans les cas particuliers prévus par le présent Accord) uniquement au moyen des contrôles effectués dans le pays siège, et si, pour l'une de ces raisons, il n'est pas possible de délivrer des documents estampillés autorisant l'entrée des personnes ou des marchandises, les personnes concernées et les objets qu'elles transportent entrent sur le territoire du pays limitrophe et sont transmis à l'organisme compétent soit pour des contrôles, interventions, déterminations, soit pour des procédures supplémentaires éventuellement nécessaires, soit pour les deux. Dans ce cas, les personnes ou les marchandises ne peuvent en aucun cas être empêchées de quitter le pays siège, sans préjudice des procédures de retour qui peuvent être effectuées conformément aux lois pertinentes.

3. Sans préjudice des dispositions du paragraphe précédent, il est entendu que les personnes qui sont légalement interdites d'entrée sur le territoire du pays limitrophe sont refoulées, sans autre mesure, dans la zone de contrôle unique du pays siège.

CHAPITRE III. DISPOSITIONS SPÉCIALES CONCERNANT LES CONTRÔLES DOUANIERS

Article 6

1. Les contrôles douaniers à effectuer par les agents du pays limitrophe dans le pays siège portent sur :

1.1 L'utilisation des importations dans le pays limitrophe, comme prévu par le régime général des marchandises ;

1.2 Les bagages d'accompagnement importés par des personnes entrant dans le pays limitrophe ;

1.3 L'entrée de véhicules dans le pays limitrophe.

2. En ce qui concerne l'utilisation des importations sous le régime général des marchandises, dont les demandes sont documentées et traitées par l'une des agences douanières frontalières du pays limitrophe, la distinction suivante est faite :

2.1 Dans le cas de marchandises qui ne sont pas liées ou qui ne sont pas destinées à être stockées dans l'agence douanière frontalière, les utilisations peuvent être documentées, la documentation peut être inspectée, la procédure peut être autorisée et, le cas échéant, les taxes peuvent être payées à l'agence douanière du pays limitrophe avant l'arrivée des marchandises dans la zone de contrôle unique du pays siège. La documentation est ensuite envoyée à la zone de contrôle unique, où les douaniers du pays limitrophe (une fois que les agents du pays siège ont terminé leur procédure de contrôle de sortie) vérifient les marchandises acheminées et la documentation inspectée et autorisée et, s'il n'y a pas d'obstacle, délivrent les documents douaniers (scellés douaniers) à l'intéressé, qui doit montrer la documentation et présenter les copies correspondantes de l'autre côté du pont aux agents de sécurité qui, en principe, libèrent les marchandises sans contrôle ;

2.2 Dans le cas de marchandises qui sont destinées à être stockées dans cette agence de douane frontalière, les agents des douanes du pays limitrophe ne délivrent pas de documents douaniers (scellés douaniers) et les marchandises sont stockées dans le pays limitrophe ;

2.3 Aux fins de l'application des dispositions susmentionnées du présent article, il est entendu par « utilisation des importations » les opérations suivantes : importation pour utilisation finale, importation temporaire, stockage et transit.

3. En ce qui concerne les bagages des voyageurs ou des touristes (résidents du pays siège ou de pays tiers, ou résidents du pays limitrophe revenant du pays siège ou de pays tiers) :

3.1 Deux voies (rouge et verte) doivent être utilisées. Les voyageurs ou les touristes, en vue de passer par la procédure de contrôle pour l'entrée dans le pays limitrophe, doivent, dans le pays siège, après avoir reçu l'autorisation de sortie, choisir soit la voie rouge (vérification obligatoire), soit la voie verte (s'ils déclarent qu'ils ne transportent pas de bagages, ou qu'ils transportent des bagages qui ne nécessitent pas d'intervention douanière pour des raisons fiscales ou pour toute autre raison). Dans ce dernier cas, ils peuvent faire l'objet d'un contrôle aléatoire ;

3.2 Une fois que la procédure de contrôle a été accomplie (entièrement dans le pays siège) et que les taxes correspondantes ont été payées, et s'il n'y a pas d'obstacle, les agents des douanes du pays limitrophe délivrent les documents douaniers (scellés douaniers). Si les articles concernés dépassent les quantités autorisées ou ne sont pas autorisés à être transportés comme bagages, les documents douaniers ne sont pas délivrés.

4. En ce qui concerne l'entrée des véhicules privés :

4.1 Les véhicules privés doivent être documentés dans le pays siège en utilisant le formulaire unique existant (pour l'exportation temporaire d'un des pays et l'importation temporaire dans l'autre, dans lequel les procédures d'annulation respectives doivent également être complétées) ;

4.2 Les douaniers du pays limitrophe contrôlent, dans le pays siège, les documents aux fins de l'importation temporaire dans le pays limitrophe ou de l'annulation de son exportation temporaire, contrôlent le véhicule et, s'il n'y a pas d'obstacle, délivrent les documents douaniers (scellés douaniers).

Article 7

Les douaniers du pays limitrophe ne contrôlent pas l'entrée des marchandises du régime du trafic frontalier dans le pays siège. Ces marchandises traversent donc sans scellé douanier, puisque l'entrée est contrôlée sur le territoire du pays limitrophe, sans préjudice des dispositions spécifiques du présent Accord relatives au contrôle migratoire pour l'entrée des personnes.

Chapitre IV. Dispositions spéciales concernant les contrôles migratoires

Article 8

Pendant les contrôles effectués dans les zones de contrôle unique des deux pays (contrôle à la sortie du pays siège et à l'entrée dans le pays limitrophe), les documents suivants sont exigés :

1. Les modes de transport international de passagers :
   - 1.1 De la part de l'agent du mode de transport : manifeste de l'équipage et des passagers, en trois exemplaires ;
   - 1.2 De la part des membres de l'équipage : carte de membre d'équipage ;
   - 1.3 De la part des passagers : documents requis pour le transit d'un pays à l'autre, conformément à leurs lois respectives ;
2. Véhicules privés (voitures, camions, motos) :
   - 2.1 De la part de la personne responsable du véhicule : manifeste des personnes voyageant, en trois exemplaires ;
   - 2.2 De la part des autres voyageurs : documents requis pour le transit d'un pays à l'autre, conformément à leurs lois respectives ;
3. Le transit transfrontalier :
   - 3.1 De la part de particuliers : carte d'autorisation pour le transit transfrontalier. Pour les mineurs de moins de 21 ans, permission ou autorisation de voyager conformément aux normes en vigueur dans chaque pays.

Article 9

La procédure d'obtention de la carte de membre d'équipage et de la carte d'autorisation de transit transfrontalier est régie par les lignes directrices suivantes :

1. Carte de membre d'équipage :
   - 1.1 Autorité : les autorités en charge des migrations respectives sont responsables de la délivrance des cartes de membre d'équipage dans les deux pays ;
   - 1.2 Titulaire : les documents suivants sont requis pour qu'une personne reçoive une carte de membre d'équipage :
   - Demande d'autorisation ;
   - Document d'identité ;
   - Certificat de l'entreprise de transport attestant que le titulaire est un employé de l'entreprise et contenant l'engagement de cette dernière de notifier l'autorité de délivrance du licenciement de la personne de l'entreprise dans les 48 heures qui suivent ;
   - 1.3 Validité : les cartes de membre d'équipage sont valables trois ans, renouvelables pour des périodes supplémentaires de trois ans. Lors du renouvellement, une nouvelle carte est délivrée conformément au point précédent ;

2. Carte d'autorisation de transit transfrontalier :

    2.1 Autorité : les autorités en charge des migrations respectives sont responsables de la délivrance des cartes d'autorisation de transit transfrontalier dans les deux pays ;

    2.2 Titulaire : les documents suivants sont requis pour qu'une personne reçoive une carte d'autorisation de transit transfrontalier, pour autant que la personne ne soit pas empêchée par les autorités compétentes d'entrer ou de sortir de l'un ou des deux pays :

    a) Demande d'autorisation ;

    b) Document d'identité ;

    c) Certificat de domicile attestant que la personne est résidente d'une localité voisine d'une localité du pays d'accueil ;

    2.3 Validité : la carte d'autorisation de transit transfrontalier est valable trois ans, renouvelable pour des périodes supplémentaires de trois ans. Lors du renouvellement, une nouvelle carte est délivrée conformément au point précédent.

Article 10

La procédure de contrôle est régie par les lignes directrices suivantes :

1. Les modes de transport international de passagers :

    1.1 L'agent du mode de transport reçoit un exemplaire du manifeste après son inspection par les autorités des deux pays, qui conservent chacune l'un des deux autres exemplaires restant, également inspectés ;

    1.2 Les passagers doivent recevoir une carte de contrôle (uniquement à l'entrée), inspectée par l'autorité compétente. S'ils présentent un passeport, celui-ci est inspecté par les deux autorités ;

2. Véhicules privés (voitures, camions, motos) :

    2.1 La personne responsable du véhicule reçoit une copie du manifeste après son inspection par les autorités des deux pays, qui conservent chacune une des deux autres copies, également inspectées ;

    2.2 Les autres personnes reçoivent une carte de contrôle (uniquement en cas d'entrée), inspectée par l'autorité compétente. Si elles présentent un passeport, celui-ci est inspecté par les deux autorités ;

3. Le transit transfrontalier :

    3.1 Un formulaire d'enregistrement du transit transfrontalier est tenu, en double exemplaire, avec le détail des entrées et des sorties, contenant uniquement le numéro de code attribué aux étrangers. Chaque autorité conserve l'un des formulaires d'enregistrement.

CHAPITRE V. DISPOSITIONS SPÉCIALES POUR LES CONTRÔLES SANITAIRES

Article 11

1. Tous les contrôles de santé humaine existants ou potentiels et tous les contrôles phytosanitaires ou zoosanitaires relatifs à l'entrée de personnes, d'animaux ou de plantes dans chacun des deux pays sont menés (par des fonctionnaires des agences respectives ou délégués à d'autres fonctionnaires du pays limitrophe) exclusivement dans le pays siège.

2. Toutefois, les dispositions du paragraphe précédent ne s'appliquent pas dans les cas où des dispositions légales, réglementaires et administratives ou des accords internationaux exigent que des contrôles sanitaires soient effectués dans des postes d'isolement ou au moyen d'une quarantaine comme condition préalable à la libre entrée.

CHAPITRE VI. SOMMES D'ARGENT COLLECTÉES

Article 12

Les agents du pays limitrophe peuvent librement transférer sur leur territoire des sommes d'argent perçues dans le pays siège sous forme de redevances de toute nature et de taxes sur les bagages importés. Ces redevances et taxes sont payables par les usagers et les contribuables dans la monnaie légale du pays limitrophe.

CHAPITRE VII. AGENTS

Article 13

1. Les autorités du pays siège accordent aux agents du pays limitrophe, pour l'exercice de leurs fonctions, la même protection et la même assistance qu'à leurs propres agents.

2. Les autorités compétentes du pays siège se réservent le droit de demander aux autorités du pays limitrophe le transfert de ces agents pour des motifs légitimes.

Article 14

1. Les agents, les douaniers, les agents de transport et/ou les importateurs du pays limitrophe sont autorisés à franchir la frontière pour se rendre à l'endroit requis pour présenter les documents officiels sur simple présentation d'un justificatif officiel de leur identité et de leur poste ou fonction.

2. Les agents des services des postes et des télécommunications du pays limitrophe sont également autorisés à franchir la frontière, sur présentation de documents officiels, pour installer et entretenir les équipements correspondants du pays limitrophe, à condition qu'ils disposent des outils et du matériel nécessaires à cet effet.

3. Les agents du pays limitrophe peuvent porter leur uniforme national ou, le cas échéant, un signe distinctif visible dans le pays d'entrée.

Article 15

Le principe de territorialité régit pleinement le droit applicable et la poursuite de tous les actes, délits ou infractions commis par des agents du pays limitrophe dans le pays siège.

En ce qui concerne les délits ou infractions commis par ces agents dans l'exercice de leurs fonctions en violation spécifique des dispositions législatives et réglementaires de leur pays, le Traité de droit pénal international de 1889 signé par les deux Parties, ou les dispositions administratives de ce pays, selon le cas, sont applicables.

CHAPITRE VIII. INSTALLATIONS, MATÉRIAUX, ÉQUIPEMENTS ET BIENS POUR L'EXERCICE DES FONCTIONS

Article 16

1. Le Gouvernement du pays siège met à la disposition des services du pays limitrophe les installations nécessaires à l'exercice de leurs fonctions, y compris le mobilier. Une exception particulière est faite pour les dispositifs et équipements de télécommunications et d'informatique (à l'exclusion du mobilier) nécessaires au fonctionnement du service.

2. Les autorités compétentes des deux pays se consultent à cet effet, ainsi que sur la délimitation des zones ou secteurs respectifs dans lesquels les agents de chaque pays exercent leurs fonctions dans la zone de contrôle unique.

Article 17

Le pays siège autorise le pays limitrophe et ses services compétents à installer et à entretenir, à leurs frais, les dispositifs et équipements de télécommunications et d'informatique nécessaires pour communiquer avec les agences du pays limitrophe. Ces communications sont considérées comme des communications internes du pays limitrophe.

Article 18

Les équipements nécessaires au fonctionnement des services du pays limitrophe dans le pays siège, ou à l'accomplissement des tâches des agents du pays limitrophe, sont exemptés de tout type de restrictions à l'importation ou à l'exportation du pays siège. De telles restrictions ne s'appliquent pas non plus aux véhicules de service ou privés utilisés par les agents du pays limitrophe, soit dans l'exercice de leurs fonctions dans le pays siège, soit pour se rendre à leur domicile.

CHAPITRE IX. DISPOSITIONS TRANSITOIRES

Article 19

Les Parties contractantes conviennent de faire entrer en vigueur le présent Accord dès que possible à titre expérimental au poste frontalier de Fray Bentos-Puerto Unzué. Des propositions de modification du présent Accord peuvent encore être faites sur la base de l'expérience acquise.

Chapitre X. Dispositions finales

Article 20

Les modalités d'application du présent Accord sont déterminées, en tant que de besoin, d'un commun accord entre les autorités compétentes des deux pays.

Article 21

Les autorités établissent un système de suivi ou de contrôle du régime d'exploitation établi dans le présent Accord afin de proposer des mises à jour de l'Accord ou des modalités d'application visées à l'article précédent.